【広島修道大学学術選書 73】

市場所得と
応能負担原則

——応能負担原則の二元的構成——

奥谷　健 ［著］

成文堂

はしがき

　所得税における課税対象である「所得」については、周知のとおり、包括的所得概念に基づくということが一般に認められている。しかし、「所得」についての定義規定がないことから、その範囲が不明確なものとなっているといえる。例えば、実行可能性などの理由から課税されていない経済的利得もあり、「所得」の不明確さが指摘できる。そのため、包括的所得概念に基づいて「所得」を捉えるとしても、どこまでが課税対象になるのか、不明確な点が残されていると考えられる。

　また、所得税は応能負担原則を最も実現するといわれる。ここで担税力に応じた課税という場合の「担税力」という概念も、さまざまなかたち、場面で用いられており、その意味するところは不明確であると思われる。

　このように、「担税力」とそれを表す「所得」はいずれも多義的で不明確なものといえる。そのため、税法の基本原理である応能負担原則の内容が不明確になり、それを適切に実現できなくなることが懸念される。

　そこで、そのような問題を解消するために、「所得」について法的な観点から一定の制限を加え、実行可能なものにすることが必要と考えられる。そして、こういった所得税の基本的な考え方を改めて検討する必要があると思われる。

　このような問題意識に基づいて、これまでいくつかの論文で検討してきた。それが、私が税法学を研究して以来発表してきたもののうち、主として市場所得概念とそれに基づき応能負担原則に関する問題を検討した論文である。本書は、それらの論文を一冊にまとめたものである。各章の初出は後掲の通りであるが、一冊にまとめるにあたり、構成は以下のようにした。

　第Ⅰ部では、所得概念と必要経費概念の再検討を通じて、「所得」とは何かという、私の基本的な立場を示したと考えている。第1章では、「所得」概念をめぐるこれまでの議論をまとめるとともに、市場所得説とそれに基づく法的観点からの「所得」概念を再構築することの必要性を指摘している。第2章では、必要経費について、ドイツにおける判例の展開をもとに検討し

ている。第3章では、この点について、日本での近時の裁判例をもとに考察している。これまでの日本の必要経費の捉え方に対する疑問と、新たな裁判例に対する問題意識があったためである。

第Ⅱ部は、所得控除のあり方について検討している。そのうち、憲法25条との関係で人的控除について、第4章では納税義務者の最低生活費に係る基礎控除を、第5章では納税義務者の扶養する親族の最低生活費を考慮する扶養控除を、それぞれドイツの憲法判例をもとに検討している。いずれも市場所得説が、その保障を重要視しているものであり、その理論が日本でのこれらの制度のあり方に示唆を与えてくれると考えている。第6章では、医療費控除制度について、主観的担税力を考慮するための制度としての位置づけを再度確認しつつ、この制度の問題点を指摘している。

第Ⅲ部では、これまであまり議論されてこなかったと思われる、所得概念および応能負担原則に関係する問題を検討している。第7章では、ドイツの憲法裁判所の決定をもとに、課税の上限について考察している。第8章では、非課税「所得」規定をもとに、「所得」概念の不明確さを再度示している。

これらの検討を通じて、本書では「所得」概念とそこに表わされる「担税力」、さらには「応能負担原則」に基づく所得税のあり方について少しでも、私の考えを明確にすることを目指している。

しかし、本書に収録した各論文は、当初はこのようなかたちでまとめることを意図していたものではない。そのため、収録に当たって若干の加筆・修正を行った。ただ、執筆当初の問題意識や、その当時の議論状況を反映させるために、参考文献などは基本的な記述が変わっていないものは原論文のものを維持するなど加筆・修正は最小限度にとどめていることをご容赦いただきたい。

まだまだ至らぬ点は多々あるものの、本研究をこのように一冊の本にまとめることができたのは、多くの方々からご指導・ご鞭撻を賜ったからに他なりません。この場を借りて御礼申し上げたいと思います。特に、恩師である三木義一先生（青山学院大学学長）には、学部ゼミ、大学院を通じて今日に至

るまでご指導をいただいています。研究テーマの選定から、論文の方向性など数え切れないご助言をいただいてきました。先生のご指導をいただきながら、このように論文をまとめるのに20年近い年月を要しました。私の稚拙な議論にもかかわらず、丁寧かつ暖かいご指導をいただきました。先生のご指導・ご助言を生かし切れていないのではないかとの不安と私の不勉強を反省し、今後も研鑽を重ねることを誓いつつ、改めて御礼申し上げます。そのほか、お名前を省略させていただきますが、多くの先生方、実務家の方々、諸先輩、友人にも感謝いたします。

　また、本書の出版に際して、成文堂の飯村晃弘さんには大変お世話になりました。心より御礼申し上げます。

　最後に私事で恐縮ですが、私が税に関する研究に携わるきっかけは父が税理士という仕事をしていたからこそと思います。私に研究のきっかけを与え、大学院まで教育を受けられるよう支えてくれた両親に、また私の研究生活を心身ともに支えてくれている妻に感謝したいと思います。

2018年5月

奥谷　健

目　　次

はしがき …………………………………………………………………… i

初出一覧 …………………………………………………………………… xi

序　章 …………………………………………………………………… 1

　はじめに ………………………………………………………………… 1

　第1節　「所得」の多義性 …………………………………………… 4

　第2節　「担税力」の多義性 ………………………………………… 6

　第3節　本書の構成 …………………………………………………… 7

第 I 部　客観的純所得課税の意義

第1章　市場所得税の生成と展開 …………………………………… 13

　はじめに ………………………………………………………………… 13

　第1節　市場所得説の生成 …………………………………………… 17

　　1　シャンツの純資産増加説 ……………………………………… 17

　　2　シャンツの源泉説批判 ………………………………………… 19

　　　(1)　経済活動説 ……………………………………………… 20

　　　(2)　規則的反復説 …………………………………………… 21

　　　(3)　継続的源泉説 …………………………………………… 24

　　3　ノイマルクの国庫的所得概念 ………………………………… 25

　　4　小　括 …………………………………………………………… 29

　第2節　市場所得説の展開 …………………………………………… 32

　　1　ルッペの所得帰属論 …………………………………………… 32

　　2　ラングの理論 …………………………………………………… 34

　　3　キルヒホフの法曹大会での意見書 …………………………… 37

　　4　小　括 …………………………………………………………… 41

　第3節　市場所得説の分析 …………………………………………… 42

vi 目　　次

　　1　法学的所得概念としての解釈根拠 ……………………………… 42

　　2　所得税法上の解釈根拠──「制定法上の構造概念」とは ……… 46

　　　(1)　課税の可能性 ……………………………………………………… 46

　　　(2)　実現原則 …………………………………………………………… 49

　　　(3)　小　括 ……………………………………………………………… 49

　　3　憲法上の解釈根拠──「憲法に導かれる所得税の課税対象」とは …… 50

　　　(1)　市場所得説の憲法解釈 …………………………………………… 51

　　　(2)　キルヒホフの憲法理論の分析 …………………………………… 54

　　　(3)　ヴィットマンによる分析 ………………………………………… 58

　　　(4)　小　括 ……………………………………………………………… 61

　　4　その他の問題に関する考察 ………………………………………… 62

　　　(1)　主観的要件 ………………………………………………………… 62

　　　(2)　市場所得節の本質 ………………………………………………… 63

　　　(3)　その他の問題 ……………………………………………………… 67

　　　(4)　市場所得説の長所と短所 ………………………………………… 69

　　5　小　括 ………………………………………………………………… 71

　第4節　総合評価 …………………………………………………………… 72

　　　(1)　純資産増加説および源泉説の問題点 …………………………… 72

　　　(2)　法学的所得概念としての市場所得説 …………………………… 75

　　　(3)　日本法との関連 …………………………………………………… 77

　むすびにかえて …………………………………………………………… 80

第2章　市場所得における控除概念
　　　──基因原則による必要経費── …………………………………… 82

はじめに …………………………………………………………………… 82

第1節　ドイツ法における控除概念 …………………………………… 84

　1　市場所得説における控除概念と基因原則 ……………………… 85

　2　所得税法における控除概念 ……………………………………… 86

　3　判例における控除概念 …………………………………………… 87

　　　(1)　目的的必要経費概念 …………………………………………… 88

(2)	原因的事業支出概念 ………………………………………	90
(3)	必要経費概念への基因原則の援用 …………………………	93

4. 小 括 …………………………………………………………… 110

第2節 日本法における控除概念 ………………………………… 111

1 控除概念の類型 ………………………………………………… 111

2 裁判例における控除概念 ……………………………………… 112

   (1) 必要経費 …………………………………………………… 113

   (2) 取得費および譲渡費用 …………………………………… 116

   (3) 「その収入を得るために支出した金額」………………… 119

3 小 括 ………………………………………………………… 120

第3節 控除概念と所得概念 ……………………………………… 121

1 市場所得説と基因原則 ………………………………………… 121

2 わが国における控除概念と所得概念 ………………………… 123

3 小 括 ………………………………………………………… 124

おわりに ……………………………………………………………… 125

第3章 必要経費控除の意義と範囲 ……………………… 127

はじめに ……………………………………………………………… 127

第1節 必要経費控除の根拠 ……………………………………… 128

1 ドイツにおける必要経費控除をめぐる議論 ………………… 130

2 日本における必要経費控除をめぐる議論 …………………… 132

3 小 括 ………………………………………………………… 135

第2節 必要経費の意義 …………………………………………… 135

1 必要経費における「直接性」………………………………… 136

2 検 討 ………………………………………………………… 141

第3節 必要経費の範囲 …………………………………………… 144

1 必要経費と家事費・家事関連費との区分 …………………… 145

2 基因原則における必要経費と家事費・家事関連費 ………… 151

3 小 括 ………………………………………………………… 158

おわりに ……………………………………………………………… 158

viii　　目　　次

第Ⅱ部　主観的純所得課税の意義

第4章　所得税における基礎控除と担税力 ……………………………… 163

はじめに ……………………………………………………………………… 163

第1節　控除金額 ……………………………………………………………… 165

　　1　ドイツ連邦憲法裁判所判決における社会保障給付との統一の要請 …… 166

　　2　日本における課税最低限をめぐる判例 ………………………………… 171

　　3　小　括 …………………………………………………………………… 174

第2節　控除段階 ……………………………………………………………… 175

　　1　ドイツにおける議論 …………………………………………………… 176

　　2　日本における議論 ……………………………………………………… 180

　　3　小　括 …………………………………………………………………… 183

第3節　基礎控除と担税力 …………………………………………………… 184

　　1　基礎控除と主観的担税力 ……………………………………………… 184

　　2　基礎控除と所得概念 …………………………………………………… 187

おわりに ……………………………………………………………………… 193

第5章　扶養にかかる人的控除と社会保険料負担
── 2005年1月11日連邦憲法裁判所判決の検討── ………… 196

はじめに ……………………………………………………………………… 196

第1節　これまでの議論 ……………………………………………………… 200

　　1　配偶者控除を中心とする制度の是非 ………………………………… 200

　　2　基礎的な人的控除の税額控除化 ……………………………………… 206

　　3　小　括 …………………………………………………………………… 209

第2節　扶養にかかる人的控除に関する
　　　　ドイツ連邦憲法裁判所の判決 ……………………………………… 211

　　1　事実概要 ………………………………………………………………… 211

　　2　憲法裁判所の判断 ……………………………………………………… 214

　　3　小　括 …………………………………………………………………… 217

第3節　判決の検討 …………………………………………………………… 218

目　　次　ix

　　1　ドイツにおける評価 ……………………………………………… 218

　　2　わが国の制度への当てはめ …………………………………… 220

　　3　小　　括 …………………………………………………………… 222

　おわりに ……………………………………………………………… 222

第6章　居宅介護サービスと医療費控除 ………………………… 225

　はじめに ……………………………………………………………… 225

　第1節　具体的事例 ………………………………………………… 227

　　1　事実概要 ………………………………………………………… 227

　　2　裁　　決 ………………………………………………………… 228

　　3　小　　括 ………………………………………………………… 229

　第2節　「医療費」の範囲 ………………………………………… 230

　　1　医療費控除の趣旨と「医療費」の意義 …………………… 230

　　2　「療養上の世話を受けるために

　　　　特に依頼したものから受ける療養上の世話」……………… 235

　　3　小　　括 ………………………………………………………… 240

　第3節　介護費用と医療費控除 …………………………………… 241

　　1　「介護」に関連する費用と医療費控除 …………………… 241

　　2　本件について ………………………………………………… 243

　　3　小　　括 ………………………………………………………… 245

　おわりに ……………………………………………………………… 247

第Ⅲ部　その他の担税力をめぐる問題

第7章　課税の負担と上限

　　　　　──ドイツ連邦憲法裁判所 2006 年 18 日決定を

　　　　　　手がかりとして── …………………………………… 251

　はじめに ……………………………………………………………… 251

　第1節　五公五民原則 ……………………………………………… 253

　　1　2つの違憲決定 ……………………………………………… 253

　　2　五公五民原則をめぐる議論 ………………………………… 258

x　目　　次

　　3　小　　括 ……………………………………………………………… 261

　第2節　五公五民原則との訣別——2006年1月18日決定 ……………… 262

　　1　事実概要 ……………………………………………………………… 262

　　2　判　　旨 ……………………………………………………………… 264

　　3　小　　括 ……………………………………………………………… 268

　第3節　課税の上限 ……………………………………………………… 268

　　1　2006年決定をめぐる議論 …………………………………………… 269

　　2　課税の上限 …………………………………………………………… 272

　　3　小　　括 ……………………………………………………………… 277

　おわりに …………………………………………………………………… 278

第8章　損害賠償金と非課税「所得」………………………………………… 280

　はじめに …………………………………………………………………… 280

　第1節　事実の概要と判決の要旨 ……………………………………… 281

　　1　事実の概要 …………………………………………………………… 281

　　2　判　　旨 ……………………………………………………………… 283

　　3　小　　括 ……………………………………………………………… 284

　第2節　所得税法9条1項17号の性格 ………………………………… 285

　　1　立法経緯 ……………………………………………………………… 286

　　2　裁判例の考え方 ……………………………………………………… 289

　第3節　非課税「所得」の意義 ………………………………………… 290

　　1　損害賠償金の「所得」該当性 ……………………………………… 290

　　2　損害賠償により補てんされる「損害」……………………………… 291

　　3　非課税となる損害賠償金の意義・範囲 …………………………… 292

　おわりに …………………………………………………………………… 294

終　　章 ……………………………………………………………………… 295

事項索引 ……………………………………………………………………… 301

初出一覧

序　章　書き下ろし

第Ⅰ部　　客観的純所得課税の意義
  第1章「市場所得概念の生成と展開」民商法雑誌 122 巻 3 号 324 頁、4・5 号 575 頁
  第2章「市場所得における控除概念—基因原則による必要経費−」島大法学 45 巻 2 号 23 頁
  第3章「必要経費控除の意義と範囲」税法学 575 号掲載予定

第Ⅱ部　　主観的純所得課税の意義
  第4章「所得税における基礎控除と担税力」税法学 551 号 37 頁
  第5章「扶養にかかる人的控除と社会保険料負担− 2005 年 1 月 11 日連邦憲法裁判所判決の検討−」島大法学 49 巻 4 号 139 頁
  第6章「居宅介護サービスと医療費控除」月刊税務事例 40 巻 1 号 1 頁、40 巻 2 号 1 頁

第Ⅲ部　　その他の担税力をめぐる問題
  第7章「課税の負担と上限−ドイツ連邦憲法裁判所 2006 年 1 月 18 日決定を手がかりとして」税法学 558 号 23 頁
  第8章「損害賠償金と非課税『所得』」月刊税務事例 42 巻 1 号 1 頁

終　章　書き下ろし

序　章

はじめに

　税負担は、納税者である国民の経済的な負担能力、すなわち担税力に応じて公平に分配されなければならない、というのが税法の基本原理であるといえる（応能負担原則）。そして、この基本原理である応能負担原則は、憲法14条に定める平等原則の課税上の現れであると考えられている[1]。

　しかしながら、他方で、この応能負担原則や、そこに用いられる「担税力」という概念が多義的であるとの指摘もある[2]。つまり、その意味・内容が確かなものではない面があり[3]、いわばマジック・ワードとして用いられているという指摘がなされるのである。そうであれば、応能負担原則の意義も不確かなものとなり、その実現はかなり劣後した位置付けとなり、立法政策上の問題ともなりかねないとも考えられる[4]。

（1）　例えば、金子宏『租税法〔第22版〕』（弘文堂、2017年）84頁。

（2）　國枝繁樹「租税法と公共経済学」金子宏監修　中里実・米田隆・岡村忠生編集代表　渋谷雅弘・広中聡浩・神山弘之編集担当『現代租税法講座第1巻　理論・歴史』（日本評論社、2017年）237頁（239頁）。

（3）　例えば、所得分類について考える場合には、“質的”「担税力」に着目し、税額計算では“量的”担税力に着目するといわれる（金子・前掲注（1）・208頁、谷口勢津夫『税法基本講義〔第5版〕』（弘文堂、2016年）261頁、三木義一編著『よくわかる税法入門〔第11版〕』（有斐閣、2017年）95頁〔伊川正樹〕）。また、総合課税は“総合的”担税力（“人的”担税力）を増加させる経済的利得すべてを捉える、と考えられる（谷口・前掲注・261頁）。また、みなし譲渡所得課税（所得税法59条）との関係で、“形式的”担税力と“実質的”担税力とに区分して議論されることもある（伊川正樹「みなし譲渡所得に『担税力』はあるのか」名城法学66巻1・2号329頁（2016年））。これらにおいて用いられている「担税力」の意義については、必ずしも明確とは言い難いように思われる。「担税力」概念には具体的内容がないと指摘するものとして、藤谷武史「非営利公益団体課税の機能的分析─政策税制の税法学的考察─（二）」国家学会雑誌118号1・2号（2005年）1頁（3頁）がある。

2 序 章

つまり応能負担原則は、憲法上の要請であり、税法の基本原理であるといわれながらも、その意義が不明確なために、その実現が不充分になるおそれがあるといえるのである。しかしながら、一般的には、担税力の指標として、所得、資産および消費の3つが挙げられ、最も優れているのが所得であるといわれる。そして所得税は、累進税率や人的諸控除とも結び付き、応能負担原則を最も実現していると評価される[5]。つまり、意味内容が不明確であるといわれながらも、「担税力」の最も優れた指標は「所得」であるという点には基本的に争いはないと考えられるのである。

そこで、「所得」が担税力を表すものとして捉えると、それは収入金額から必要経費を控除することによって算出される、「純所得」であると一般的には考えられる[6]。総合所得課税を原則とする現行所得税法は、この「所得」金額から、各種所得分類における一定の控除（所得税法23条以下参照）、また損益通算（所得税法69条1項）を行い、「担税力」を示す「所得」金額を算出しているといえる。これは、「総所得金額」（所得税法22条2項）という言葉で示されている。つまり、「総所得金額」が所得税における「担税力」を示す基準と考えられるのである。

しかし、「総所得金額」は本当に適切に担税力を示しているといえるか、という疑問が生じる。なぜなら、生存権（憲法25条）との関係で、最低生活費には「担税力」がないと考えられ、基礎控除（所得税法86条）をはじめとする基礎的な人的控除（所得税法83条、84条）により、その部分に対する非課税措置がある[7]からである。つまり、これらの人的控除が、「担税力」のない最低生活費を課税対象から除外するためのものであるとすれば、担税力の指標としての「総所得金額」には担税力のない部分も含まれていることになり、「総所得金額」は「担税力」を適切に反映していないと考えられるの

（4） 岡村忠生「所得税改革と課税最低限」税経通信54巻12号（1999年）22頁、岡村忠生＝渡辺徹也＝髙橋祐介『ベーシック税法 第7版』（有斐閣、2013年）58頁〔岡村〕。

（5） 金子・前掲注（1）84頁。

（6） 金子・前掲注（1）297頁。

（7） 金子・前掲注（1）199頁、北野弘久著・黒川功補訂『税法学原論〔第7版〕』（青林書院、2016年）121頁、北野弘久編『現代税法講義〔五訂版〕』（法律文化社、2009年）21頁〔北野〕。

ある。

　さらに、雑損控除（所得税法72条）や医療費控除（所得税法73条）なども、その負担により減少した担税力を考慮するためのものであるといわれる[8]。つまり、ここでも担税力がない部分が含まれることになり、その部分を含む「総所得金額」は担税力のない部分を含めた「所得」を意味することになる。

　こういった点を考慮すると、所得控除（このうち政策的なものを除いた部分）を控除した後の「所得」金額、いわば「課税総所得金額」（所得税法89条2項）が担税力を最もよく表すとも考えられる。

　こうしてみただけでも、担税力の指標である「所得」はいくつもの場面で登場し、それぞれの意味するところは異なっているといえる。いわば、「所得」あるいは「担税力」概念を多義的に捉えることができるのである。これが、上述のような「担税力」概念の意味内容を不明確にしている原因であるとも考えられる。

　このような人的控除と担税力の関係に着目し、応能負担原則（Leistungsfähigkeitsprinzip）を二元的に捉える議論がドイツにある[9]。それは、客観的純額主義（objektives Nettoprinzip）と主観的純額主義（subjektives Nettoprinzip）という考え方である。これは、大まかにいえば、客観的事情だけにより把握される所得総額（Summe der Einkünfte）と、そこから人的控除を控除した後に算出される租税支払いのために処分可能な所得（indisponibles Einkommen）とに区分するという考え方である。ドイツでは、この考え方に基づき、応能負担原則が実現されると考えられているのである。

　このドイツにおける所得の二元的な構成は、上述のような、日本における「所得」の多義的な捉え方を整理することに示唆を与えてくれるのではない

（8）　金子・前掲注（1）202頁、北野・前掲注（7）70頁〔三木義一・奥谷〕。ただし、これらの控除が担税力を考慮するものとして機能することに対する疑問もある（岡村・前掲注（3）23頁）。

（9）　このような応能負担原則の二元的な構成については、吉村典久「所得控除と応能負担原則─所得税法における主観的担税力の考慮─」金子宏編『所得課税の研究』（有斐閣、1991年）235頁。また、ドイツにおける応能負担原則に関する議論については、三木義一「租税規範に対する憲法審査基準 - ビルク『憲法規範の基準としての応能負担原則』をてがかりに」同著『現代税法と人権』（勁草書房、1992年）109頁、吉村典久「応能負担原則の歴史的展開」法学研究63巻12号（1990年）353頁を参照。

4　　序　章

かと思われる。そこで、その多義性から不明確になっている、所得税における「担税力」の捉え方を明確にするために、そして日本における応能負担原則のあり方について考えるために、このドイツにおける二元的な応能負担原則の考え方を検討していくことにしよう。

第1節　「所得」の多義性

上記のように、所得税において担税力を表すのは「所得」である。この「所得」の意義については、いわゆる包括的所得概念と制限的所得概念との対立だけでなく、近時では消費型所得概念によって「所得」を把握しようとしている[10]。

この点について、日本の所得税法は、周知のとおり、包括的所得概念を採用しているといわれる[11]。この包括的所得概念は、「人の担税力を増加させる経済的利得はすべて所得を構成する」と説明されるように、経済的利得を包括的に「所得」として捉えているのである。

そしてこの「所得」は、上記のように、課税標準としての総「所得」金額という場面で登場する。これは、上記のドイツにおける客観的純額主義と類似性があるように思われる。その一方で、主観的純額主義と類似性があると思われるのが、所得控除後に算出されている課税総「所得」金額である。つまり、ここで担税力の指標としての「所得」が、2つの意味をもっているようにみえてくるのである。そしてこのとき、客観的純額主義では、「担税力」のないものが、担税力の指標としての「所得」に含まれていると解することができる。

このほかにも、「担税力」がないと考えられているものが「所得」に含まれていると考えられる場面がある。それが所得税法9条における非課税「所得」である。

所得税法9条では、当座預金の利子（1号）、学校で児童又は生徒が、その学校の長の指導を受けて預入し又は信託した預貯金等（2号）、恩給、年金そ

―――――――――――

(10)　金子・前掲注（1）185頁。

(11)　金子・前掲注（1）187頁。

第 1 節 「所得」の多義性　　5

の他これらに準ずる給付（3 号）、給与所得者の転任に伴う転居費用等（4 号）や通勤手当（5 号）、いわゆるフリンジ・ベネフィット（6 号）、在勤手当（7号）といった各種の「所得」が非課税項目として挙げられている。

　その中に、保険金及び損害賠償金（17 号）も挙げられている。これについては、損害の補てん、つまり原資の回復のためのものであるため、所得ではないと考えられている[12]。つまり、損害賠償金という経済的価値の流入があったとしても、それは「所得」ではなく、「収入」に近いものであって、それに対応する損失があるので、差し引きはゼロになる。財産増加がない以上、「所得」はないのである[13]。それにもかかわらず非課税「所得」として規定されているのである。ここでの「所得」とは何を指すのか、疑問が生じることになる。

　また、いわゆる帰属所得をめぐる議論においても同様のことがいえる。帰属家賃を例にとると、帰属所得は「払わざるを得ないものを免れた」という利益であると考えられる。これについて、帰属家賃の場合、自宅を保有することで家賃の支払いを免れられることになり、その点で利益があるようにも思われる。しかし、このような利益があれば、それを得るために要した費用として、自宅にかかる減価償却費やローン利子、固定資産税などをそこから控除しなければならないことになる。つまり、帰属家賃は、家賃の支払いを免れたことによって生じている「所得」ではなく、いわば「収入」であると考えられるのである。そして、そこから上記のような費用と考えられる支出を控除して「所得」を算出し、これに対する課税を行う（マイナスになれば損益通算の対象としうる）ことになる。このように、帰属所得論においても「収入」とすべきものが、「所得」として示されているように思われるのである[14]。

　これらのことが示すように、「所得」として示されているものの内容には「収入」と思われるものが含まれている場面もみられる。このような現状が「所得」を多義的に捉えていることの現れであると考えられる。そして、「所

---

(12)　金子・前掲注（1）189 頁。
(13)　本書第 8 章。
(14)　三木・前掲注（3）82 頁〔奥谷〕。

6　序　章

得」概念を不明確にしている一因であるとも思われるのである。

第2節　「担税力」の多義性

　さらに、「所得」だけでなく、「担税力」や「応能負担原則」についても多
義的に用いられている場面があるように思われる。
　例えば、上記の基礎控除に関して、これは最低生活費部分に「担税力」が
ないために控除すると考えられている。そうすると、担税力がないのであれ
ば課税すべきではないことになると考えられる。課税すべきでないのであれ
ば、税率を適用すべきではなく、所得控除という現状の方式が望ましいとい
うことになると思われる。しかし、所得控除は、所得の上積部分が減少し、
そこに税率が適用されることから、高所得者に有利に働くという問題が考え
られる。そこで、税額控除によって、最低生活費部分を控除した結果として
の税負担軽減と最低生活費保障の公平性を実現することが「応能負担原則」
にかなうという考え方もある[15]。この考え方は、課税後の財産に着目して
「応能負担原則」を捉えているようにも思われる。他方で、「応能負担原則」
は「担税力」に応じた課税であると捉えると、「担税力」のない部分に対し
て課税することが問題となる。「応能負担原則」はどちらの意義で解される
べきなのであろうか。
　また、所得税法では所得を10種類に分類している。これは、所得がその
性質や発生の態様によって「担税力」が異なるという前提に立っているとい
われる[16]。そして、これによって「応能負担原則」の実現が図られている
と考えられている[17]。このことは一般に認められているが、ここでいう
「担税力」とはどのように測られるのか、この意味内容も必ずしも明らかで
はないように思われるのである。
　さらに、譲渡所得との関係では、包括的所得概念の下で本来、未実現のキ
ャピタル・ゲインも「所得」を構成すると考えられる。しかし、経済的価値

---

　(15)　北野・黒川・前掲注（7）137頁。
　(16)　金子・前掲注（1）208頁。
　(17)　三木・前掲注（3）95頁〔伊川〕。

の流入がないことから課税されていないのが現状である。このことから、未実現の場合には「所得」を構成するけれども、「担税力」がないための課税していないとも考えられる[18]。

しかし、「所得」を構成するのであれば、「担税力」があることになるはずである。そうであれば、経済的価値の流入がなくとも課税されなければならないといえる。そこで、所得税法33条における譲渡所得の本質論として、いわゆる増加益清算説に基づき、「譲渡」は有償・無償を問わない資産の他者への移転として理解されているのである[19]。このときの、「担税力」としての税を支払う能力はどこに見出されているのであろうか。経済的価値の流入がないままでは、「所得」の算出は困難であるといえる。だからこそ、無償譲渡の場合について、所得税法59条は収入金額を時価とみなすことを規定していると思われる。この場合、譲渡者は資産を拠出したのであって、それに対する経済的価値の流入はなく、財産増加もない。しかし、「所得」はあり、「担税力」があると考えられているのである[20]。このように、無償による資産の「譲渡」の場合に把握される「所得」、あるいはそこに現れると考えられている「担税力」とは何かが充分に説明されていないように思われる。

第3節　本書の構成

このように、所得税が応能負担原則を最も実現するといわれながらも、そこで把握されているはずの「所得」や「担税力」の意義、ひいては「応能負担原則」の意義自体も不明確になってしまっているように思われる。そこで、本書では、この税法の最も重要な基本原理である応能負担原則の意義を改めて検討すべく、「担税力」を「税を支払うために使える経済的（負担）能力」という一般的な理解に依拠させつつ、その現れである「所得」概念、また「担税力」に応じた課税を実現する「所得」課税のあり方について、検討

---

(18)　三木・前掲注（3）74頁〔奥谷〕、伊川・前掲注（3）。
(19)　金子・前掲注（1）248頁。
(20)　金子・前掲注（1）253頁。

8　序　章

をしていこうと思う。そのために各テーマと内容から次のような構成になっている。

　第Ⅰ部「客観的純所得課税の意義」では、まず客観的純所得課税を実現する、すなわち客観的担税力を示すと考えられる「所得」に関する検討を行っていく。第1章「市場所得概念の生成と展開」では、「所得」概念をめぐるこれまでの議論をまとめるとともに、ドイツで支持されている市場所得説とそれに基づく法的観点からの「所得」概念のあり方について考察している。第2章「市場所得における控除概念─基因原則による必要経費─」では、「所得」を算出するために収入から控除される必要経費がどのように捉えられているのか、ドイツにおける判例の展開をもとに、市場所得説におけるその意義を示している。第3章「必要経費控除の意義と範囲」では、必要経費に関する日本での近時の裁判例を踏まえ、改めて必要経費を控除する意義と、家事費・家事関連費との関係でどの範囲の支出が必要経費として控除されるべきか、という点について検討している。

　第Ⅱ部「主観的純所得課税の意義」では、人税としての所得税が納税義務者の個人的、主観的事情を考慮することで、客観的に算出される「所得」では考慮し得ない事情に基づく担税力の減少を課税対象から除外する所得控除制度のあり方について検討を行っている。第4章「所得税における基礎控除と担税力」では、担税力がないと解されていながら、「所得」に含まれている、納税義務者の最低生活費に係る基礎控除について、そのあり方をドイツの議論をもとに、市場所得説を中心とした所得概念との関係から考察している。第5章「扶養にかかる人的控除と社会保険料負担─2005年1月11日連邦憲法裁判所判決の検討─」では、ドイツでの憲法裁判所の判決をもとに、納税義務者の扶養する親族の最低生活費を考慮するために、扶養控除のあり方について検討している。第6章「居宅介護サービスと医療費控除」では、日本国内で実際の問題となった事例をもとに、医療費控除制度について検討している。そして、医療費控除が担税力の減少を考慮するための制度であるとの位置づけを再度確認しつつ、この制度の歪みについて示している。

　第Ⅲ部「その他の担税力をめぐる問題」では、応能負担原則との関係で明確に示されていないと思われるいくつかの問題を検討している。第7章「課

税の負担と上限―ドイツ連邦憲法裁判所 2006 年 1 月 18 日決定を手がかりとして」では、ドイツの憲法裁判所の決定をもとに、税負担の上限について考察している。課税が財産権に対する侵害行為であるという位置づけからすれば、応能負担原則との関係では、担税力を超える課税、税負担は財産権の不当な侵害に当たるともいえる[21]。そこで、応能負担原則との関係で、財産権を保障するための課税の限界について考察している。第 8 章「損害賠償金と非課税『所得』」では、所得税法における非課税「所得」規定（9 条）での、「所得」という概念の不明確さについて示している。

　これらの検討を通じて、本書では「所得」概念とそこに表わされる「担税力」、さらには「応能負担原則」に基づく所得税のあり方について考察をまとめていくことにしよう。

---

(21)　新井隆一『税法からの問　税法からの答』（成文堂、2008 年）20 頁。

第Ⅰ部

客観的純所得課税の意義

第1章　市場所得説の生成と展開

はじめに

　今日多くの国家において所得に対する租税は主要な収入源となっている。わが国においてもそれは例外ではなく、所得を課税対象とする個人所得税（所得税）と法人所得税（法人税）は、租税収入において高い重要性をもっている。所得税は、わが国において明治20年（1887年）に採用されて以来、改正を繰り返しながら発展してきた。そして第二次世界大戦後、シャウプ税制使節団が昭和24年（1949年）に公表した「シャウプ勧告」により、日本税制は、所得税中心主義に立脚し、現在に至っている。このことから歴史的にも、所得課税の重要性が認められる。所得課税は、担税力に応じた課税の要請に最もかなう税であり、そのため税制において中心的役割を果たしている。人の担税力の指標としては、所得・消費・資産の3つがあるが、所得によれば各人の担税力を総合的に表すことができる。そして、所得に対する租税でありかつ人税である所得税は、さまざまな人的控除と結合することにより、最も公平な税負担の配分を実現できるのである。

　日本国憲法は、84条において租税法律主義を規定し、国民は、法の規定するところによってのみ納税の義務（30条）を負う。この租税法律主義の内容として、課税要件法定主義と課税要件明確主義がある。前者は、罪刑法定主義（31条、39条）とよく比較され、国民の財産権（29条）に対する侵害という課税の作用を考慮して、すべての租税の賦課・徴収の手続は、法によって規定されなければならないとする原則である。後者は、課税要件法定主義により法が賦課・徴収に関して規定する際には、その規定はできる限り一義的かつ明確でなければならないとする原則である。

　所得課税を規律する法には所得税法と法人税法がある。この所得税法、法

14　第1章　市場所得説の生成と展開

人税法は、ともにその課税対象である「所得」の定義を明文をもって規定していない。所得税法は、その22条で課税標準、23条から35条で所得の分類とその計算方法を定めているのみである。法人税法は、21条で課税標準、22条でその金額計算について、23条から28条で益金、29条から65条において損金の分類とその計算に関して規定している。したがって、一定期間内で人に帰属した経済的価値のうち、どの部分が所得であるか、すなわち所得課税の課税対象となるのかについては、法律上明確にされていない。所得課税において、所得は課税対象であり、課税対象は課税の要件である。その課税対象を規定していないということは、課税要件を不明確にし、課税要件明確主義に反するおそれがある。したがって、このようなかたちで課税要件を規定していること自体が、課税要件法定主義に反するおそれがあるのである。

　以上のことから、所得税の課税対象およびその範囲を明確にすることは、所得課税の最も基本的な問題であるといえよう。それが本章の主題の1つである、「所得」とは何か、すなわち所得概念に関する問題である。

　所得概念に関する研究はこれまでもさまざまなかたちでなされてきた[1]。

（1）　近時最も体系的にまとめられた所得概念に関する研究は、金子宏『所得概念の研究——所得課税の基礎理論上巻——』（有斐閣、1995年）であると思われる。その他にも清永敬次「シャンツの純資産増加説（1）（2）」税法学85号（1958年）7頁、86号（1958年）15頁、大原一三「英国税法における所得概念（1）～（4）」税法学33号（1953年）1頁～38号（1954年）1頁、石島弘「税法の所得概念における実現概念（1）」甲南法学18巻1・2号（1978年）1頁、小林威「包括的所得課税標準の検討」経営と経済（長崎大）53巻4号（1973年）11頁、中居文治「ドイツ所得税法における所得概念」オイコノミカ9巻3・4号（1971年）39頁、中川一郎「現行税法における基本的法概念としての『所得』（1）～（11）」税法学13号（1952年）8頁～27号（1952年）23頁、植松守雄「所得税法における『課税所得』をめぐって」一橋論叢77巻2号（1976年）133頁、忠佐市「課税所得概念論の動向」『井藤半彌博士退官記念論文集　財政学の基本問題』（千倉書房、1960年）435頁、木村弘之亮「ドイツ所得税法における所得概念——所得の人的帰属との関連において——」波多野弘先生還暦祝賀記念論文集刊行委員会編『波多野弘先生還暦祝賀記念論文集』（同刊行委員会、1988年）125頁、忠佐市「課税所得の概念」法律のひろば30巻1号（1978年）13頁、神戸正雄「所得税ニ於ケル所得ノ意義」同『租税研究　第1巻6版』（弘文堂、1928年）125頁、忠佐市『租税法要綱　第2版』（森山書店、1967年）120頁、232頁、同『課税所得の概念論・計算論』（大蔵財務協会、1980年）、渡辺伸平『税法上の所得をめぐる諸問題』（司法研究報告書第19輯第1号、1967年）、大川政三＝小林威編著『財政学を築いた人々』（ぎょうせい、1983年）（特に、長谷部秀孝「ジョセ

しかしながら、これまでの研究は、19世紀ドイツにおける所得概念論争、あるいは1960年代にアメリカで展開された所得概念論争を中心とするものが、そのほとんどであったといえる。前者は、制限的所得概念ないしは（所得）源泉説（Quellentheorie）と、包括的所得概念ないしは純資産増加説（Reinvermögenszugangstheorie）と呼ばれる2学説間の論争を中心としている[2]。そして後者は、純資産増加説内における論争に関するものである[3]。すなわち、日本の所得学説研究においては、この2説が中心的役割を果たしてきたといえる。しかしながら、日本ではその2説ほどは詳細に研究されていないが[4]、ドイツを中心に支持されている有力な学説として「市場所得説（Markteinkommenstheorie）」が存在する。市場所得説は、19世紀以来の歴史をもつといわれ、現代においては、1978年にドイツにおいてルッペ（Hans Georg Ruppe）が紹介した[5]後、ドイツ[6]のみならずオーストリア、スイス[7]

フ・ベックマン」485頁、（488頁）・小林威「サイモンズとカーター報告」525頁（530頁以下））、辻山栄子『所得概念と会計測定』（森山書店、1991年）等の研究がある。その他にも多くの学術書において所得概念論が紹介されている。またこのような所得概念論および各国所得税法上の所得概念に関してまとめたものとして、税制調査会『税制調査会資料集——税法整備小委員会資料——昭和39年3月』（1964年）81頁もある。

（2）　代表的なものとして清永・前掲注（1）「シャンツの純資産増加説（1）・（2）」、木下和夫＝金子宏監修、金子宏編著『改訂版所得税の理論と課題』（税務経理協会、1999年）18頁参照。

（3）　代表的なものとして、金子宏「租税法における所得概念の構成」（但し当該論文はアメリカの議論のみならずドイツやイギリスの所得概念論にも触れている）、同「ボーリスビトカーの『包括的課税ベース』批判論の検討」（ともに前掲注（1）『所得概念の研究』所収）、金子・前掲注（2）『所得税の理論と課題』21頁、小林・前掲注（1）「包括的所得課税標準の検討」11頁、長谷部・前掲注（1）「ジョセフ・ペックマン」491頁参照。

（4）　ただし、北野弘久編『現代税法講義〔3訂版〕』（法律文化社、1999年）43頁〔三木義一〕、新井益太郎監修、岸田貞夫＝矢内一好＝柳裕治＝吉村典久共著『平成11年度版現代税法の基礎知識』（ぎょうせい、1999年）29頁〔吉村典久〕、木村弘之亮『租税法学』（税務経理協会、1999年）182頁、210頁において若干紹介されている。

（5）　H. G. Ruppe, Möglichkeit und Grenzen der Übertragung von Einkunftsquellen als Problem der Zurechnung von Einkünften, DStJG Bd. I, Übertragung von Einkunftsquellen im Steuerrecht, 2. Aufl. Köln, 1979, S. 7ff; 木村・前掲注（1）125頁、および同「西ドイツ所得税法における所得帰属論（上）（下）——所得源泉の譲渡——」、ジュリスト909号（1988年）96頁、ジュリスト914号（1988年）174頁では、帰属の問題と関連させて、ルッペの議論をほぼ忠実なかたちで紹介している。

（6）　Klaus Tipke/Joachim Lang, Steuerrecht 16. Aufl., Köln, 1998, S. 96.

16 第1章 市場所得説の生成と展開

においても検討され、後述するように、所得税法の解釈においては通説となっているようである。これはティプケ（Klaus Tipke）の以下の指摘からも明らかであると思われる。「所得税客体の本質を最も良く特徴付け、原則的にすべての所得に適用される理論は……市場所得説である。……市場所得説は、所得（Einkommen[8]）を……利益／余剰を目的とした収益活動によって獲得されるすべての所得と定義する。市場所得説は、すべての所得分類の法ドグマを決定し、趣味からの利得、相続および贈与と所得税を課すことのできる所得との境界、所得の人的帰属、基因理論（Veranlassungstheorie）による……収益収入（収入金額、総収入金額）と収益消費（必要経費、取得費など）の限界付け、ならびに実現した所得のみの原則的把握、といった複合的問題の解決に貢献する[9]」。

　このように、市場所得説はドイツにおいて近時非常に注目を集めている。日本の税法は、ドイツ税法から多くの影響を受けているが、ドイツ法において重要な意義を見出されている市場所得説は、いまだ日本において詳細に検討されていない。わが国の税法における所得概念を再検討するためにも、この市場所得説を検討することには重要な意義があると考える。そこで本章においては、この市場所得説の理論がどのような歴史的展開を遂げたかについて検討し、その上で市場所得説を評価し、日本法における所得概念論の本質に迫っていきたいと思う。

　なお、日本、ドイツ両国における学説を比較検討していく本論文においては、日独共に法人税が法人擬制説に基づき、個人所得税の事前徴収のように認識されていることから、まずその検討の中心を個人所得税において展開し

（7）　Markus Weidmann, Einkommensbegriff und Realisation, Zürlich, 1995, S. 68.

（8）　本論文においては特に断りなき場合、Einkommen と Einkunft の訳語を、共に「所得」として同義に取り扱う。

（9）　Klaus Tipke/Joachim Lang, Steuerrecht 13. Aufl Köln, 1991, S. 201f.; ders., a.a. O. (FN. 6), S. 236; dazu Rolf Wittmann, Das Markteinkommen -einfachgesetzlicher Strukturbegriff und verfassungsdirigierter Anknüpfungsgegenstand der Einkommensteuer?, Augsburg, 1992, S. 6f.; 木村・前掲注（4）212 頁。Dazu Tipke/Lang. 13. Aufl., 243ff.; ders., a. a. O. (FN. 6), S. 283ff., Joachim Lang, Reformentwurf zu Grundvorschriften des Einkommensteuergesetzes (Münsteraner Symposion Band II), Köln, 1985, S. 32f.; 木村・前掲注（4）254 頁以下において、より詳細に検討されている。

ていくことにする。

第1節　市場所得説の生成

　市場所得説は、一般に、所得を「市場における経済的活動により稼得された利得」と定義し、その論者は、ロッシャー（Wilhelm Roscher）、ルッペ、キルヒホフ（Paul Kirchhof）、およびラング（Joachim Lang）であると紹介されている[10]。最も古い論者とされるロッシャーは、19世紀ドイツにおける所得概念論争時代の人物である。そこで、まずはその時代を市場所得説の生成期の中心と考え、シャンツ（Georg von Schanz）が純資産増加説を発表したとされる「所得概念と所得税[11]」を手がかりに、源泉説および純資産増加説との関連を考慮しつつ、生成期における市場所得説の理論を検討してみよう。

1　シャンツの純資産増加説

　包括的所得概念ともいわれる純資産増加説はドイツのシャンツが提唱し、アメリカのヘイグ（Heig）、サイモンズ（Simons）がこれに続いた。この説によれば、所得は、一定期間内における純資産の増加および消費と定義される[12]。日本の所得税およびアメリカ連邦所得税は、基本的にこの考えを採用しているといわれる[13]。まずこの所得概念を提唱したシャンツの理論を、その展開にそって検討してみよう。

　シャンツは、「私経済的な分析および租税立法は、可能な限り明確に限定された所得概念を必要としている。しかしながら、残念なことにその点〔所

---

(10)　新井・前掲注（4）30頁〔吉村〕。

(11)　Georg Schanz, Der Einkommensbegriff und die Einkommensteuergesetze, FA（1896）, S. 1; これについては篠原章訳「ゲオルグ・シャンツ　所得概念と所得税（1）～（4）」成城大学経済研究第104号（1989年）23頁～第107号（1989年）121頁において完訳により紹介されている。また清永・前掲注（1）「シャンツの純資産増加説（1）（2）」も、当該論文について詳細に研究している。

(12)　新井・前掲注（4）29頁〔吉村〕、宮島洋『租税論の展開と日本の税制』（日本評論社、1986年）4頁。

(13)　金子宏『租税法　第7版』（弘文堂、1999年）169頁。

18　第1章　市場所得説の生成と展開

得概念[14]」については理論上の一致はない[15]」という問題を指摘し、まず収益（Ertrag）の概念について論述している。それはシャンツが、「租税制度においても収益税が問題になる限りで、この〔収益〕概念が重要である[16]」と考えたからである。

　そしてシャンツは、収益と所得との概念上の相違について述べている。収益という概念は、ある客体、企業または特定の活動に対する直接的関連を強調しているのに対し、所得（Einkommen）概念は、すべての経済的発展における個人（Person）に着目しているのである。シャンツは、この点に関して「我々はある個人が、一定期間においてどのような独立の経済能力を示すかを、知ろうとするのである[17]」と述べている。

　この区別を踏まえてシャンツは所得概念の検討を始める。シャンツは、まずヘルマン（F. B. W. von. Hermann）の理論を取り上げている。ヘルマンによると、所得の定義は、「一定期間内に、ある個人の減じられずに存続する基幹財（Stammgut）に新たに付け加わり、それゆえ自由に消費し得る経済財または交換財の総額」となる。この定義は、当時のドイツにおいて広く承認されていたようであり、それをシュモラー（G. Schmoller）が拡大したといわれる。

　シュモラーによると、所得とは、「各人が、その資産を侵食することなく、自己およびその家族のため、その精神的および肉体的欲求のため、その享楽および目標、すなわちその人格向上のために、ある経済期間内に消費し得る資力（Mittel）の総額」となる。シャンツは、両者の理論における所得を、「収益のカテゴリーではなく、任意の経済的計算例〔所得分類〕の産物でもなく、欲求充足との関係において人格（Persönlichkeit）概念から出てくるようなひとつの生きた全体（ein lebendiges Ganze）である」と評価している。そしてシャンツは、この理論を自己の所得概念の基礎としている。さらにシャンツは、個人の「経済的総量を考慮し、人格の全経済的能力を測定し」た上

---

(14)　本章における引用中において（　）、〔　〕で閉じられている語句は、それぞれ著者および筆者による内容的な補足を示す。

(15)　A. a. O. (FN. 11), Schanz, S. 1.

(16)　A. a. O. (FN. 11), Schanz, S. 4.

(17)　A. a. O. (FN. 11), Schanz, S. 5.

第1節　市場所得説の生成　　19

で、所得概念の多様性と可変性のなかから「できる限り近い一つの金銭的表現」を見出そうとした。このような立場に基づき、シャンツの純資産増加説が形成されたと思われる。

　ヘルマンおよびシュモラーの理論は、「資産を減ずることなく、自分のために消費する資力の総額」を所得の要素とする点で共通している。シャンツは、この点について「利用（Nutzungen）、価格増加（Wertsteigerungen）、および、金銭評価される第三者の給付（geldwerten Leistungen Dritter）を含む、……純収益（Reinerträge）のみならず、贈与、持参金（Mitgift）、ロット〔富籤、宝くじ〕の賞金（Lotteriegewinn）、および、相続などの偶発的利得（Anfälle）や、第三者からの供与（Zuwendungen Dritter）も考慮に含めなければならないことは明白である」と主張している。なぜなら、そのような利得を得た者は、それを消費した結果、その利得獲得以前より資力を減じることはないからである。シャンツは、所得をこのように定義し、債務利子および財産損失を必要経費に含めている。この結果シャンツは、所得を「所定の期間におけるある経済の純財産の増加（Zugang von Reinvermögen）として示[18]」し、純資産増加説を確立した。これによれば、すべての純資産の増加が所得とされ、所得が包括的に構成される。

　しかしながら、その概念はすべての者を満足させるものではなかった。シャンツは、特に、相続、贈与、ロット賞金、および、一回性の景気利益を所得に含めるか否かという点について争いが生じることを指摘し、反対説（源泉説）と対置させ、自己の見解を展開していく。これらの点は、その所得概念の範囲に関して、純資産増加説と源泉説が決定的に異なる点である。

2　シャンツの源泉説批判

　シャンツは、このような自説との相違点に関連させて、源泉説に対する批判を展開している。以下では、源泉説をその理論的特徴に基づく分類ごと[19]に紹介し、それぞれに対するシャンツの源泉説批判を検討していきた

---

(18)　A. a. O. (FN. 11), Schanz, S. 7.

(19)　本章における源泉説の分類は、中居・前掲注（1）における分類に従っている。なお金子教授は、前掲注（3）「租税法における所得概念の構成」などの研究において、経済活動説

20 第1章 市場所得説の生成と展開

いと思う。

(1) 経済活動説[20]

相続をはじめから排除して、所得を定義しようとする学者がいた。それが
ロッシャーおよびフォッケ（N. Vocke）を代表とする、いわゆる「経済活動
説」を唱える者たちである。

ロッシャーの唱える経済活動説は、収入（Einnahme）と所得（Einkommen）
を区別している。ロッシャーは、「収入という概念は、一定期間内に資産に
対して新たに入る財をすべて把握する。……これに対して所得という概念は、
経済的活動（wirtschaftliche Tätigkeit）から生じた収入のみを把握する[21]。あ
る年の粗所得（rohes Einkommen）は、経済がその年の経過において、新たに
生産したあらゆる財から生じる。純所得（reines Einkommen）は、生産費用の
控除の後に残る。基幹財産を減少することなく消費され得る部分である」と
いう区別をしている。ロッシャーによれば、「経済活動」は、「経済のもと外
的財への需要を満たすために行う人の計画どおりの活動」である。

ロッシャーと類似の立場に立つとされるフォッケの理論は以下のようにな
る。その所得概念は、ロッシャーと若干異なり、「所得とは、消費された資
産を補塡し、その経済的諸活動と結び付いた法的請求権を充足し、さらに、
単なる資産移転による財産の増加を控除した後、自己の消費のために残るも
の[22]」となる。さらにフォッケは、所得は収益のみからなり、収益でない
ものは所得ではなく、逆もまた然りであると付け加える。つまり、「収益と
所得の本質は、新たに生じたものである、ということである。したがって贈
与、ロット賞金および相続は収益ではなく、所得でもあり得ない〔傍点筆
者〕」として、これらを所得から排除している。しかしながら、「景気利益、

を生産力説とし、規則的反覆説を反覆説とするというかたちで、別の名称を用いて分類し
ている。

(20) A. a. O. (FN. 11), Schanz, S. 8ff; 篠原・前掲注（11）「ゲオルグ・シャンツ所得概念と所得
税法（1）」30頁以下、清永・前掲注（1）「シャンツの純資産増加説（1）」10頁；dazu, a.
a. O. (FN. 7), Weidmann, S. 64f.

(21) A. a. O. (FN. 11), Schanz, S. 8; 篠原・前掲注（11）「ゲオルグ・シャンツ所得概念と所得
税法（1）」30頁。

(22) A. a. O. (FN. 11), Schanz, S. 10; 篠原・前掲注（11）「ゲオルグ・シャンツ所得概念と所得
税法（1）」32頁。

投機からの利益、および富籤公債（Lotterieanleihen）の利益は、所得とみなけ
ればならない」とする点で、フォッケの理論はロッシャーと異なる。

　経済活動説によれば、相続や贈与は所得から排除される。また自家消費や
趣味からの利得は、経済活動によるものでないため、やはり所得に含まれな
いことになる。譲渡所得のような一回性の利得は、理論上は所得に含まれる
ことになると思われるが、この点に関する言明はない。そして景気利益など
の偶発的な利得に関しては、上述したように経済活動説内でも結論がわかれ
ていると思われる。

　この経済活動説に対するシャンツの批判は、経済活動から生じるものだけ
を所得とすることへの疑問をその出発点としている。シャンツは、ロッシャ
ーに対する批判の前提として、持参金、相続および受領者の観点からは予測
されない贈与からの収入が、ほとんど経済活動に基づかないことを認めてい
る。しかし遺贈（Legate）や贈与に関しては、受贈者の経済活動に基づくも
のである可能性、および、計画的なものである可能性もあることを指摘して
いる。詐欺による結婚および相続に関しては、計画的であり、金銭目当てで
あるものが存在することも指摘している。シャンツは、このようないくつか
の例示を用いて、「経済活動」に合致しない収入類型の存在を指摘する。

　またフォッケに対する批判は次のようなものである。すなわち、収益と所
得の本質が常に新たに発生したもののみであること、および、労働によって
のみ所得が発生するということが、フォッケの主張である。それにもかかわ
らず、フォッケは労働を前提としない景気利益も所得に含めている。シャン
ツは、この点に関してフォッケの理論が一貫していないことを批判する。

　以上から、経済活動説は、本質的に所得を経済活動に限定していることを
根本的な弱点として、シャンツに批判され、退けられたと思われる。

(2)　規則的反復説[23]

　次にシャンツが取り上げたのは、当時の学者の多くが依拠していたいわゆ
る「規則的反復説」である。この学説は、所得概念に関する問題の解決を規
則性（Regelmässigkeit）という契機と結び付けている。その代表的論者は、コ

---

(23)　A. a. O. (FN. 11), Schanz, S. 11ff; 篠原・前掲注（11）「ゲオルグ・シャンツ所得概念と所
　　得税法（1）」34頁以下、清永・前掲注（1）「シャンツの純資産増加説（1）」12頁。

22　第1章　市場所得説の生成と展開

ーン（G. Cohn）、グート（F. Guth）およびワーグナー（Ad. Wagner）であるといわれる。

　コーンによれば、所得の定義は、「規則的に反復して（in regelmässiger Wiederkehr）家計に自由に処分され得る財の総額」である。彼は、相続および運による利益（ロット賞金など）などは、反復性を有していないため、所得と異なると主張している。コーンは、経済活動説の主張する経済活動の有償性とは異なり、収入が規則的に流入するか否かを検討している。そして彼は、「この特質に決定的価値を認める限りで、与えられた源泉（Quelle）の絶えることのない水という観念が無意識的に生じる」と主張している。

　またグートは、「所得は源泉からの、すなわち確かな規則性をもって反復する財産の増加すべてである」と主張している。彼は、「所得を獲得した者は、その資金を減少することなく、所得を享受、消費あるいは何らかの方法で処分する」ということから、相続やロット賞金などは所得ではないとしながらも、特定の権限（gewisse Titel）に基づく場合は所得であると主張している。シャンツは、このグートの言葉から、その理論の「重点が源泉に置かれていることは明白」と評価している。この「源泉」という言葉に源泉説の起源があると思われる。

　ワーグナーの理論は上述した2者の理論とは若干異なっている。彼は源泉よりも規則性を強調している。彼によると所得は次のように定義される「(1)　特定期間において規則的に、すなわち確固たる収益源泉（Erwerbsquelle）の純収益としての規則的な反復能力により財産としてさらに増加する経済財の総額[24]。(2)　個人の利用財産に生じる損耗および流通における減価を控除した後に、定期的に持続して認められる受領（Genüsse）（利用）または自己の受領可能性」という2つのものが所得を構成する。さらにワーグナーは、「規則性という契機は、少なくとも継続的、または平均的な関係について決定的である所得に関する国民経済上の考慮に対して、重点を置かれるべきである」と主張する。彼は、所得を狭く限定することをより適

---

(24)　(1) の具体例としては、個々の経済活動である労働および事業、所有権および請求権、ならびに規則的で無償の収入である喜捨（Almosen）および贈与から生じる収益が挙げられている。

切と考えており、反復および規則性という契機が所得概念にとって本質的な
ものであるとみなしている。

　規則的反復説によれば、相続および贈与は所得から排除される。また、自
家消費や趣味からの利得も、反復するものでないため、やはり所得には含ま
れないことになる。譲渡所得のような一回性の利得も、同様に反復しないた
め所得ではない。そしてロット賞金など偶発的な利得も、反復性の要件を満
たさないため、所得から除外される。さらに芸術家など、必ずしも規則的な
収入を得るわけではない職業の者が得る収入も、理論上所得に含まれないこ
とになる。規則的反復説は、経済活動説よりも、所得を著しく限定的に構成
している。

　シャンツはこの規則的反復説を次のように批判している。規則的反復性と
いう推定は、最も表面的な考察方法に基づくものとして示される。しかし、
景気によって変化する事業利益、給与、利子および地代などは、その種類に
よっても、その総額によっても、発生する利得が毎年同一であるということ
はない。したがって、事業利益や給与などの確固たる収益源泉から純収益が
発生する場合でも、所得総額が規則的に反復するということは認められな
い。シャンツは、この点について、「所得学説においては、所得の変動
（Wechsel）および移動（Bewegung）、さらに〔所得の〕増減を引き起こす要因
が常に問題である。それにもかかわらず所得は、規則的な反復において家計
に自由に処分され得る財の総額であるのか」という問題を投げかけている。
さらにシャンツは、「自己保存のためにすべての人が毎年収入を得ようとし、
自己の所得の反復性を保証しようとすること、そして、このような傾向によ
り国民経済全体が支配されていることは正しい。すべての人々は、可能な限
り多くの財産を所有したいのだから、財産概念については財産の大きさが本
質的である。同様に、人々がその所得の規則的な反復を目指して努め、これ
を保証しようとするという理由から、〔規則性が〕所得概念に対して決定的
かつ本質的な契機であるということは許されない」と主張している。そして
シャンツは、「このような方法により収入のなかから何らかのグループを排
除すべきではない」として、規則的反復説による所得概念の限定性を批判す
る。

24　第1章　市場所得説の生成と展開

以上のように、所得の総額が反復するか、または、反復可能かということが所得概念においては重要でないこと、および、その所得概念の限定性を批判され、規則的反復説も退けられた。

(3)　継続的源泉説[25]

ノイマン（F. J. Neumann）は、「源泉」および「規則性」によって満足な結果が得られなかったために、その2つの契機を若干異なる方法で用いようとした。その結果ノイマンは、「収入自体が継続的に反復して、または規則的に反復して生じることが問題なのではなく、収入が、継続的収入源泉（dauernde Bezugsquelle）の通例の結果であるということが問題なのである」と主張している。そして所得は、「特定の期間に、①継続的な収入源泉から生じる規則的結果として、②ある者が自己の利益において自由に処分し得る部分となる財、金銭評価される（狭義の）給付、および、他者の物の利用〔価値〕、すべての総体として、または、③同時に生じる当事者の財産の価格増加を含む、このような〔財の〕総体の価格として」定義される。

この定義によれば相続および贈与は所得から排除される。また自家消費および趣味からの利得は、継続的な収入をもたらすものであれば所得となり得る。さらに、譲渡所得のような一回性の利得は所得に含まれないこととなる。そして、ロット賞金など偶発的な利得に関しても、継続的な収入源泉を観念し得ず、所得には含まれない。

またノイマンは自己の見解の長所を2つ挙げている。第1点目は、「投機家、商人、建築家、および芸術家に流入するような変動的利益が所得となる」ことである。なぜなら、「これらの収入は、結果として、そしてある意味では規則的結果として、継続的収入源泉と結び付く」からである。第2の点は、「この所得概念は、所得分類の基礎を与えることに成功し、それと同時に源泉に規則的に由来する所得税に対して優れた役割を果たすことができる」ことである。ノイマンは、当時の所得税法上も所得概念が不明確であったため、自己の所得概念論が、所得税法上の所得を明確にし、同時に所得源泉を考慮して構成されている所得類型も明確にできることを、自己の理論の

---

(25)　A. a. O. (FN. 11), Schanz, S. 18ff.; 篠原・前掲注（11）「ゲオルグ・シャンツ所得概念と所得税法（1）」40頁、清永・前掲注（1）「シャンツの純資産増加説（1）」13頁。

第1節 市場所得説の生成 　25

利点と考えていたと思われる。

　しかしながら、ノイマン自身も次のような問題点を挙げている。「この概念には多くの不明確さが残っている。特に『継続的収入源泉』および『規則的結果』という言葉には不明確さがあることは否定できない」。シャンツも同様にこの点を批判している。

　シャンツの批判は、さらに、ノイマンが挙げた彼の所得概念の長所にまで及ぶ。すなわち、「その所得概念が所得分類の基礎となり得る」という点である。シャンツも、当時の所得税法が課税対象を不明確にしている、という問題があることは認識していた。しかし、その不明確な法を根拠として、ノイマンが自己の所得概念を構築し、そして自己の理論を正当化していることを批判している。

　結局のところ、継続的源泉説は、規則的反復説ほど所得を限定することはなかったが、所得以外の概念の不明確さによって、正当化されることはなかったのである。

　以上のようにシャンツは各説を批判し、結果、源泉説をすべて退けた。そして、ドイツにおける所得概念論争はこれで一応の終結をみたといわれている。

3　ノイマルクの国庫的所得概念

　市場所得説は、上述した所得源泉説のひとつとして紹介される経済活動説を起源としている。上述したように、経済活動説の理論は、シャンツによって批判されたが、その流れは失われたわけではない。その後に公表されたノイマルク（Fritz Neumark）の理論[26]は、一般には源泉説的な傾向を示しているといわれるが、市場所得説という評価を付されることもある[27]。それは、彼の理論が現在の市場所得説の代表的論者であるルッペおよびキルヒホフに大きな影響を与えているからである。ノイマルクは、所得の一般的定義を法

---

(26)　Fritz Neumark, Theorie und Praxis der modernen Einkommenbesteuerung, Bern, 1947, S. 37.

(27)　Harald Wissel, Einkünfteerzielungsabsicht und Einkommensbegriff, Hamburg, 1977, S. 123; a. a. O. (FN. 7), Weidmann, S. 63f..

26 第1章 市場所得説の生成と展開

律上に定めることを提唱し、自身の所得概念を国庫的所得概念（fiskalischer Einkommensbegriff[28]）と称した。

ノイマルクは、それまでの所得概念論を経済理論上の所得概念 （wirtschaftstheoretischer Einkommensbegriff）とし、それぞれを自己の理論と比較および検討している。源泉説に対しては、その「源泉」および「循環性 （Periodizität）」という基準を批判し、純資産増加説に対しては、その包括性ゆえの不明確性を指摘している。また、法律上この両説が結び付けられ、その結果、法は、所得源泉を考慮しながら、包括的に所得を構成していると主張している。

ノイマルクは、所得を収益と区別し、所得を「簿記上の存在 （buchhalterliche Existenz）」あるいは「確かな計算上の処理の結果（the result of certain arithmetical operations）」と定義している。また、所得を資産とも区別し、一定期間内に個人に流入する経済的処分権限の増加の表れが所得であると述べている。その結果、ノイマルクの理論によれば、「所得税の構成要素となる所得は、第一に取得者の国民総生産形成への関与の結果であり、第二に当該経済主体の経済的処分権限を実際に（実質的に）増加させるような利得のみを把握するものである[29]」ということになる。これがノイマルクのいう国庫的所得概念である。

この場合の「国民総生産（Sozialprodukt）」という概念は、経済社会における年間生産、または、市場への参加過程における価格メカニズムによって生じるあらゆる国内総生産であるといわれている[30]。その上でノイマルクは、問題とされている経済的利益が所得に入るかについて個別的に検討している。

この検討対象となったのは、まず帰属収入（imputed income）の問題[31]であ

---

(28) A. a. O. (FN. 26), Neumark, S. 34ff..

(29) A. a. O. (FN. 26), Neumark, S. 41.

(30) 現在の国民総生産（GNP）は、「一国の居住者が一定期間生産活動を行なうことによって新たに生み出される価値の合計」と定義されている（金森久雄編『経済用語辞典 第3版』（東洋経済新報社、1994年）102頁）。したがって、ノイマルクの主張する国民総生産概念は、現在のそれと比べて、さほど意味内容を異にするものではないと思われる。

(31) A. a. O. (FN. 26), Neumark, S. 42f..

る。その帰属収入の問題には、いわゆる自家消費（Selbstverbrauch）と継続的（消費）財の利用給付（Nutzleistungen dauerhafter (Gebrachs-) Güter）が含まれている。ノイマルクは、自家消費を物的な自家消費と役務の自家消費とに分類している。彼は原則としてこれらの自家消費を所得とは考えていない。これらを所得と考える理論は擬制的であり、所得を満足の流入という観点で捉えている、と批判している。ノイマルクは、自家消費に対しては、例外的に「物質的な財が問題となる場合に制限される限りで、所得の構成要素として評価されるべきである」と主張する。すなわち、役務の自家消費は原則排除するものの、物的な自家消費は、その市場価値が把握される場合に限り、所得に算入すべきであると主張している。

　そしてノイマルクは、継続的消費財の利用に対する課税（帰属収入への課税）が、極めて政策的な観点から行われていることを指摘している。例えば、個人が自己の所有する居宅に住んでいる場合には、帰属家賃が生じ、それに対する課税が問題となる。賃貸住居に住むことが慣行的になっている場合には、帰属家賃は比較的捕捉可能であり課税されやすいが、国民の多くが抵抗することが考えられる。帰属家賃に対して課税するならば、その一方で、自家用車および家具などの利用価値に対しても課税をしなければ、課税において不平等を生じることになる。自家用車および家具などは、利用価値が捕捉困難であるとともに、自己で所有することのほうが慣行的であるといえる。またそのような財に対しても課税することには、より一層多くの国民が抵抗すると思われる。そのため、このような財に対する課税はまず行われない。したがって、政策的な観点によれば、住居の利用価値は課税対象となり、その他の動産などは課税対象とならないと考えられる。継続的消費財の利用に対するこのような課税が認められるならば、為政者がその課税対象を恣意的に区別することが想定される。その結果、納税者の予測可能性は低くなり、かつ課税において不平等を生じることになる。ノイマルクはこの点を問題にしている。以上のことから、ノイマルクは、帰属収入への課税に反対していたと思われる。

　次にノイマルクは、増加利益所得（Zuwachsgewinneinkommen（capital gain））に関して、譲渡益（Veräußerungsgewinn）と評価益とを区別して検討してい

28　第1章　市場所得説の生成と展開

る[32]。この評価益について、ノイマルクは、特に偶発的な投機利益および価格増加（未実現のキャピタル・ゲイン）を問題にしている。なぜなら、このような所得は能動的な活動の結果ではないからである。このような資本利益は、財産増加ではあるが、純粋な所得経済においては評価されない。したがって、所得の構成要素としては効力をもたない。しかしノイマルクは、これらの財産増加を非課税にするのではなく、特別税を設けて課税すべきであると主張する。

ノイマルクは、その他にも以下のような理論を主張している[33]。例えばロット賞金は、数学上予測可能である機会の利用と考えられているため、その特殊性を考慮して、所得税ではなく別の特別（利得）税に服することにより、国庫的所得概念に組入れられると主張している。相続や贈与も同様に考えられている。要するにノイマルクは、事業活動によって生じる譲渡益および価格増加のみを課税対象所得の要素として把握している。この点は経済活動説に近いと思われる。

さらにノイマルクは、実現原則および純額主義の採用を唱えている。また最低生活費の問題にも触れ、それが労働力の生産費用と考えられると主張している。したがって、国民総生産としての個人の純所得総額は、生活扶養のための費用を超過した限りで、所得税に服すると主張されている。

このように、ノイマルクの理論は、所得と収益を区別し、法律上の所得概念を形成することを主張している点に特徴がある。また、ロット賞金を所得から除外し、譲渡益課税の問題については、事業性のあるもののみを所得に取り入れている。これは、事業性のある譲渡益が、簿記により把握できるからであると思われる。また、それらの譲渡益が未実現の場合は、譲渡益を所得に組入れることを原則否定している。しかし、納税義務者が商人である場合は、当該譲渡益は簿記に基づき客観的に把握され得るため、その増加分は所得に組入れられ、減価分は控除されると主張している。ノイマルクの理論は、ロット賞金および未実現の譲渡益を排除している点で、純資産増加説とは異なる。しかし、商人の簿記に基づき未実現の譲渡益への課税を認めよう

---

(32)　A. a. O. (FN. 26), Neumark, S. 44f.

(33)　A. a. O. (FN. 26), Neumark, S. 44f.

とする点は、源泉説とも異なっている。さらにノイマルクは、源泉説および純資産増加説とは異なり、最低生活費なども労働力の必要経費と考えている。しかしその理論は、源泉説の拡大、または純資産増加説の限定とも評価され、部分的に経済活動説に近い要素を含んでいると思われる。

4 小 括

　純資産増加説は、ドイツ所得概念論争後、アメリカで通説と解されるようになった。その法律上の根拠は、合衆国憲法修正16条（Amendment XIV [1913]）の「いかなる源泉（source）に基づく所得に対しても、……所得税を賦課徴収する権限を有する」という文言にあるといわれている[34]。純資産増加説は、日本においても通説とされており、所得税法上の根拠として、退職所得（30条）および譲渡所得（33条）といった一回性の所得、ならびに雑所得（35条）という包括的な規定が挙げられている。法人税法上は、22条2項が包括的な内容を規定しており、この規定が純資産増加説の根拠であるといわれている[35]。

　その他の根拠[36]としては、第一に、公平負担の観点が挙げられる。公平な租税負担の原則は、同一の担税力に対する同一の課税を要求している。それゆえ、制限的所得概念である源泉説における所得は、担税力をもつ一定の利得を課税から排除することになり、不平等であると主張される。

　また所得概念を限定することは、累進税率の主旨と合致しないともいわれる。すなわち、ある利得が、担税力を有するにもかかわらず所得から排除され、累進税率の適用を除外されることは、垂直的公平に反する。また累進税率のもつ所得再分配機能を弱めることにもなる。

　そしてフィスカル・ポリシーの観点[37]からも根拠が挙げられる。国庫政

---

(34)　アメリカ所得税法の沿革に関しては、石島・前掲注（1）1頁、辻山・前掲注（1）156頁、植松・前掲注（1）133頁などを参照。

(35)　裁判例においても純資産増加説は支持されている。例えば、名古屋高裁昭和41年1月27日判決訟務月報12巻6号912頁、などを参照。所得概念に関する裁判例の研究に関しては、忠・前掲注（1）、渡辺・前掲注（1）、および、広瀬正『判例からみた税法上の諸問題〔新訂版〕』（新日本法規出版、1975年）43頁など参照。また経済的な理由を記したものとして、品川芳宣『課税所得と企業利益』（税務研究会、1982年）29頁など参照。

(36)　金子・前掲注（3）「租税法における所得概念の構成」27頁。

30　第1章　市場所得説の生成と展開

策の目的は、資源を最大限に活用し、経済発展を長期的に維持することにある。そのためには、経済変動は最小限であることが望ましい。経済政策において、租税政策はきわめて重要な意義をもっており、課税所得の包括性はそのなかで重要な役割を果たす。そして、所得が包括的であれば、租税政策の実効性が高まる。したがって、国庫政策の手段として所得税の実効性を高めるためには、所得は包括的であることが望ましいと主張される。

　以上のような理由から純資産増加説は支持されている。しかしながら、その最も中心にある「公平性」に対しては、疑問が呈示されていることも確かである[38]。また、その包括性ゆえに不明確性の問題が生じるのみならず、そのためにさまざまな特別措置が創設されたことにより、いわゆる課税ベースの侵食（tax base erosion）という問題も生じている。さらに、未実現の利得や帰属収入に関しては、実行可能性の問題も挙げられる。

　包括的かつ公正な所得概念といわれる純資産増加説には、その包括性ゆえに上述したようなさまざまな問題が生じている。この点が今日における市場所得説台頭の原因のひとつとも考えられる。

　ただし、この段階における市場所得説にも問題はある。生成期における市場所得説をまとめてみると、所得とは「経済活動に基づき、国民総生産の形成への参加を通じて新たに獲得される経済的処分権限の総額」ということになる。このような所得概念を形成してきた市場所得説は、所得を収益と同視し、それを国民所得の一部と観念する考え方であると批判される[39]。この点は特に、フォッケの「全体としての所得は収益のみからなる。収益でないものは所得ではなく、所得でないものは収益でない。……収益および所得の本質は、常に、新たに形成されることである」という言葉に顕著に表れている。

　またノイマルクは、「国民総生産形成への参加」という言葉を直接的に使っている。これに対し、金子教授は、「『国民所得は、経済活動に参加するす

---

(37)　金子・前掲注（3）「租税法における所得概念の構成」33頁。
(38)　中里実「所得概念と時間——課税のタイミングの観点から——」金子宏編『所得課税の研究』（有斐閣、1991年）129頁（特に147頁以下）。
(39)　金子・前掲注（3）「租税法における所得概念の構成」17頁。

べての人々の共同の活動からなるから、それは、まずそれらの人々の間に分配される。生産に何らかの共同をした者だけが、国民所得の分け前にあずかり真の第一次的個人所得をもつといえる。他の者は彼の所得を共に享受する資格をもつにすぎず、あるいは彼の任意によってそれを認められるにすぎない。彼らは、伝来的所得をもつ。しかし、それは、言葉の厳格な意味において所得ではなく、単に、第一次的所得の取得者の所得の一部の享受にすぎない』と述べているのは、個人所得が国民所得の部分ないし分け前であることを明らかにしているものと考えられる。しかし、これらの学説において、なぜ所得が収益と同視されるべきなのか、なぜ国民所得と個人所得とを同一平面で論じなければならないのかは、明らかにされていない」として批判している[40]。

　しかしながら他方で、ライヒ財政裁判所は、趣味から生じる利得に関する1929年3月14日判決[41]において、「ライヒに収入を得させるという所得税法の唯一の目的から生じた所得分類は、所得税法において列挙され、特定の活動、すなわち経済生活への参加を前提としている。この活動の本質的なメルクマールは、収入獲得に向けられた努力のみではなく、利益あるいは収入余剰（Einnahmeüberschuß）という意味における所得獲得に向けられた努力でなければならない」という認識を得た。そして、「このメルクマールがなければ、それ〔経済活動への参加〕以外の方法による活動が所得税法の所得分類に包含される場合でも、所得税法の意味における〔当該〕活動に基づく所得分類によっても、〔所得は〕示され得ないのである」と述べ、趣味からの利得を所得から排除した。この判決において、ライヒ財政裁判所は、上述したロッシャーの限定を引用し、「経済活動」からの所得のみが所得であると判示した。ロッシャーの経済活動説は、この判決において支持されたといえる。このことからも、市場所得説は理論としての正当性を完全に否定されるものではないように思える。その後、市場所得説がどのように展開され、現在に至っているのかについては、次節で検討していこう。

---

(40)　金子・前掲注（3）「租税法における所得概念の構成」17頁。
(41)　RStBl. 1929, 329: dazu Joachim Lang, Die Bemessungsgrundlage der Einkommensteuer, Köln, 1988, S. 47; ders., a. a. O.（FN. 9）, S. 31.

32 第1章 市場所得説の生成と展開

第2節 市場所得説の展開

　上述したように、ドイツ所得概念論争期は、源泉説と純資産増加説の2つの学説が中心的役割を果たしていたが、そこで主張された経済活動説には市場所得説の発端が示されていた。経済活動説を基礎に確立されてきた市場所得説は、今日のドイツにおいて注目を集めている。そこで本節では、ノイマルク以後展開されてきた市場所得説の理論に焦点を当て、検討を進めたいと思う。

　今日の市場所得説の代表的論者には、ルッペ、ラングおよびキルヒホフが挙げられている。これらの論者は、所得を市場で獲得される利得に限定している。したがって、彼らの主張する所得の範囲も一致している。例えば、相続、贈与、ロット賞金、帰属収入、自家消費、および、趣味から生じた利得は、市場で獲得されないため、所得には含まれない。また公的な給付金も、市場における獲得ではないため、所得から除外されている。さらに、未実現のキャピタル・ゲインは、獲得されたものでないため所得に含まれない。しかしながら、これらの利得を所得から排除する理由は、それぞれの論者によって異なっている。そこで本節では、各論者の理論の特徴、とりわけ、一定の利得を所得から排除する根拠を中心に、市場所得説のその後の展開について検討していこう。

1　ルッペの所得帰属論

　市場所得説がドイツにおいて注目を集めることになった背景には、ルッペの理論が存在するといえる[42]。ルッペは所得概念を論じるのではなく、本来は、所得の人的帰属論に関する研究を行っていた。そして、その帰属論の前提とされたのが市場所得説である。ティプケによれば、ルッペの理論は、「市場で稼得された所得のみに所得税が課せられている、という指標を手がかりに、各種所得の帰属にドグマを立てた[43]」のである。ルッペは、当時

---

(42)　木村・前掲注（5）「西ドイツ所得税法における所得帰属論（上）」97頁、同・前掲注（1）157頁。

の所得税法における7つの所得類型について検討した。その結果、「市場における給付の売上（Umsatz von Leistungen am Markt）」が「共通の最小分母（der kleineste gemeisame Nenner）」であり、これが市場における収益に対して課税する根拠であると主張している[44]。そしてこの主張から、ルッペは、所得源泉（Einkunftequelle）という概念を確立したのである。所得源泉とは、「市場取引への参加〔および〕給付の売上」、すなわち「市場における給付（経済財または役務提供）の有償利用（entgeltliche Verwertung von Leistungen am Markt）」である。彼は、所得源泉の人的帰属について検討し、それに関連して、所得の人的帰属の問題についても検討している[45]。ルッペによれば、市場所得説は、「市場への参加」を前提としているため、「市場への参加」を決定する判定基準として行為者が挙げられる。そして、その行為者こそが所得源泉の所有者であり、所得の帰属主体となるのである。

　ルッペは、所得概念について直接に言及していないが、所得類型に共通する分母を「所得源泉」として確立した。その所得源泉が「市場における給付の有償利用」である。

　市場における給付の有償利用から生じる利得は、「市場における給付の売上」であり、これこそがルッペにとって「所得」となる。したがって、ルッペは、「所得」とは、「所得源泉である市場における給付の有償利用から生じる利得」であると主張する。このことから、彼は、市場所得説が所得を市場における経済活動に限定する根拠を示したと評価できる。

　またルッペは、1978年当時の所得税法における所得分類を考慮した上で、所得の範囲に関する理由付けを行っている。当時の所得概念には、相続、贈与および公的扶助など、所得税法上非課税または免税とされるものが含まれていた。しかしながらルッペは、本来それらが所得税法上所得分類に含まれていないことを根拠に、それらの利得を所得から除外するよう主張している。ルッペによれば、市場で獲得されないから所得ではないのではなく、所

---

(43)　木村・前掲注（4）, 212頁; a. a. O. (FN. 5), Ruppe, S. 7, 17ff.; 同・前掲注（1）151頁; a. a. O. (FN. 6), Tipke/Lang, S. 236.

(44)　A. a. O. (FN. 5), Ruppe, S. 16.

(45)　木村・前掲注（5）,「西ドイツ所得税法における所得帰属論（上）（下）」参照。

34 第1章 市場所得説の生成と展開

得税法に含まれていないものは、所得の範囲からも除外されるべきなのである。

2 ラングの理論

市場所得説が台頭した背景には、趣味からの収益（Liebhabereieinküfte）が所得に含まれるか否かに関する議論も存在している[46]。ラングはその点を特に意識した理論を展開している。

ラングは、純資産増加説が、すべての純収益（alle Reinerträge）を所得とみなしているにもかかわらず、実際には課税できないものを含んでいることを批判した。ラングが市場所得説を公に唱え始めた当時、ドイツにおいてはいわゆる帰属家賃への課税が行なわれていた（旧ドイツ所得税法21条2項（§21 Abs. 2. a. F. EStG））。しかしラングは、その他の帰属収入には課税されていなかったことから、帰属家賃への課税は不平等であるとして批判した[47]。

またラングは、純資産増加説が、このように課税技術の面で所得税の対象と調和しないために実務上失敗していると主張する。さらにラングは、純資産増加説が包括的であるため、実質的担税力（法学的価値判断）により、財産の増減原因を個別に考慮していない点を批判している。すなわち、課税対象所得には、社会保障給付額などに対する課税を排除する課税対象所得の質的適格性（適格化（Qualifikation））、および最低生活費を所得から排除する所得の量的適格性（定量化（Quantifikation））が、観念的に必要であると主張する[48]。そして、所得税法の全体原理を本質的に変更するためには、課税対象を獲得所得のみに制限しなければならないと主張している。ラングによれば、市場所得説は、適格化および定量化によって純資産増加説を適切な範囲に限定し、そして所得税の課税対象を獲得された所得のみに限定している[49]。そ

---

(46) Joachim Lang, Liebhaberei im Einkommensteuerrecht, StuW 1981, S. 223ff. Vgl. Hermann -Wilfried Bayer (unter mit von Thomas Birtel), Die Liebhaberei im Steuerrecht, Ein Beitrag zur Lehre vom Steuertatbestand, in: Tübinger Rechtswissenschaftliche Abhandlungen, Bd. 52., 1981, Tübingen.

(47) A. a. O. (FN. 46), Lang, S. 227.

(48) Dazu a. a. O. (FN. 46), Lang, S. 229f..

(49) A. a. O. (FN. 41), Lang, S. 169.

のため市場所得説は実効性が高いと評価されるのである。

このように理解した上で、ラングは、市場所得説が、自由市場経済の要素として、所得税の課税対象に対して根本的意義をもつと評価している[50]。ラングの展開したこのような市場所得説は、ティプケにより「拡充された市場所得説（erweiterte Markteinkommenstheorie）」と評価されている[51]。

しかしながらラングはルッペの理論を部分的に否定する[52]。ルッペによれば、所得源泉を利用して獲得された所得のみが所得税に服することになる。そしてルッペは、その所得源泉を労働という人的源泉と資産という物的源泉とに区別している。そして、市場形態あるいは市場参加形態によって所得を分類するための基本メルクマールとして、所得源泉という概念を用いている。これに対しラングは、市場参加自体が、所得税に服するすべての所得を確定する法体系上の基本メルクマールであると主張する。ラングによれば、市場への参加という概念は、一般的な法体系上の領域を示すものであり、所得分類を区別するためのものではない。すなわち、この概念は、ルッペが主張するように、所得源泉の内容を区別するものでもなければ、所得を分類するものでもないのである。したがって、ラングによれば、市場への参加という概念は、すべての市場形態および市場への参加形態を統一し、そこで実現されるすべての利得を公平に所得と観念するものである。所得源泉は、財産ではなく、財産の利用行為を意味するものであり、所得とは、それに基づき獲得される利得である。そのためラングは、課税対象所得の基本的メルクマールとして、むしろ「経済的交易への参加」行為を通じた所得の「獲得（Erzielen（§2 Abs. 1 Satz1 EStG））」を強調する[53]。すなわち、この「獲得」が所得の客観的要件（objektiver Tatbestand）であることを主張するのである。

またラングは、市場所得説が、自由市場経済の要素として所得に対して根本的意義をもつことを認め、所得概念の決定には、「営利目的

---

(50) A. a. O. (FN. 9), Tipke/Lang, S. 201.

(51) K. Tipke, Die Steuerrechtsordnung Bd. II, Köln, 1993, S. 567.

(52) A. a. O. (FN. 41), Lang, S. 229ff..

(53) A. a. O. (FN. 41), Lang, S. 237ff.; ders., a. a. O. (FN. 46), S. 230f. u..

36 第1章 市場所得説の生成と展開

(Gewinnerzielungsabsicht) という主観的要件 (subjektiver Tatbestand)」が必要で
あると主張している[54]。この点に関してラングは、ロット賞金を例に挙げ、
シャンツもこの点を認めていることを以下のように指摘している。純資産増
加説によれば、ロット賞金も所得に含まれるのは言うまでもない。しかしシ
ャンツは、この所得が偶発的な財産増加であるため、それに対する必要経費
を認めていない。ラングは、シャンツがこの点について「営利目的をもった
収益行為」という基準に依拠していることを指摘している。したがって、営
利目的という主観的要件は、純資産増加説においても、課税対象所得と課税
対象ではない私的な領域における所得とを区別するためのメルクマールとし
て必要であると考えられる。

このようにラングは、所得には客観面と主観面の2つの要素が必要である
と主張する。その結果ラングは、自家消費および帰属収入を、市場外での獲
得であることを理由に所得から排除する。相続および贈与は、それぞれ相続
税および贈与税に服し、当該財産が市場で利用された時点で課税されること
になる。また、趣味からの収入、スポーツおよび賭事（ルーレット、バカラ、
ロット等）、ならびに、公益的かつ無給の活動[55]は、営利目的をもたないた
め非課税であると主張する[56]。さらに公的扶助は、市場で獲得されるもの
でもなく、営利目的ももっていないため、非課税であると主張されている。
そしてラングは、調整制度などの手段によって、国家から供与された金員等
に課税しないよう要請している。さらに、社会扶助への課税が、さまざまな
人的控除の存在を前提としているにすぎないことを批判し、納税義務者の獲
得所得が社会扶助の最低生活費を越える場合にのみ課税されるよう主張して
いる。すなわちラングは、課税最低限の引上げおよびその社会法との整合を
主張しているのである[57]。なお、このような社会扶助と課税最低限の統一
は、連邦憲法裁判所によって認められ、1992年9月25日には、所得税法上

---

(54) A. a. O. (FN. 41), Lang, S. 248ff.; ders., a. a. O. (FN. 9), S31ff. u. 201; a. a. O (FN. 46), Lang, S. 227.

(55) このような活動の例として、税理士会や学会など職業と関連する組織内での無給の活動（名誉職）が挙げられている。Dazu. a. a. O. (FN. 41), Lang, S. 272.

(56) A. a. O. (FN. 41), Lang, S. 267 ff.; ders., a. a. O. (FN. 46), S. 223ff..

(57) A. a. O. (FN. 41), Lang, S. 87ff.; ders. a. a. O. (FN. 9), S. 41ff..

の課税最低限について違憲決定が下されている[58]。

ラングの理論は、所得の構成要素として、市場での「獲得」という客観的要件、および「営利目的」という主観的要件という二重の要件を確立した。この点が彼の理論の特徴である。

3 キルヒホフの法曹大会での意見書[59]

キルヒホフは、1988年にマインツで行なわれたドイツ法曹大会の租税法部門において、意見書（Gutachten）を発表している。そのなかで彼は、憲法（特に基本法14条2項）と関連付けて市場所得説を説いた。キルヒホフは、所得税の課税根拠を基本法14条と関連させている[60]。彼は、基本法14条2項に基づき、「所得は所有権の社会的結合（Sozialbindung）の枠内でのみ課税され得る」と主張している。キルヒホフは、「所有権の行使は同時に公共の福祉に役立つべきである」という基本法14条2項2文の文言から、所得の特別な社会的義務性（Sozialpflichtigkeit）を観念している。これが、キルヒホフの主張する所有権の社会的結合である[61]。

財産権は基本法14条1項によって保障される。その財産権または所有権に対する課税の根拠について、キルヒホフは以下のような理論を展開する。「財産の自由の本質的内容は所有権利用の権利である。このような利用権は、国家の持分である租税上の介入によって制限される。しかしそのような制限が認められる場合にのみ、利用権の自由な行使が保障されるのである。……したがって、〔キルヒホフが市場における観念的存在と考えている〕収益基盤（Erwerbsgrundlage[62]）（所得源泉）を私的に利用することによって、私的収

---

(58) 三木義一「課税最低限と社会給付の統一」税48巻3（1993年）号4頁参照。

(59) Paul Kirchhof, Empfielt es sich das Einkommensteuerrecht zur Beseitigung von Ungleichbehandlung und zur Vereinfachung neu zu ordnen?, Gutachten F zum 57. deutschen Juristentag, Mainz 1988, München.

(60) A. a. O. (FN. 59), Kirchhof, S. 14ff..

(61) このような憲法との結合に関しては解釈論上いまだに争いがあるが、この点については後述する。Vgl. a. a. O. (FN. 6), Tipke/Lang, S. 96, 208f., 235ff.

(62) 北野・前掲注（4）43頁において、三木義一教授は、これを「取得基盤」と訳しているようである。三木教授がそこで紹介している市場所得説は、キルヒホフによる理論をもとにしているものと思われる。

38 第1章 市場所得説の生成と展開

益が発生する。それと同時に、その収益のなかには、課税対象収益が観念される。所得税は、この課税対象収益である所得に基づき、国家の持分を把握しなければならない」。すなわちキルヒホフによれば、収益基盤を利用して獲得された経済的利得のなかにある国家の持分が、租税というかたちで実現されるのである。連邦憲法裁判所の裁判官であったキルヒホフは、この理論を判決にも反映させていた[63]。このような所得の社会的結合という理論の背景には「個人所得は国民所得の一部としてのみ存在し得る。所得税法は、国民財産の現存する現在高を把握するのではなく、『新たに生産された富のみ』を把握する。経済活動によるさらなる獲得物は、所得取得者を〔継続的に〕国民総生産形式に参加させる。国民総生産は、経済共同体における年間の生産部分であり、……〔国家が〕市場に介入し、〔国民総生産の〕配分過程における価格形成規制を行う部分である[64]〔傍点筆者〕」という理論がある。この点にロッシャーおよびノイマルクの理論的な影響がみられる。

　所得税は、このように社会的に結合した所得を、さまざまな収益基盤の把握により、国民の再分配する。個人所得の獲得は、生産や収益のために国家が提供する法的根拠に依拠し、国家の経済政策を利用し、そして需要者による給付の受領に依存する。個人所得は、法律上用意された行為手段に本質的に依存する。個人所得の社会的結合はこのような前提に合致するのである。そして社会的結合は所得税によって実現される。このような理論が所得税の役割に関するキルヒホフの見解である。

　またキルヒホフによれば、社会的義務性をもつ所得[65]とは、「市場取引の対価」であり、「社会的義務性は、財産の増加につれてではなく、収益の増加につれて増大する」のである。キルヒホフは、このような立場から、「所得はその発生ではなく、個別的な利用可能性によって定義される。したがっ

---

(63)　基本法14条と課税権限の関係に関する解釈を示した判例については、中島茂樹「ドイツ憲法判例研究71　課税権と所有権―財産税違憲決定」自治研究74巻12号（1998年）119頁（特に124頁以下）、谷口勢津夫「財産評価の不平等に関するドイツ連邦憲法裁判所の二つの違憲決定」税法学535号（1996年）153頁（特に166頁以下）、中島茂樹＝三木義一「所有権の保障と課税権の限界」法律時報68巻9号（1996年）47頁（特に51頁以下）参照。

(64)　A. a. O.（FN. 59），Kirchhof, S. 17.

(65)　A. a. O.（FN. 59），Kirchhof, S. 20ff..

第 2 節　市場所得説の展開　　39

て、所得税の負担根拠は、経済財の個人的処分可能性にある」と主張してい
る。そしてそのような所得、すなわち所得税の課税対象について、キルヒホ
フは以下のように述べている。「課税対象は、市場に関連した収益基盤（状
況要件（Zustandstatbestand））から発生し、かつこのような収益基盤の個人的
利用（行為要件（Handlungstatbestand））によって獲得される収入である。収益
基盤という客観的要件について、社会的義務性は、自己の責任により一般的
な財および金銭の循環へ参加する者、すなわち私的所得の獲得に向けた個人
の給付を通じて、一般〔他者〕の給付を利用〔受領〕する者に向けられてい
る」。

　以上の点から、所得税の課税根拠に関するキルヒホフの理論は、「国家が
市場を組織し、保障し、そして秩序立てているため、個人が市場で利益を獲
得することもできるのである。その市場には何らかの収益基盤が存在し、そ
の収益基盤を利用することによって獲得する利益には、その獲得と同時に国
家の持分が発生する。獲得された利益により、それを獲得した個人の支払能
力が増大するため、国家は課税というかたちで干渉し、その持分を実現し得
る」とまとめることができる。

　これには、市場で獲得した所得である以上、実現されていることが必要で
あるということが付け加えられる。すなわちキルヒホフは、ルッペおよびラ
ングと同様に、実現原則[66]を採用することを推奨している[67]。さらにノイ
マルクと同様に純額主義（Nettoprinzip[68]）も推奨している。

　また、キルヒホフの理論においては、生存を保障する支出を所得から排除
している点に注目すべきである[69]。キルヒホフの理論は、生存を保障する

---

(66)　A. a. O. (FN. 59), Kirchhof, S. 36f.

(67)　木村・前掲注（4）315 頁以下において、実現主義は市場所得の基本原則のひとつである
　　　と紹介されている。

(68)　木村・前掲注（4）『租税法学』213 頁以下では、これを「純所得課税原則」としている。
　　　これは、所得の積極的要因（収入）と消極的要因（支出）の差額としての純所得に対する
　　　課税原則である。
　　　　またこの点については、谷口勢津夫「扶養支出の控除に関する西独連邦憲法裁判所の判
　　　決の検討――担税力原則の憲法原則への発展の一側面――」甲南法学 26 巻 2・3 号（1986
　　　年）351 頁参照。

(69)　A. a. O. (FN. 59), Kirchhof, S. 51ff. この見解を表したとされるドイツの憲法判例およびそ

40　第1章　市場所得説の生成と展開

支出（existenzsichernde Ausgabe）、すなわち最低生活費を所得から排除してい
る。彼によれば、生存に必要不可欠な所得は所得税を免除されなければなら
ないのである。これは生存権保障という憲法の観点からは当然のことであ
る。キルヒホフは、このことを「生存権という自然権は国家の課税権に優先
するからである」と理由付けている。すなわち、人は、市場へ参加してこそ
収益を獲得できるのであり、市場に参加するためにはまず生存していなけれ
ばならないからである。したがって、最低生活費は、まず租税に優先して控
除されるべきであり、所得に含められてはならない。この点に関して付言す
べきことは、キルヒホフが、その保障額（課税最低限）は社会保障額と同程度
まで引上げられるべきであると主張していることである[70]。

　キルヒホフの理論によれば、相続、贈与、ロット賞金、帰属収入、自家消
費、および、趣味から生じた利得は、市場で獲得されておらず、かつ社会的
義務性を負うものではないので、所得に含まれない。また公的な給付金も、
市場における獲得ではないので同様に所得から除外される。さらに未実現の
キャピタル・ゲインは、実現されていないため所得に含まれないこととな
る。キルヒホフによるこれらの理由付けは、所得税法を根拠としていない点
で、ルッペとは異なる。またキルヒホフは、行為者の主観面について考慮し
ておらず、所得の発生という客観面への考慮を重視している。したがって、
これはラングの理由付けとも異なる。しかし、社会保障法上の最低生活費を
越える部分への課税を制限するという点は、ラングと同様である。

　キルヒホフの理論は、所得税を憲法と結合させて展開されている点に最も
大きな特徴がある。つまりキルヒホフは、所得課税の根拠などの所得課税の
あり方について、憲法的観点から理論を確立し、市場所得による所得概念を

　　　の検討に関しては、三木義一「課税最低限——法的側面からの問題提起——」日本租税理
　　　論学会編『課税最低限（租税理論研究叢書4）』（谷沢書房、1994年）33頁参照。また扶
　　　養支出における最低生活費の問題に関しては、谷口・前掲注（68）参照、さらに三木・前
　　　掲注（58）参照。

(70)　Vgl. Jens Peter Meincke, Empfielt es sich, das Einkommensteuerrecht zur Beseitigung
　　　von Ungleichbehandlungen und zur Vereinfachung neu zu ordnen?, DB. 1988, S. 1869ff.;
　　　Dieter Birk, Die verteilungsgerechte Einkommensteuer-Ideal oder Utopie?, JZ 1988, S.
　　　820ff.; Josef Isensee, Referat, im Verhandlungen des 57. deutschen Juristentages, Mainz
　　　1988, München, Bd. II, Teil N. S. 32ff. usw..

主張しているのである。

4 小 括

　以上において述べたような市場所得説の現代的展開は、以下のように整理できる。ルッペは、「市場への参加」を法律上の「共通分母」として確立した。そしてラングは、「獲得」という客観的要件および「所得を獲得する意思」という主観的要件を確立した。この結果、市場所得説は、はじめて租税法学の議論の場に提示された。そしてキルヒホフは、市場所得概念を憲法と結び付け、さらに所得に対する所得税の介入を憲法上根拠付けた。

　各論者の主張は、すべて順に受け継がれたものではない。しかしながら、ヴィットマン（Rolf Wittmann）は、このような市場所得説の現代的展開を概観した上で、それぞれの特徴的要件すべてを結び付け、市場所得説を支持している[71]。ヴィットマンによれば、市場所得説は「〔単純多数決により改廃される〕制定法上の構造概念（einfachgesetzlicher Strukturbegriff[72]）」、および、「憲法に導かれる所得税の課税対象（verfassungsdirigierter Anknüpfungsgegenstand der Einkommensteuer）」という二重機能を有することになる。ヴィットマンによれば、現行ドイツ所得税法は、市場所得説に基づき、「憲法に導かれている（verfassungsgeleitet）」と評価される。このような機能こそが、今日において展開されている市場所得説の本質的特徴であり、市場所得説が支持される根拠となっていると思われる。

　そこで次節では、この「制定法上の構造概念」および「憲法に導かれる所

---

(71)　A. a. O. (FN. 9), Wittmann, Das Markteinkommen; ders., Besteuerung des Markteinkommens-Grundlinien einer freiheitsschonenden Besteuerng, StuW. 1933, S. 35ff..

(72)　木村・前掲注（4）212 頁および 223 頁でも「制定法上の構造概念」と訳されているが、本来 einfaches Gesetz という概念は、単純多数決により制定および改廃される法律を意味する（山田晟『ドイツ法律用語辞典　改訂増補版』（大学書林、1994 年）180 頁）。一般に「制定法」とは制定手続をとる法であり、判例法および慣習法との対立概念として用いられる（竹内昭夫＝松尾浩也＝塩野宏編『新法律学辞典（第 3 版）』（有斐閣、1989 年）833 頁）。すなわち、制定法とは、本来日本国憲法およびドイツにおいて憲法にあたる基本法も含む概念であるが、本章では、特に断りのない限り「制定法」という場合には憲法以外の制定法を指すものとする。

得税の課税対象」という２つの機能が意味するものは何か、市場所得説はそのような二重の機能を本当に有するのかについて、検討していこう。

第３節　市場所得説の分析

市場所得説によれば、所得は「納税義務者が営利目的をもった活動を通じて、市場において獲得した経済的利得」と定義される。この市場所得概念は、ドイツにおいて、法学的な所得概念であると評価されている。ルッペが所得税法の共通分母という観点から、ラングが法秩序および法体系の統一という観点から、そしてキルヒホフが憲法と所得税法との結合という観点から市場所得説を導き出していることが、その根拠として考えられる。ヴィットマンは、このようなそれぞれの論者の特徴を分析し、市場所得概念の本質的機能を導き出している。それが、「制定法上の構造概念」および「憲法に導かれる所得税の課税対象」といわれるものである。

本節ではまず、市場所得概念が、どのように法学的に構成されたのかについて検討する。次いで、制定法の構造概念という機能については、制定法である所得税法と市場所得説の関連について検討することによって分析する。そして憲法に導かれる所得税の課税対象という機能については、市場所得概念が憲法からどのように導かれるのか、という観点から分析していく。また、市場所得説には、行為者の主観面を考慮している点など、いくつかの理論的特徴がみられるため、そのような特徴についても分析していく。これらの分析により、市場所得説が、ドイツにおいて支持されるようになった根拠を明らかにするとともに、市場所得説の本質および理論的特徴について検討したい。以上の点について、市場所得説の解釈については、市場所得概念に対するヴィットマンの評価を中心に、理論的特徴については、他説との比較をしながら、検討していこう。

1　法学的所得概念としての解釈根拠

市場所得説は、所得税法全体に関わる問題を広く解決し得ると評価されている。この点は多くの論者から支持されている[73]。そして市場所得説は、

これまでの源泉説および純資産増加説とは異なり、法学的な観点から構成されていると評価されている。そこでまず、市場所得概念が法学的所得概念としてどのように解釈されているのかという点を、ヴィットマンの評価に基づき分析していこう。

　市場所得説によれば、市場所得とは、価値の形成（所得の価値形成過程（Wertschöpfungsprozeß））およびその獲得、という2過程が市場において実行されたものである。すなわち、市場所得は「社会的」価値形成過程である給付交換においてのみ発生する。この観点から、所得の要素である、①活動（Tätigkeit）、②実現（realisieren）、③納税義務者の主観的意図、つまり所得獲得意思（Einkünfteerzielungsabsicht）、の3つが導かれる。この3つの要素が、法学的な観点から導かれたものであるのか、以下順に検討していこう。

①活動

　市場所得説は、これまでみてきたように、現代になって台頭してきたものではない。また発端であるロッシャーの経済活動説が経済的観点によるものであったため、市場所得説がはじめから法学的所得概念であったと評価することはできない。しかしながら、経済活動説以来、所得を「さらなる獲得物」と観念することは継続している[74]。

　この「さらなる獲得物」とは、ノイマルクおよびルッペによれば、国民総生産（国民所得）である[75]。そして彼らは、その国民総生産形成への参加という経済活動を、課税対象所得の要件として確立した。その結果、国民総生産と個人の所得が結び付けられ、市場所得概念の基礎が確立されたと考えられる[76]。例えば、ドイツ連邦財務省の地方税改正に関する学識審議会も、その意見書において、「すべての租税は国民総生産への国家の持分を示す」という見解を示している[77]。この時点で、個人所得に対する課税は、国民総生産における価値形成という経済活動と深く関係付けられたと思われる。

---

(73)　A. a. O. (FN. 9), Tipke/Lang, S. 201f.; ders., a. a. O. (FN. 6), S. 236; dazu a. a. O. (FN. 9), Wittmann, S. 6f..

(74)　A. a. O. (FN. 9), Wittmann, S. 8ff..

(75)　Vgl. a. a. O. (FN. 9), Wittmann, S. 10 u. dort FN. 12..

(76)　Vgl. a. a. O. (FN. 9), Wittmann, S. 9 u. dort FN. 6..

(77)　Vgl. a. a. O. (FN. 9), Wittmann, S. 10..

ノイマルクは、このことを根拠に、所得を、受領者が国民総生産形成に参加して得た利得、および、受領者に実際の（実質的）経済処分権限の増加をもたらす利得に限定していると考えられる。そしてルッペは、このようなノイマルクの理論から影響を受けたのである。その結果ルッペは、所得税法上の所得分類に共通するメルクマールとして、国民総生産形成に参加するための経済活動を導き出した。そして、ルッペはこのメルクマールを所得の要素として示したのである。

②実現

またノイマルクの考えによれば、個々の納税義務者は、価値の増加を新たに獲得（実現）しなければならない。そして、ノイマルクおよびルッペは、この理論に基づき、国民総生産形成への参加というメルクマールによって、あるべき価値増加（soll-Wertzuflüsse）（未実現の利得）を所得税の対象外とするよう主張している。この結果、「国民総生産形成への参加が……所得税の対象となるか否かの境界線である」という彼らの主張は、一定の説得力をもち得るように思われる。

ルッペは、この理論に基づき、所得税法における所得分類から、「市場への参加」を共通分母として導き出した。その結果、これまでの財政学的な所得概念とは異なり、法的な観点から所得概念が導かれることになる。そして、ルッペが導き出したメルクマールに基づく所得は、すべて実現された利得である。すなわち、所得税法と結び付く所得概念は実現を要素としているのである。

またヴィットマンは、このように所得税法から所得概念に共通するメルクマールを導き出したルッペが、はじめて税法の観点から市場所得説を導いたと評価しているのである。

③所得獲得意思

ラングは、市場所得概念を、営利目的という主観的要件を必然的構成要素とする市場経済の所得概念であると評価している。そして、市場所得概念が、自由市場経済の要素として、所得税の課税対象に対して根本的意義を有する、ということも認めている。また、市場所得説は、市場経済秩序を前提としているともいわれている[78]。

第3節　市場所得説の分析　　45

　このような考えを前提に、ラングは、課税対象活動と市場経済秩序の結合を通じて、所得税の負担根拠を導き出している。ラングによれば、所得税の対象は収益経済の原則と結び付く。そして、収益に向けられた営利目的は、所得税法上、利益へ向けられた納税義務者の努力という方向性によって解釈される。すなわち、納税義務者が利益に向けた活動を行い、それにより獲得した利得が市場所得となり、課税対象所得として認められるのである。

　この点について、営利目的を重視する結果、租税は（企業）経営（またはその会計）と結び付くようにも思われる。しかし、言うまでもなく、経営と租税とは根本的に異なっており、それぞれにおいて観念される所得は同一のものではない。

　1919年租税基本法（Abgabenordnung（AO））制定者の一人でもある国庫主義者エンノー・ベッカー（Enno Becker）と同様に、ノイマルクおよびヴィットマンも、所得税法上の所得概念は法から読み取るものであって、財政学のものではないと主張している[79]。また所得税法上の所得概念は、会計上の所得概念とも異なるべきである。法学的な観点から導き出された市場所得説は、所得税の客体を市場所得という方向性で具体化し、すべての所得分類の法的ドグマを決定すると評価されている[80]。

　以上から、市場所得説は、その起源を財政学にもっていたが、法的原理を獲得し、客観的担税力の決定について支持を得るに至ったと考えられる。すなわち、市場所得説は、ノイマルクの主張するように経済活動を基礎におき、ルッペにより所得税法から導き出された共通のメルクマールを得て、ラングによって主観的要件を確立された。その結果、市場所得概念は、財政学および会計学とは異なる立場から構成され、所得の3つの要素すべてを獲得したといえる。その結果、市場所得概念は現在、法学的所得概念として支持されているのである。

---

(78)　A. a. O. (FN. 9), Wittmann, S. 13ff..

(79)　A. a. O. (FN. 9), Wittmann, S. 20ff..

(80)　A. a. O. (FN. 9), Tipke/Lang, S. 159, 197, 202.

46　第1章　市場所得説の生成と展開

2　所得税法上の解釈根拠──「制定法上の構造概念」とは

　以上から、市場所得概念はドイツにおいて法学的所得概念として支持されていると評価できる。さらに、ヴィットマンによれば、市場所得概念は「制定法上の構造概念」および「憲法に導かれる所得税の課税対象」という2つの機能をもつ。そこで、まずは「制定法上の所得概念」として、制定法である所得税法と市場所得概念がどのような解釈に基づいて結び付くのか、そしてそれは正当な理解といえるのかという点について、ヴィットマンの分析を中心に検討していこう。

(1)　課税の可能性

　所得税法の課税対象は、言うまでもなく、所得である。そして市場所得説によれば、それはまさに市場所得である。では、市場所得とはどのような範囲に限定された経済的利得を指すのであろうか。また、所得税法をどのように解釈することによって、課税対象を市場所得に限定しているのであろうか。この2点を中心に、以下では市場所得に対する課税の可能性について検討していこう。

　市場所得概念によれば、所得は、所得税の構造を形成する原理として、本来限定された範囲のみを対象とするものでなければならない。市場所得は、納税義務者の客観的な負担能力のみを示すのであって、主観的な負担能力およびそれによって決定される最終的な負担能力は示し得ない。換言すれば、市場所得は、課税対象の概念を充足することはできるが、所得税の課税標準としての概念を充足することはできないのである。所得税法上、課税対象は「総所得金額」(§2 EStG) である。所得税法2条1項に列挙された各種所得を納税義務者が獲得し、これを2項に基づいて計算したいわゆる「総所得金額」が課税対象とされている。「総所得金額」からさまざまな人的控除を控除し、課税標準が確定される。したがって市場所得概念は、総所得金額を決定する基本原理であり、所得の人的帰属のみに向けられた制限的なものである[81]。

　このように、市場所得概念は、人的帰属に向けられるものであるため、市

---

(81)　木村・前掲注 (4) 206頁参照。

場所得説によれば、経済的事象に参加した経済主体に納税義務が認められる。しかしながら、経済的事象への参加の形態は多様である。課税対象であるためには、その範囲を明確にしなければならない。所得税法は、国内での経済活動により発生した所得すべてに課税するのではなく、納税義務者の経済活動から発生した所得のみを本質的な経済的利得として課税している（§1 EStG）。そして所得は、課税対象とされる活動を行い、それにより給付交換関係の範囲内で市場における売上を生じ、所得を獲得した者に帰属する[82]。その結果、納税義務者が所得獲得意思をもって行う課税対象活動を通じて獲得される所得が、所得税に服することになる。

　このように、限定された課税対象活動は、納税義務者が所得獲得という営利目的をもって行う活動である。そして、その活動はさらに私的なものに限定される。例えば公益目的の活動は課税対象活動ではないため、公益法人は法人税を課されない（§5 I Nr. 9 KStG, §3 Nr. 26 EStG）。この非課税の根拠はAO52条、55条および65条以下に規定されている。このため、公益目的の活動は、営利活動であれ非営利活動であれ課税されない。私的な目的であっても、営利活動でない趣味などから生じる利得も課税対象とはならない。この結果、私的な目的で行われる営利活動のみが課税対象活動となる。すなわち市場所得は、営利活動と結び付き、私的利用のために獲得される利得に限定されているのである。

　しかしながら、この営利目的という主観的要件は、必ずしも利潤追求と一致するものではない。例えば、租税支払いも経済的な性質を有するものであるため、租税を最低限に抑えようとすることも、利潤追求の一形態といえよう。租税を軽減する目的をもった活動は、所得を生じるのではなく、むしろ所得を消費しているか、または減少させている。租税を減少させるような消極的目的をもった行為は、課税上、営利目的による活動と評価されない。したがって、市場で達成された積極的な成果のみが所得税に服することになる。

　また市場所得説によれば、いわゆる帰属収入は市場で達成されず非課税と

---

(82)　Dazu a. a. O. (FN. 9), Wittmann, S. 23ff.

48　第1章　市場所得説の生成と展開

なる。このため、現行所得税法上、帰属収入には課税されていないことも適
切と考えられる。このような擬制された所得は、すべて所得から排除され
る(83)。

　さらに、扶養給付のような反対給付のない反復する収入は、現行所得税法
上、「その他の所得 (sonstige Einkünfte)」に含まれる (§22 EStG)。このような
収入は、受領者である被扶養者に帰属せず (§22 Nr. 1 Satz 2 EStG)、贈与者た
る扶養者においても控除されない (§12 Nr. 2 EStG)。市場所得説によれば、こ
の扶養給付に対する所得税は扶養者が負担する。このような私的な原因に基
づく支払いは市場で獲得されないからである。これらの利得の受領者につい
ては非課税である (§22 Nr. 1 Satz 2, 1. HS. EStG)。市場所得説は、このような
いわゆる移転的所得を所得獲得領域から排除し、給付者の所得消費領域に分
類する。このことは、市場所得説が、市場において獲得された利得にのみ課
税することの当然の結果である(84)。

　市場所得説によれば、相続および贈与は、所得から排除され所得税を課さ
れない。他方、純資産増加説によれば、相続および贈与も所得に含まれる。
市場所得説は、所得税法上の所得分類における共通の要素である「市場にお
ける給付の有償利用」というメルクマールから、所得を導き出している。そ
のため、所得税法上課税対象とされていない相続および贈与は、所得に含ま
れない。相続および贈与は、その特殊性から相続税および贈与税の対象とさ
れている。そして所得税と相続税または贈与税との二重課税を回避するため
にも、相続および贈与は所得税法上非課税である。市場所得説はこの点を尊
重し、相続および贈与を所得から排除しているのである。

　実際は、シャンツも同様の見解を示している。純資産増加説においても、
相続および贈与は、相続税および贈与税によって別途特別に課税される以
上、所得税を課されないとしている点で、市場所得説と同じである(85)。

　以上から、ドイツ所得税法上課税対象となる活動は、市場への参加という
共通の特徴をもつといえる。また所得税法は、市場経済を前提とした課税対

---

　(83)　A. a. O. (FN. 9), Lang, S. 43f.

　(84)　A. a. O. (FN. 9), Lang, S. 41f.

　(85)　A. a. O. (FN. 11), Schanz, S. 72f.

第3節　市場所得説の分析　　49

象活動を想定している。現代の市場経済において、すべての納税義務者は市場に参加して課税対象活動を行っている。市場所得説は、源泉説が所得から除外した、一時的な利得および景気による利得も課税対象とする。投機利益や株式による利益などの一時的な活動による利益獲得、および、景気により変動する利益の獲得についても、市場への参加は当然に必要だからである。

　市場所得に対する課税の可能性は、所得税法から導かれた「市場における経済活動」を共通のメルクマールとしその範囲に限定される。そして、その市場における経済活動は、営利目的をもったものでなければならない。このように限定された課税対象活動を通じ、私的目的のために獲得される積極的な利得のみが、市場所得説に基づく課税対象として認められているのである。

(2)　実現原則

　実現原則は、法律上明確な原則ではないが、市場所得説とは不可分といわれている。その結果、市場所得説はいわゆる未実現のキャピタル・ゲインを所得から排除している。

　実現原則の中心的特質は、利益が売上と結び付くことである。市場所得は、市場における経済活動によって得られた売上金額に基づいて所得を把握する。すなわち、市場所得説は実現した市場所得のみを課税対象とするのである。

　実現した市場所得とは、納税義務者が市場における経済活動によって獲得し、自己の（実質的）経済処分権限を増加させた経済的利得である。市場所得説は、実現原則と結び付くことにより、納税義務者が市場において獲得した売上を把握する。したがって、市場所得説によれば、実現した市場所得のみが課税されることになり、不動産の評価益などの実現されていない利益、いわゆる未実現のキャピタル・ゲインは所得から排除される。その結果、市場所得説は現行所得税法上の所得分類にも合致し、それによれば確実な担税力が把握されることになる。

(3)　小　括

　市場所得説は、所得獲得意思（主観的要件としての営利目的）をもって行う経済活動（課税対象活動）によって獲得（実現）された経済的利得のみを所得と

50   第1章　市場所得説の生成と展開

し、課税対象とする。その結果、扶養などによる財の移転および帰属収入は所得から排除される。そして帰属収入という捕捉困難な利得が排除されるため、市場所得説によれば課税の実行可能性が高まる。さらに市場所得説は、実現原則と結び付き、未実現の利得を排除し、確実な担税力を示し得る。

　この市場所得説は法律に反映され、所得税法上の課税対象は、市場所得に基づき、具体化されている。この点に関してユールナー（Uelner）は、法曹大会において、所得分類の列挙および限定を通じて、所得を実際に捕捉可能な範囲に制限していくべきであると主張した[86]。この主張は、キルヒホフが主張する「市場に開かれた収益（marktoffene Erwerbene）」という市場所得の要件に合致している。そしてこの方向性に従って、1990年所得税法改正が進められたといわれている。市場所得説、とりわけルッペによって示された「市場における有償の給付売上」という観念は、所得税法上の所得分類すべてに共通しているといえる。したがって、市場所得説は、所得税の課税対象を市場所得に限定すること[87]により、所得税の構造を形成していると考えられる。

　以上から、市場所得説は、所得税法という制定法上の構造概念として理解される。この結果、市場所得説は、所得税の課税対象を最も適切に示していると評価され[88]、広く承認されていると思われる[89]。したがって、市場所得説は、ドイツ所得税法の解釈に関する通説であると考えられる。

3　憲法上の解釈根拠——「憲法に導かれる所得税の課税対象」とは

　上述したように、ドイツにおける所得税法解釈レベルでは、市場所得説は通説と解されている。しかしながら、その憲法上の意義については争いがある。特に、キルヒホフの提唱する「所有権の社会的結合」については、多く

---

(86)　Adalbert Uelner, Referat im a. a. O. (FN. 70), Verhandlungen des 57. deutschen Juristentages, Teil N, S. 16f. und 29.

(87)　この点に関する根拠としてイーゼンゼーは「市場は所得獲得の慣習的場所である」と述べている。Josef Isensee, Referat, im a. a. O. (FN. 70), Verhandlungen des 57. deutschen Juristentages, Teil N, S. 32ff..

(88)　A. a. O. (FN. 9), Wittmann, S. 57f..

(89)　ティプケは当初市場所得説に否定的であったようである。Vgl. Diskussion im a. a. O. (FN. 70), Verhandlungen des 57. deutschen Juristentages, Teil N, S. 78ff..

の議論が存在する。これは、憲法と所得税法とを関連付けるキルヒホフの市場所得説が憲法解釈上も支持されるか、という問題でもある。以下では、まず憲法と市場所得説との関連を分析し、次いでキルヒホフの憲法理論について検討を進めていこう。

(1)　市場所得説の憲法解釈

　ヴィットマンによれば、憲法は、「租税法秩序における基本法の価値秩序を確証付けるため」、または、「租税国家の権力を限定し、個人の自由および自己決定を保障し、かつ保護するため」に課税権限を要請する。したがって、国家の課税権限には、その介入対象、介入方法および介入の程度について、基準が確立されるべきであると主張している[90]。そして、この基準は、課税権限は無制限であってはならないという法倫理的な前提と、基本法1条3項〔基本権の拘束力〕、19条2項〔基本権の不可侵〕、20条3項〔社会的法治国家〕および79条3項〔基本法の変更〕との協働により導かれる。そして、侵害法である租税法は、原則として、侵害行為に対する憲法上の制限に服する。すなわち、基本権を定める憲法規定は、自由権を保障するため、基本権に対する侵害である課税を制限するのである。それゆえ、ヴィットマンによれば、基本権および客観的な憲法の規定と課税とは、包括的に結び付く。

　このように憲法と課税とが結合する場合、その結合は、国家の課税権力に関する考慮から出発し、納税義務者の租税負担を考慮するとともに、租税規範の制定面についても考慮しなければならない。租税負担面は、租税徴収面に対応し、応能負担原則（基本法6条）、明確性の原則などに現われる。規範制定面は、憲法規定という基準に基づく、租税法という侵害法の形成への制限に反映される。その基準は、基本法12条1項、14条1項および2項、ならびに、2条1項の基本権を優先し自由を保障する。このような租税法と憲法との結び付きを前提とした上で、市場所得説と憲法との結び付きについて検討していこう。

　課税は基本権を侵害するという効果をもつため、課税を規定する租税法に

---

　(90)　A. a. O. (FN. 9), Wittmann, S. 90.

は、憲法上、明確性の原則、応能負担原則などさまざまな要請がある。そこでまず明確性の原則について検討しよう。市場所得説は、市場における経済過程と結び付いた所得を、法律上の課税対象として認めている。市場所得説によれば、課税対象所得は、名目上、確定した市場対価という結果額で示されるため客観的である。また課税対象所得は、実現されてはじめて所得査定の対象となるため、実現された客観的担税力を示すことになる。以上から、市場所得説は明確性の原則に合致するといえる。

　次に応能負担原則について考えてみよう。租税負担が公正であるためには、特定の課税対象が有利に扱われることがあってはならない。課税対象は公平でなければならず、担税力に応じた課税が公平に実現されなければならない。そのため立法者は、租税主体にとって適切な経済的負担能力の指標をみつけ、課税対象を類型化しなければならない。他方で立法者は、課税対象となる所得の源泉の決定について「形成の自由」をもつといわれている。しかしながら、この形成の自由は完全な自由ではない。形成の自由は、金銭的な支払能力を充分に現わし、財政的に具体的であり、かつ収益にとって重要な生存要件と結び付かなければならないという制限に服する。そのため立法者は、課税対象となる所得源泉の決定について憲法上拘束される。租税に対してはこのような憲法の要請が存在する。しかし他方で、租税には法治国家原則における目的も認められ、租税は国家の収入確保という目的に拘束される。そして、そのような目的達成のためであっても、法は少なくとも抽象的権利性をもたなければならない。したがって、税法には応能負担原則が認められ、租税は少なくとも金銭的負担能力の存在と結び付いていなければならない。そして法治国家の要請により、立法者は、課税対象を決定する際に、課税の適格性を考慮しなければならない。そのため、最低生活費を超えた部分に対して（生存要件を満たした場合）のみ課税が認められることになる。したがって最低生活費は非課税となる。以上から、市場所得説は、納税者の生存を保障し、それにより最低限の経済的負担能力をも保障するといえる。この結果、担税力を有する納税者のみが課税されることになり、応能負担原則の要請にもつながるのである。

　同様に比例原則との関連についても考えてみよう。この場合にも、租税の

第3節　市場所得説の分析　　53

財政機能と負担効果は考慮されなければならず、租税介入は、納税義務者の経済的生存を脅かしてはならない。したがって、収益にとって重要な最低生活費への課税は認められず、それを超えた比較的重要でない自由な処分権に服する部分にのみ、課税を限定しなければならない。すなわち、課税対象がさらなる収益の獲得に限定されることにより、課税権力は、生存権保障という憲法上の制限に服するのである。

　また課税権力の制限に関連して、過剰（な課税）の禁止（Übermaßverbot）についても考えてみよう。未実現のキャピタル・ゲインを所得と捉え、所得税が課される場合には、その租税債務を支払うために当該財産を処分するか、または当初から有していた財産を処分しなければならない事態が想定される。このような場合、実現されていない財産増加に課税するため、過剰（な課税）の禁止に抵触する可能性があることは、これまでもドイツにおいて指摘されてきている[91]。上述したように、市場所得説は実現原則と不可分である。しかし、実現原則との結合のみでは、過剰（な課税）の禁止に抵触する可能性は否定しきれないと考えられる。そこで市場所得説は、さらに課税対象を制限し、市場における経済活動によって実現した財産増加のみを課税対象としているのである。

　以上より、市場所得説は、租税法に対する憲法からの要請に応えていると思われる。その結果、憲法上保障される基本権が租税法上も保障されることになる。すなわち、市場所得説によれば、憲法上認められる課税権力および課税対象の制限に基づき、租税法上も納税義務者の自由が保障されると考えられる。

　しかし他方で、上述したように租税は、国家に収入を得させるという目的も有する。この目的のために、租税は安定した収入源であることが要請される。市場所得説は、経済活動における主体である当事者間の関係から市場所得を導き出し、その当事者を市場所得の帰属主体として明確に位置付けている。市場所得は、各当事者の経済活動によって実現されるものであり、その担税力を示す。所得に対する租税が所得を減少させるものである以上、その

---

(91)　A. a. O. (FN. 9), Tipke/Lang, S. 154; a. a. O. (FN. 41), Lang, S. 154ff..

54　第1章　市場所得説の生成と展開

減少する所得は、実現されて支払いのために利用可能な形態で存在していなければならない。市場所得説によれば、市場所得の獲得と同時に、その獲得利得には国家の持分である租税も観念される。そのため、市場所得説は安定した課税の要件を最も適切に示すと考えられる。

　また、憲法の経済規定は、個人の経済的自主性と市場および競争に対する国家の不可侵を立法者に義務付ける。これらの規定は、個人の経済的自主性を保護する。したがって、課税は経済的処分を強制してはならず、その前に実行された処分のみと結び付かなければならない。このように、経済的な基本権の観点からも、実現された市場所得を課税対象とすることは妥当と思われる。また市場所得は、自由な経済活動に基づいて獲得された実際の市場価額によって示される。そして、個人の経済的自主性およびその経済成果が納税義務者に保障されなければならない。この経済成果に対して課税するということは、租税が経済活動に関する個人の自由を尊重した結果であると理解し得る。以上のことから、市場所得説は基本権に基づく自由保障によっても導かれると考えられる。

　このように、市場所得説は、憲法に基づく納税者の負担可能性の観点および租税徴収の観点のみならず、基本権の自由保障機能の観点からも支持し得るものであると考える。

　以下では、市場における所得発生という要件は憲法上認められるか、また、その要件はどの範囲において認められるのかという点について検討しよう。なお、この問題は、キルヒホフの憲法理論ときわめて深い関係をもつため、意見書におけるキルヒホフの見解およびそれに関する議論を中心に、この問題を分析していくこととする。

(2)　キルヒホフの憲法理論の分析

　キルヒホフは、法曹大会でのその意見書において、市場における所得発生こそが課税根拠であると主張している。そして、法共同体が所得の発生に協力した場合、そこには市場所得が発生すると述べている。この市場所得には、観念的に社会的結合が内在しているため、所得税の対象となると主張している[92]。

　キルヒホフによれば、自由権保障を定める憲法の下では、私的に利用する

経済成果と、それに対する租税という国家の持分とは、対立関係にあるのではなく、自由保障の中核内容を示すものとして並存し得る[93]。この見解を前提とし、キルヒホフは、租税と自由権保障をより密接に関連付けている。キルヒホフによれば、租税は、経済に関連する自由権および所有権、ならびに、経済秩序の必然的補完物として理解されるのではない。基本法14条1項において基本権として認められる私的所有という法制度と、税法という法制度とが結合し、その結果、市場において所得が発生する。そして、この市場所得に対して課税が認められるのである[94]。

　またキルヒホフは、ロッシャーおよびノイマルクから理論的な影響を受けている。そして、「個人所得は国民所得の一部としてのみ存在し得る。所得税は国民財産の現存高を把握するのではなく、『新たに生産された富のみ』を把握する。経済活動によるさらなる獲得物は、所得獲得者を国民総生産形成に参加させる。国民総生産は、経済共同体の年間生産の……市場に介入し、価値形成原理によって分配過程に組み入れられる部分である。したがって個人所得は、経済共同体において生産され、市場の需要によって増加する価値の一部である[95]〔傍点筆者〕」と主張している。キルヒホフは、この主張を前提に、個人所得を国民総生産の一部として考えるのみならず、国民所得と個人所得は市場を通じて社会的に結合していると理解している。そして、市場所得の社会的結合性という憲法上の課税根拠を導き出している。すなわち、国家が提供する法秩序を利用し、かつ国家が組織し支援する市場において獲得される所得にのみ、基本法14条2項における所有権利用の社会的義務性（「公共の福祉」）が認められるため、そのような所得である市場所得は、課税対象として認められる、という見解である。

　このようなキルヒホフの主張に対しては、以下のようにさまざまな見解が主張されている。例えば、マインケ（Meincke[96]）は、租税法を憲法と結び付けることにより、租税法が、憲法解釈に基づき制限される危険があること

---

(92)　A. a. O. (FN. 59), Kirchhof, S. 16 und 20f..

(93)　A. a. O. (FN. 59), Kirchhof, S. 15.

(94)　A. a. O. (FN. 59), Kirchhof, S. 15.

(95)　A. a. O. (FN. 59), Kirchhof, S. 17.

(96)　A. a. O. (FN. 70), Meincke, S. 1869ff..

56　第1章　市場所得説の生成と展開

を指摘する。さらに、市場と関連しない財産流入が存在することを根拠に、キルヒホフを批判している。ティプケは、キルヒホフが市場所得説を憲法と結び付けようとしたことを評価し、市場での所得発生というメルクマールは「応能負担原則の副原理として、充分憲法に基づく」と述べている[97]。しかし、所有権の社会的結合という見解に関しては否定的であり、市場所得概念を「制定法上の構造概念ではあるが、所有権の社会的結合から強制的には導かれえない」と評価している[98]。この点に関しては、フォーゲル（K. Vogel）もティプケに同調している[99]。

　さらにティプケは、所得税を憲法上個別に根拠付けることも批判している[100]。従来から、すべての租税に共通する課税根拠について論じられることが一般的であったため、税目ごとに異なる課税根拠を想定することはほとんどなかった。そのためティプケは、キルヒホフの理論によって所得税が憲法上認められたとしても、相続税、贈与税をはじめとするその他の租税が憲法上どのような課税根拠を認められるのか、という点については疑問が残ると主張している。

　またヴェント（Wendt[101]）も、市場における所得獲得に対する国家の貢献は認めているが、市場において獲得された所得にのみ課税し得るという主張に対しては、市場は国家の提供物ではないと批判する。国家は、市場を通じた個人の財産獲得に関して、法秩序という枠組を提供するのみであるということ、および、国家は、基本法上すべての国民に平等な市場参加を保障する

---

(97)　A. a. O. (FN. 9), Tipke/Lang, S. 59.

(98)　Tipke, im Diskussion im a. a. O. (FN. 70), Verhandlungen des 57. deutschen Juristentages, Teil N; ders., Fudamentalrevision des Einkommensteuerrechts, NJW. 1988. Heft 34, S. 2090ff.; a. a. O. (FN. 9), Tipke/Lang, S. 159f.; ders., a. a. O. (FN. 6), S. 234ff..

(99)　Klaus Vogel, Diskussion im a. a. O. (FN. 70), Verhandlungen des 57. deutschen Juristentages, Teil N.

(100)　Tipke, Diskussion im a. a. O. (FN. 70), Verhandlungen des 57. deutschen Juristentages, Teil N.; ders., a. a. O. (FN. 98), S. 2090ff.; ders., a. a. O. (FN. 51), S. 557ff.; a. a. O. (FN. 9), Tipke/Lang, S. 46f..

(101)　Rudolf Wendt, Empfielt es sich, das Einkommensteuerrecht zur Beseitigung von Ungleichbehandlungen und zur Vereinfachung neu zu ordnen?, DÖV 1988, S. 710ff.; ders., Diskussion im a. a. O. (FN. 70), Verhandlungen des 57. deutschen Juristentages, Teil N.

第3節　市場所得説の分析　　57

よう義務付けられているということが彼の批判の根拠である。また市場を介
さない財産増加があることも批判根拠のひとつに挙げられている。さらに、
同様の主張をする者としてユールナー[102]およびヴァイドマン
（Weidmann[103]）がいる。ユールナーは、所有権の本質を国家の租税介入に対
する拒否権と考えており、ヴァイドマンの批判はほぼティプケと同旨であ
る。逆にイーゼンゼー（Isensee[104]）は、キルヒホフの理論に賛成の意を表明
している。

　そのほかにも、市場所得からは説明され得ないとして批判される問題が、
不法利得に対する課税の問題である。ティプケ、フォーゲル、ヴェンドなど
は、この点からもキルヒホフの理論を批判している。国家は、不法利得を得
るための経済活動、およびそのための市場を秩序立てていることになるの
か、不法利得も社会的義務性を負うのかという批判である。この点に関して
キルヒホフは何も明言していない。しかしながら、課税の平等という観点か
ら、AO40条に不法利得課税が規定されているため、この問題は、所得税法
によらずとも解決されるともいえる。

　以上のような、キルヒホフの見解に対する批判は、次の3つに分類できる
であろう。第1は、市場は国家の提供物ではなく、かつ経済は国家に対して
義務を負わない、すなわち市場と所得の結合は、租税という国家の持分を正
当化しないという主張である〔Ⅰ〕。第2に、基本法14条の本質は、国家に
対する拒絶権であり、所得税という租税による介入を承認する根拠とはなり
得ないという主張がある〔Ⅱ〕。そして第3に、課税は全体として憲法上根
拠付けられるのであり、所得税の負担も公正である場合、所得課税のみを個
別に根拠付けることは不要であるという主張、すなわち市場所得説が課税対
象を市場所得に制限し、市場との関連（Marktbezogenheit）という基準を用い
て、憲法上、所得課税のみの根拠付けを行っていることに対する批判である
〔Ⅲ〕。

---

(102)　Adalbert Uelner, im Diskussion im a. a. O. (FN. 70), Verhandlungen des 57. deutschen
　　　　Juristentages, Teil N.

(103)　A. a. O. (FN. 7), Weidmann, S. 23ff.

(104)　Josef Isensee, Diskussion im a. a. O. (FN. 70), Verhandlungen des 57. deutschen
　　　　Juristentages, Teil N.

58   第1章　市場所得説の生成と展開

(3)　ヴィットマンによる分析

　ヴィットマンは、市場所得説と所有権保障との関連を分析し、キルヒホフの理論を支持し、上述した3つの見解に反論している[105]。そのヴィットマンの見解は以下のようなものである。

〔I〕　市場と所得の結合

　国家は、収益のための条件を充たすことにより、個人所得の形成に貢献している。この貢献は法秩序の創設によって実現されている。そして独立した私人は経済的成果を得るために観念的に法秩序を必要とする。このような考えに基づき、市場は国家の提供物か、という問いに対しては、キルヒホフ[106]およびヴィットマンも、批判意見と同様に、市場は国家の提供物ではないと主張している[107]。彼らの主張によれば、本来、市場で得られた成果に対する国家の貢献は、適切に把握され得るものではなく、国家は市場に貢献するものでもない。たしかに、国家は所得の発生に貢献するが、その貢献は、法秩序を通じて市場における所得の発生を安定させ、それに予測可能性を与えることによってなされるものである。すなわち、国家は、市場において所得を発生させること自体に貢献するのではなく、法秩序を提供することによって、自由な経済活動を保障する。それゆえ、その経済活動によって獲得された成果である所得に国家の貢献が認められるのである。キルヒホフおよびヴィットマンの主張する市場と所得の結合は、このような点に認められる。

〔II〕　所有権の社会的関連

　キルヒホフおよびヴィットマンによれば、基本法における財産権保障規定は、自由権保障のみならず、租税という介入を認める根拠にもなり得る。これが所有権の社会的関連であるといわれる。一般に、財産権保障規定の本質は、拒絶権、すなわち国家による市場および競争への不当な介入に対抗する権利であるといわれる。財産権は、権利を制度的に保障する一方で、立法者

---

(105)　A. a. O. (FN. 9), Wittmann, S. 110ff..

(106)　Vgl. Diskussion im a. a. O. (FN. 70), Verhandlungen des 57. deutschen Juristentages, Teil N.

(107)　A. a. O. (FN. 9), Wittmann, S. 113.

第3節　市場所得説の分析　　59

を拘束し、経済秩序の構造を確立し、そして市場経済秩序を憲法上も保障している。すなわち、この規定は、市場への参加、市場における自由な活動および市場における経済財の利用を保障する。そして、その際に行為者は、生産要素の投入を自己決定し、その結果生じる経済成果を自己に帰属させることを保障される。

　市場所得説によれば、このような権利保障的側面とは逆に、この規定は市場経済に対する強制的側面ももち、国家の収入獲得形態としての租税を導くとも考えられている。納税義務と個人の自由な経済活動は表裏一体であると評価され、憲法は、本質的に個人の自由権を保障すると同時に、国家に課税という強制的効果を認めている。租税と基本権は、基本権の本質が拒絶権として認められるという対立的側面と、それが課税の承認根拠とされるという結合的側面との二面性を有すると考えられる。すなわち、所有権の本質は拒否権であるが、所有権に課税の正当化根拠を求めることも承認される、と考えられるのである。

　所有権の社会的関連とは、第三者または一般に対して所有権を主張できる権利を有することでもある。しかし他方で、国家は、個人と社会とを仲介しており、所有権の内容およびその限界を決定することにより、私的所有と社会的義務の均衡を保っている。その結果、所有権には自由権保障とともに社会的義務も生じる[108]。キルヒホフによれば、所得税法は、国民が所有権を行使して成果を得るために収益基盤を利用することを根拠に、所有権利用の社会的義務性を規定している。そして、個人の収益基盤の利用は、同時に所得税によって公共の利益にも貢献する。キルヒホフによれば、社会的結合という要件は、個人が財産権を行使し、収益基盤を通じて市場所得を獲得することである。そして、収益基盤の社会的義務性は、その利用によって獲得された所得の納税義務という形態で、所得税を通じて実現されると評価している。

　しかしながら、ヴィットマンはこの見解を支持していない。所得税の対象となる活動は、具体的な収益基盤がなくとも行われ得るし、非独立の活動に

---

(108)　Vgl. BVerfGE. 1988, 710ff.（715）; dazu, a. a. O.（FN. 9）, Wittmann, S. 116ff.

60　第1章　市場所得説の生成と展開

対しても課税がなされる以上、所有権の利用のみが課税要件とはなり得ないと考えているからである。ヴィットマンのこの主張は次のような例によって示される。例えば、非独立の労働によって給与所得を得ている者は、観念的な労働市場を通じて労働力を提供し利得を得ている。たしかに、労働力は、労働市場において価値を認められるものであり、ひとつの財産として観念し得る。しかし、労働力は自己の生存の上に成り立つものであるため、他の経済財とは異なり、単純に財産権または所有権の対象とは観念しがたい。そのため、この場合には、所有権の利用がなくても課税対象活動が行われているといい得る。したがって、所有権の利用のみが要件となり得るとは考えがたく、所得税を所有権利用の社会的義務性として承認することは困難であると思われる。

　ただし、所得発生の社会的義務性が所得税の課税根拠となることは、ヴィットマンも認めている。そこで、所得に社会的結合が認められるためには、国家がその発生にどのような貢献をしたのかが問題となる。そしてこの問題については次のように考えられる。すなわち、市場所得に内在する社会的結合は、所有権を利用することに認められるのではなく、むしろ所得を獲得することに認められる。したがって、国家が市場における所得発生に対してその獲得のために必要な貢献をした場合に、その取得に社会的結合が認められるのである。国家は、市場における経済的な利益調整を通じて、租税という形で反対給付を要求し、市場において獲得される利益に内在する自己の持分を実現する。ただし、租税は課税の公正という法律上確固たる原理を尊重しなければならない。

　以上のように、所得発生には市場における法秩序が要求されるため、市場において獲得される所得には社会的結合が認められる。そして、その社会的結合を内包する市場所得に対する課税も認められるのである。所有権は、社会的義務の内容および限界を決定する機能も有する。租税も、この所有権の内容および限界の決定の一側面として理解されている[109]。

---

　(109)　なお、この点に関する根拠としてヴィットマンは、連邦財政裁判所（Bundesfinanzhof, BFH）および連邦憲法裁判所（Bundesverfassugsgericht, BVerfG）の裁判例も挙げている。Z. B. BFH BStBl. III 1952, 149（141）; II 1990, 701（704）u. a. BVerfGE 20, 351（356）

〔Ⅲ〕 課税根拠

　従来、課税根拠については、納税の義務から導かれる業務説と、租税を国家から受ける利益に対する対価と考える利益説の2説、それぞれの立場から、課税全体について論じられてきた[110]。しかしながら、市場所得説は、所得と市場との結び付きをメルクマールとして、所得税の課税根拠のみを認めている。所得課税のみがこのように根拠付けられるのであるならば、その他の市場と関連しない財産増加に対する課税、そして所得以外の担税力の指標である資産および消費への課税は、どのような根拠から認められるのであろうか。

　たしかに、これらに対する課税の根拠を考えた場合には、所得課税のみを市場との関連によって根拠付けることは認められないと思われる。しかしながら、市場所得説に基づき今日の租税国家について考えた場合、市場に対する国家の貢献と納税義務者の市場における経済活動とが関係していることはもはや疑いない。そして、市場と関連しない相続、贈与といった財産増加、資産および消費も、国家による法制度を要求していることは疑いない。それゆえ、ヴィットマンは、これらの獲得、保有および消費のそれぞれに国家の貢献が認められると主張する[111]。ただし、租税負担については、応能負担原則を尊重しなければならない。したがって、これらに対する課税は、その国家の貢献の大きさに応じて決定されることになる。

(4)　小　括

　以上から、ヴィットマンの主張は次のようにまとめることができる。すなわち、国家は、法秩序を通じて市場における所得の発生を安定させ、それに対する予測可能性を高める〔Ⅰ〕。その結果、獲得された市場所得には社会的義務性が認められる。この社会的義務性は、憲法の財産権保障規定から導かれるものである〔Ⅱ〕。したがって、法秩序を要請し、担税力が認められる行為であれば、市場所得説によっても、その成果に対する課税が正当化さ

　　　; 19, 119 (128f) ; 65, 196 (209) ; 74, 129 (148) ; 77, 308 (339) usw.. Dazu a. a. O. (FN. 9), Wittmann, S. 116ff..

(110)　三木義一「『納税の義務』の再検討」同著『現代税法と人権』(勁草書房、1992年) 第1章所収、参照。

(111)　A. a. O (FN. 9), Wittmann, S. 118ff..

62　第1章　市場所得説の生成と展開

れるのである〔Ⅲ〕。このようにヴィットマンは、憲法と市場所得説との結合に関して問題となる3つの論点について、適切な答えを出し、所得税の課税根拠を憲法から導き出したといえる。さらに市場所得説は、納税義務、所得分類および課税可能性についても、所得税法という制定法に合致している。これらの点を考慮して、ヴィットマンは、市場所得説が、「不文の一般条項（ungeschriebene Generalklausel）」として、所得概念の構造原理になると評価している[(112)]。それゆえ、市場所得説から導かれる市場所得概念は、「憲法に導かれる所得税の課税対象」として認められるといえる。

4　その他の問題に関する考察

市場所得説には、行為者の主観面を考慮している点など、いくつかの理論的特徴がみられる。さらに、市場所得説は、所得概念論において、これまでの純資産増加説および源泉説とは異なる意義をもち、その理論的長所および短所は、ドイツにおいて所得課税制度に新たな問題を投げかけている。そこで以下では、これらの点を中心に、これまでとは異なる観点から、市場所得説について検討していこう。

(1)　主観的要件

市場所得説の特徴のひとつは、課税要件に主観的要件（所得獲得意思）を採用している点である。上述したように、この要件は、趣味による利得を所得から除外するために、ラングによって採用された。しかしこの点は、主観的要件を採用することにより法的安定性が損なわれるとして批判される[(113)]。

たしかに、主観は、あくまでも個人の頭のなかにのみ存在するものであり、その証明は困難である。しかし、この批判が正しいとするならば、租税法律主義と比較される罪刑法定主義に基づく刑法はどうなるであろうか。刑法も行為者の主観的要件を考慮しているのであるから、刑法も不適切な法となってしまうのであろうか。

刑法において主観面を考慮に入れることが憲法上も認められている以上、租税法において主観面を考慮することは不適切とはいえないと考えられ

---

(112)　A. a. O (FN. 9), Wittmann, S. 123.

(113)　A. a. O. (FN. 9), Wittmann, S. 131, f; a. a. O. (FN. 7), Weidmann, S. 67.

第3節　市場所得説の分析　63

る[114]。国民が憲法上保護される収益の自由を行使し、営利活動を行い、所得を獲得している以上、所得税法上も所得獲得意思は考慮されるべきである。そして、この主観的要件を備えた活動による経済的成果に対して、所得税という租税介入を行うならば、逆にその経済成果が損失である場合には、損失は当然に控除の対象とされる。この理論は一貫しており、主観的要件も租税介入の中心的要件のひとつであると考えられる。

(2)　市場所得説の本質

　次に、市場所得説の理論的位置付けについて検討してみよう。上述した理論史展開によれば、市場所得説はロッシャーの経済活動説をその起源とする。そのため、市場所得説は源泉説を拡充した見解とも解され得る。また実際に、市場所得説を源泉説の一理論であると主張する見解も存在している[115]。しかし他方で、ティプケおよびヴァイドマンによれば、市場所得説は、「修正された純資産増加説[116]」または「純資産増加説を適切に限定〔したもの[117]〕」と評価される。すなわち、市場所得説の本質は純資産増加説と同一であると理解されているのである。このように、市場所得説の本質が、源泉説による所得概念を補完するものなのか、あるいは、純資産増加説による所得概念を適切な範囲に制限するものなのか、という点については、争いがある。この点を明らかにするために、以下では、再度市場所得説の理論展開に従って検討していこう。

　上述したように、ルッペは、1978 年当時の所得税法における所得分類から市場所得説を導き出した。このことを考慮するならば、そもそも当時のドイツ所得税法における所得概念が、純資産増加説に基づいていたのか、源泉説に基づいていたのかという問題も検討しなければならない。当時においても、ドイツ所得税法 22 条は、「その他の所得」として、「2 条 1 項 1 号から 6 号までの各規定に掲げる所得の分類のいずれにも属さない、反復する収入金

---

(114)　Vgl. a. a. O. (FN. 9), Wittmann, S. 82.

(115)　この点に関して木村教授は、ロッシャー、フォッケ、ワーグナーおよびルッペの理論を「広義の所得源泉説」と位置付けている。木村・前掲注 (1) 137 頁参照。

(116)　A. a. O. (FN. 9), Tipke/Lang, S. 202; ders., a. a. O. (FN. 6), S. 96; 木村・前掲注 (4) 76 頁参照。

(117)　A. a. O. (FN. 7), Weidmann, S. 220.

64 第1章 市場所得説の生成と展開

による金額」を定めていた。それゆえこの問題は、この規定を、日本の所得税法35条における雑所得と同様に考え、純資産増加説の根拠ととるべきか、「反復する」という文言を重視し、源泉説の根拠と解すべきかという問題でもある。

私見では、ドイツ所得税法上の所得概念は、その歴史的流れ[118]から推測すれば、源泉説をその基礎にもつことになると考える。そして、市場所得説は源泉説と同様に所得の範囲を制限的に構成していると思われる。また市場所得説が国民経済を考慮し、マクロ的な視点に基づいていることも、市場所得説と源泉説がその方向性を同じくすると考えられる根拠のひとつである[119]。そして、ヴィッセル（Wissel）も、所得源泉説と市場所得説を基本的に同一のものであると評価している[120]。

以上から、源泉説と市場所得説は、所得の範囲については類似しているといえる。しかしながら、所得源泉の譲渡に関する理由付けに関して、両説は異なる見解を示している。源泉説は、「相続・贈与・生命保険に基づく臨時収入、もしくは営利事業または投機目的ではない不動産の販売に基づく臨時収入等は、課税を受ける所得ではなく、基本財産の増加とみなされる」と説く[121]。そのため、源泉説によれば、これらの利得には継続性が認められず所得とは認められない。市場所得説によれば、所得源泉の譲渡は、財産価値に関する処分権限の譲渡であり、所得を形成しない。これらの利得は、市場において新たに獲得されるものではないため、はじめから所得に含まれていないのである。結論としては、所得源泉の譲渡は、どちらの説によっても所得に含まれず、所得の範囲に関する両説の類似性が認められる。しかし、「規則性」および「市場における獲得」という両説の中心要素をそれぞれ反映し、その根拠は異なっている。

以上のように、市場所得説は、所得を制限的に構成する点では、源泉説に類似しているといえる。しかしながら、それぞれの理論およびそれぞれが提

---

(118) 中居・前掲注（1）39頁以下参照。

(119) 北野・前掲注（4）42頁〔三木〕参照。

(120) A. a. O. (FN. 27), Wissel, S. 125.

(121) 木村・前掲注（1）133頁。

起する所得概念は異なるように思われる。この問題を検証するためには、市場所得説の発端であるロッシャーの経済活動説について検討する必要がある。すなわち、経済活動説が、所得源泉説に含まれるか、あるいは、すでに源泉説とは異なる独自の特質をもっていたものとして、今日における市場所得説に含まれるか、という問題を検討する必要があるといえる。

　この点について、私見では、経済活動説は、源泉説ではなく、はじめから市場所得説に近い立場を独自に示していたと考える。なぜなら、源泉説の中心的要素である「規則性」、「反復性」および「継続性」という基準が、経済活動説にはみられないからである。このことから、経済活動説は、源泉説の一理論ではなく、はじめから独自の理論を展開していたが、両説の提示する所得の範囲が類似していたと考えられる。

　以上から、経済活動説は源泉説とは異なる理論であるといえる。しかし、経済活動説は、今日における市場所得説に含まれる理論といえるのであろうか。この点は、経済活動説においては、「市場」という文言が用いられていないことから問題となる。市場というメルクマールは市場所得説の中心的要素である。経済活動説が、市場という市場所得説の中核的基準により所得を定義していないことから考えれば、経済活動説と市場所得説が理論上全く同じものである、とはいえないと思われる。さらに、ロッシャーの考えていた租税概念が現在の租税概念と異なっていることにも留意しなければならない。現在ドイツにおいて、「租税とは、特別の給付に対する反対給付ではなく、法律が給付義務をそれにより結び付けている要件に該当するすべての者に対し、収入を得るために公法上の団体が課する金銭給付をいう」と定義されている（§3 Abs. 1 AO）。これに対し、ロッシャーは、「租税とは、個人経済が受領者の財政的需要の充足を支援するために、国家、州、市町村などというかたちで一般にそのつど存在する強制的団体に、そこの構成員であるということのみで給付しなければならない出資である」と定義している[122]。同様に、ノイマルクも、現在とは異なる租税定義を主張している[123]。このよ

---

[122]　小川郷太郎『租税論上巻』（内外出版、1922 年）5 頁以下参照。

[123]　ノイマルクの租税定義は、「租税は――今日ではほとんど貨幣形態を取るのであるが――経済的価値の移転と定義され、またそれは法規範に基づき何らの反対給付を要求すること

66   第1章　市場所得説の生成と展開

うに、経済活動説および国庫的所得概念は、現在とは異なる前提の下で唱えられていたため、市場所得説とは異なる理論であると考えられる。しかしながら、市場所得説がそれらの理論に端緒をもつことは、これまでみてきた理論史的な流れからも明らかであると思われる。

　以上のことから、源泉説と市場所得説は、所得を制限的に構成するという方向性において類似しているが、異なる理論であることが認められる。では、上述したように、市場所得説が、修正された純資産増加説といわれるのはなぜであろうか。この点を明らかにするためには、純資産増加説と市場所得説の関係について検討する必要がある。

　市場所得説は、市場において実現された利得が所得であると考えている。今日の市場経済社会において、市場における経済活動は、所得獲得の前提と考えられる。そのため、例えば不動産の譲渡益は、源泉説においては所得から排除されるが、市場所得説によれば所得に含まれることになる。それゆえ市場所得説は、源泉説と比較して、相当包括的な所得概念を構成しているといえる。しかし市場所得説は、純資産増加説ほど包括的な所得の範囲を提示しているものではない。なぜなら、市場所得説は実現原則と密接不可分であるからである。そのため、市場所得説に基づく所得の範囲は、純資産増加説に基づく所得の範囲を市場における実現というメルクマールによって制限したものと類似するといえる。すなわち、純資産増加説に基づく所得から、未実現のキャピタル・ゲインを排除し、かつ帰属収入など捕捉困難な、市場で獲得されない利得を排除することにより、実行可能な範囲に限定した結果と、市場所得説に基づく所得の範囲とが一致しているのである。このことから、市場所得説と純資産増加説は、譲渡所得のような、継続しない利得を所得に含めることで不平等を解消するという方向性において、類似していると思われる。しかしながら、純資産増加説は、市場という基準を用いていないため、市場所得説と異なる理論であることは明らかである。したがって経済

───────

　　なく、国家もしくは国家から課税権の行使を認められた団体が課税目的を実現すべく、納
　　税義務を負う自然人もしくは法人に対し負担を義務づけたもの、である。さらに、個々の
　　租税債務額は、租税に関する一般法規範の枠内で税務行政に基づき一方的かつ権威的なや
　　り方で決定される」と紹介されている。佐藤進・伊藤弘文『入門租税論』（三峯書房、
　　1988年）8頁参照。

活動説から発展した市場所得説は、源泉説とも、純資産増加説とも、所得の
範囲を形成する方向性について類似する点はあるが、はじめから独自の理論
を貫徹してきたと考えられる。

(3) その他の問題

すでに述べたように、市場所得説の端緒は経済活動説にある。しかし、こ
の経済活動説は、純資産増加説から批判を受け、その批判に対して明確な答
えを出せていない。例えば、純資産増加説の立場からは、経済活動説がなぜ
所得を収益と同視しなければならないのか、なぜ国民所得と個人所得とを同
一平面で論じなければならないのかが不明確なままである、という批判がな
されている[124]。市場所得説によれば、これらの点に対して明確な答えが出
せると思われる。

まず、所得と収益が同視されている点に関しては次のように考えられる。
たしかに、ロッシャーおよびフォッケの理論においては、収入と所得は区別
されていたが、収益と所得は区別されていなかった。しかしながら、ノイマ
ルクの理論においては、所得と収益は区別されている[125]。その区別は、シ
ャンツの区別とは異なるが、ノイマルクは決して両者を同一視していない。
市場所得説は、ノイマルクから理論的影響を受けているため、もはや所得と
収益は同一視されていない。市場所得説において、所得は社会的義務性を負
うものに限定されている。したがって、市場所得説はすでにこの批判を克服
しているといえる。

次に国民所得と個人所得の関係に関しては以下のように考えられる。市場
所得説は、「社会的」価値形成過程（給付交換）によって発生した所得のみを
把握する。そしてノイマルクおよびルッペは、「国民総生産形成への参加」
という基準を用い、新たに獲得された市場所得という課税対象所得を導き出
している。この結果、国民所得と、個人的経済主体、すなわち租税主体とが
結び付いた所得（国民総生産形成への参加からの所有＝市場所得）概念がもたらさ
れると主張する[126]。市場所得説によれば、国民総生産形成への参加によっ

---

(124)　金子・前掲注（3）「租税法における所得概念の構成」17頁。

(125)　Vgl. a. a. O. (FN. 26), Neumark, S. 35.

(126)　A. a. O. (FN. 9), Wittmann, S. 8f..

68 第1章 市場所得説の生成と展開

て、個人所得は国民所得の一部として表される。国民総生産形成への参加から個人所得が導き出されるのであり、そのため国民所得と個人所得は同時に論じられる必要があると考えられる。

さらに純資産増加説からは以下のような批判が提示されている[127]。

「たしかに、国民経済が拡大再生産を続けてゆくためには、資本の蓄積が必要であり、その意味では租税が既存の富にまで食い込むことはきわめて危険なことである。しかし、移転的所得に対して課税したため税額が純国民所得を上回ってしまうというような場合を、通常の事態の下で想像することができるであろうか。

さらに基本的には、公平負担の原則との関係が問題となる。国民所得について問題となるのは、国民経済全体において一定期間の間にどれだけの大きさの生産がなされたかである。それに対し課税所得について問題となるのは、各個人につき一定期間の間にどれだけ担税力が増加したかである。したがって、両者は観点を異にし、全く同一視することは許されない。……同一の担税力をもつ利得は同様に課税されることが、公平負担の原則の要求するところである。果たして、富の生産に参加することによって得た利得とその他の原因によって得た利得との間に担税力の相違があるといえるのであろうか」。

第1の批判は、経済活動説が相続および贈与に対して課税しないことの根拠、すなわち移転的所得に対する課税によって税額が国民所得を超えてしまう、という主張に対する批判である。第2の批判は、包括的な所得概念を構成する純資産増加説を正当化する、公平の観点からの批判である。

これらの批判に対しては次のように考えられる[128]。たしかに第1の批判はもっともである。しかし現行税制上、相続および贈与は相続税および贈与税の課税対象となっているため、所得税法上課税対象から除外されている。つまり税制全体から考えれば二重課税は生じていないのである。上述したように、この点については、純資産増加説も理論上同じ結論を主張している。市場所得概念は、このような現行税制を前提とし、現行法の所得分類に共通

---

(127) 金子・前掲注（3）「租税法における所得概念の構成」28頁。

(128) 別の立場からの反論として、中里・前掲注（38）153頁参照。

第3節　市場所得説の分析　　69

する最小分母として導き出された。したがって、市場所得説は、現行所得税法が相続および贈与を非課税所得としていることを尊重して、そのような財の移転を所得から排除しているのである。

　さらに第2の批判についても、市場所得説、特にヴィットマンおよびキルヒホフの理論によれば以下のように考えられる。すなわち、両者の理論によれば、「市場における経済活動によって獲得された所得」のみが憲法上の課税根拠に基づき課税されるのであって、「その他の原因によって得た所得」は、課税要件を満たさないため課税されないのである。どちらの利得も等しく獲得者の経済的給付能力を増加させるが、後者は、憲法上の課税根拠および課税要件を満たしていないため、課税されないのである。市場所得説は、担税力の相違ではなく、憲法から導かれた課税根拠および課税要件を基準として、「市場における経済活動によって獲得された所得」と「その他の原因によって得た利得」とを区別している。このような理由による区別は、法解釈上の根拠に基づいており合理的であると考えられるのである。

(4)　市場所得説の長所と短所

　以上の検討から、市場所得説の長所および短所は以下のようにまとめられる[(129)]。

　市場所得説の長所は、実行可能性の高さ、最低生活費への考慮および憲法との結合であると考えられている。これらの長所についてはこれまでも述べてきたとおりである。他方、市場所得説の短所としては、実現原則との結合の評価および「市場」概念の不透明性という2点が考えられる。

　第1の点として、市場所得説が、必然的に実現原則と結び付くことが問題となる。市場所得説は実現された利得のみを課税対象として把握するため、未実現の利得に対して全く課税されないことについて批判される。しかしながら、すでに述べたとおり、市場所得は各当事者の経済活動によって実現されるものであり、その担税力を示すものである。所得に対する租税が所得を減少させるものである以上、その減少する所得は、実現されて支払いのために利用可能な形態で存在していなければならない。また、財産権の自由な行

―――――――――――――――――

　(129)　Vgl. a. a. O. (FN. 9), Tipke/Lang, S. 159; 木村・前掲注（4）183 頁。

70　第1章　市場所得説の生成と展開

使が基本権として認められるため、課税は経済的処分を強制してはならず、その前に実行された処分のみと結び付かなければならない。このように、経済的な基本権の観点からも、実現された市場所得を課税対象とすることは妥当と思われる。また市場所得は、経済行為の自由に基づいて獲得された実際の価額によって示される。そして、この経済成果に対して課税するということは、租税が経済活動に関する個人の自由を尊重した結果であると理解される。さらに市場所得説は、実現した所得のみを把握することにより、確実な担税力を把握することになる。以上から、実現原則との結合に関しては、市場所得説の理論は適切であると考える。

　第2の点は、市場所得説における基本概念である「市場」とは何か、という問題である。一般に「市場」とは、「財の交換、売買が行われる場」であり、「特定の場所と組織を持つものから、特定の場所を持たない観念上の存在まで、さまざまなものが含まれる[130]」といわれる。そして、今日の市場経済の前提となる「市場」が、完全な自由市場ではあり得ないことも認識されている[131]。例えば、ドイツにおける市場経済は「社会的市場経済」であるといわれている[132]。他方、日本において、憲法は特定の経済体制を規定しておらず、日本の市場経済がどのような体制を前提としているかは不明確である[133]。市場所得説論者は「市場」について何ら言及していないため、彼らのいう「市場」とは何かもまた不明確なままである。

　この点について、私見では、「市場」とは証券市場および商品市場のような個別的なものではなく、上述したような観念的なもので足り、またそれは一般にも認識可能なものであると考える。「市場」という概念を明確かつ個

---

(130)　金森・前掲注（30）129頁。

(131)　経済学における「市場の失敗」である。この点に国家の役割のひとつが見出されると考える。また法と市場のあり方を問題とする学術的研究としては、日本法哲学会編『市場の法哲学』（有斐閣、1994年）参照。なお、同書において、市場概念はさまざまに定義されており、その多義性がうかがわれる。

(132)　足立正樹「社会的市場経済と社会保障」、古瀬徹＝塩野谷祐一編『先進所得の社会保障4 ドイツ』（東京大学出版会、1999年）第3章（31頁）所収。

(133)　この点に関して、木村・前掲注（4）5頁において、木村教授は、「社会的市場経済についての幅広い社会の合意、及び国家によって保障されている高度な社会的安定性が日本には存在する」と述べている。

別的に限定することを回避することにより、観念的かつ一般的な「市場」という概念に広がりをもたせることが可能になると考える。その結果、市場所得説の短所である非包括性は緩和され、市場所得説自体に一定の包括性をもたせることができ、所得の範囲が制限的であるという点も一定程度は緩和されると思われる。したがって、「市場」概念を、理論上統一的に決定する必要性はないと考える。しかし、「市場」概念が不明確なままであることは、やはり租税法律主義の観点から問題となるといえる。そこで、社会通念に基づき、それぞれの社会状況に合致するように、「市場」の意義を法律上に規定すべきであると考える。

5　小　括

　市場所得説は、以上のような議論を経て、法学的に承認されるに至った。そして、市場所得に基づく所得概念は、所得税法という制定法から導き出され、それを構成する構造概念であると理解されている。さらに、市場所得説は、基本権を尊重し、憲法から市場所得に対する課税根拠を導き出した。このように所得税法の課税対象を憲法より導き出し確立したことも、市場所得説の特徴として評価できる。

　この市場所得説の形成過程は次のように振り返ることができる。ロッシャーが所得概念を経済活動から発生する所得へと限定し、ノイマルクが国民所得の一部として構成される個人所得に着目した一般的な所得概念を形成した。そして市場所得説は、ルッペによって取り上げられることになった。ルッペは、当時の所得税法における所得分類に共通する最小分母として、市場における給付の有償利用というメルクマールを導き出した。ラングは、それを拡充し、「獲得」という客観的要件と、主観的要件である所得獲得意思、つまり営利目的という２つの要件を確立した。そしてキルヒホフが、市場所得説と憲法との結合を達成したのである。ヴィットマンはそれまでの理論を補完し市場所得説の正当性を証明した。そして、市場所得説が「制定法上の構造概念」および「憲法に導かれる所得税の課税対象」という二重機能を有することを導いたのである。その結果、市場所得説は、所得概念論上、通説となったと評価できる。

72　第1章　市場所得説の生成と展開

　しかしながら、市場所得説にはまだ理論的に批判される点は残っている。それゆえ市場所得説は、それらの問題を乗り越えていかなければならず、いまだ発展段階にあると考えられる。そこで、今後のドイツにおける理論展開を待ちつつも、現段階におけるその理論が日本法にもたらす影響を含め、日本法との関連を評価し、日本法における所得概念論をみつめ直していこう。

第4節　総合評価

(1)　純資産増加説および源泉説の問題点

　これまでみてきたように、市場所得説は、源泉説および純資産増加説とは異なる観点から構築されたものである。そして、市場所得説は、この2説の問題点を克服し得るものであると思われる。そこで、源泉説および純資産増加説がどのような問題をもち、市場所得説がその問題をどのように克服し得るのかについて、検討していこう。

　まず、これまでの所得概念論の問題点を明らかにするために、所得税の歴史および所得概念の史的変遷を振り返ってみよう。はじめて所得課税を採用したイギリスは、当時、農業経済を中心に不動産処分を封建的に制約していたため、所得税は、原則としてキャピタル・ゲインを非課税とするという立場から構成されていた[134]。またドイツにおいて、所得税は、当初一部の州で州税として採用され、1920年に国税へと移行した。ドイツにおいても、この所得税が創設された当初、所得は担税力を適切に測定することができない、と考えられていた。そのため所得税は、その他の税目により補完されていたのである。そのような思想的背景をもっていた時代の所得税法が源泉説に基づいており、譲渡所得に課税せず、所得を制限的に構成していたことは、当然であったと思われる。しかしながら、所得税を国税へと移行させる動きのなか、シャンツは、国税として相当であるように、所得課税の公平を達成しようとした[135]。それが純資産増加説である。そしてこの理論は、開

---

　(134)　イギリスの所得概念論研究に関しては、大原・前掲注（1）、忠・前掲注（1）『課税所得の概念論・計算論』26頁参照。
　(135)　辻山・前掲注（1）33頁。

第4節　総合評価　73

拓者経済の時代にあったアメリカに受け継がれた。そして、シャウプ勧告に
基づいた戦後の日本所得税制にも影響を与え、アメリカおよび日本では、純
資産増加説が通説となった[136]。一方ドイツでは、純資産増加説は、1920年
所得税法において、戦時中の財政需要を原因として一度採用されたのみであ
る。

　上述したように、純資産増加説は、包括性によって課税の公平が達成され
るということを中心根拠として支持された。しかし、その包括性ゆえに所得
概念は過度に拡大され、多くの租税優遇措置が創設され、その結果、課税ベ
ースの侵食を生じるようになった。この問題の解決のため、純資産増加説は
さらに包括性を強め、より支持されることとなったのである[137]。

　しかしながら、純資産増加説は、その包括性ゆえに、実行不可能なものま
で所得に含めている。例えば、帰属収入など捕捉の困難な利得は、課税の際
にその捕捉の基準が不明確になるおそれがある。そのような場合は、むしろ
不公平を生じるおそれがあり、純資産増加説の支持根拠とされる公平性が損
なわれることになると思われる。このように、捕捉が困難であるという理由
により所得からさまざまな要素が排除されるのであれば、課税に対する納税
者の予測は困難になり、課税要件明確主義にも反するおそれがあるといえ
る。

　さらに、最低生活費への課税に関する問題もある。税法における「最低生
活費」は、社会保障法など他の法律における「最低生活費」と整合していな
ければならないと思われる。この点については、税法上の最低生活費の現れ
（基礎控除）が、社会保障法上の最低生活費を下回るという捻じ曲がり現象が
生じているという指摘もある[138]。憲法上要求される「最低生活費」は、社
会保障法上も税法上も同じでなければならず、社会保障法上保護された「最
低生活費」を租税によって侵害すること、すなわち公的扶助に対して課税す
ることには、矛盾が生じていると考える。

---

(136)　イギリスやアメリカの歴史的経済背景については、小松芳明『法人税法概説〔5訂版〕』
　　　（有斐閣、1997年）31頁参照。

(137)　金子・前掲注（3）「ボーリス・ビトカーの『包括的課税ベース』批判論の検討」119頁。

(138)　木村・前掲注（4）13頁。

74　第1章　市場所得説の生成と展開

　このような問題は、純資産増加説が控除を「恩恵的」なものと捉える傾向があることと関連するように思われる。最低生活費を保障する生存権などの人権は「恩恵」なのであろうか。国民が生存する権利は国家が存在する前提となる自然権なのではなかろうか。まして所得税は、所得に対して課税する以上、国民が生存し、収益活動を行うことを前提としなければならない。最低生活費に対する保障を恩恵的に捉え、これに課税することは、基本的人権を尊重する立場からは首肯し難い。

　この点に関し、キルヒホフをはじめとする市場所得説論者は、憲法に基づき人権を尊重した所得概念論を展開している。ラングは特に、社会法上と税法上の「所得」および「最低生活費」の概念を整合させることを主張し、多くの支持を得ている[139]。

　日本においても、社会保障法は、さまざまな方法によって税法上の所得概念を修正している[140]。社会保障法上の所得は、困窮者が実際に得た純所得に基づき困窮状況を把握するために用いられる。これに対し、税法上の所得概念は、所得の発生原因に基づき分類されることからもわかるように、その成立時に適合している。わが国においても、納税義務者の困窮状況など必要性を考慮した上で、税法と社会保障法との調和を目指すべきであると思われる。公的な補助金や給付金に対する課税の問題についても、同様に考えられるべきであるといえる。

　さらに、源泉説および純資産増加説の理論構成についても問題点が見出される。源泉説は、規則性および継続性といったメルクマールを強調し、課税対象活動を商業行為に、所得獲得者を商人に限定しているように思われる。シャンツは、純資産増加説において、自己の主張する所得概念が商人の簿記と整合することを強調している[141]。したがって、両説ともに、その出発点においては、所得税の課税対象を商人に限定していると考えられる。しかしながら、今日の所得課税制度は、明らかにすべての国民の所得を課税対象と

---

(139)　例えば、ビルクは純資産増加説に近い理論を唱えているが、この点に関してはキルヒホフを支持している。Vgl. a. a. O. (FN. 70), Birk, S. 820ff.; 三木・前掲注（58）参照。

(140)　Vgl. a. a. O. (FN. 9), Tipke/Lang, S. 159; 木村・前掲注（4）13頁参照。

(141)　清永・前掲注（1）「シャンツの純資産増加説（1）」15頁、「同（2）」15頁、中居・前掲注（1）43頁。

している。この点で、両説の目指した所得概念は現在の所得税制における所得概念とすでに合致していないと思われる。

　また、純資産増加説と整合する商人の簿記とは、貸借対照表による計算に基づくものと思われる。貸借対照表は損金と益金を通算することにより所得を導く。個人所得にこの理論を当てはめるならば、個人の所得は、すべての収入と、それを得るための費用などの財産減少とを通算した結果となる。この結論は、たしかに、シャンツの理論に合致しているといえる。しかしながら、そもそも個人に損金および益金といった観念をもちこむことは妥当性を欠くとも考えられる。この点に純資産増加説の根本的な問題が存在するように思われる。そして、この問題も最低生活費に対する課税の一因となっていると考えられる。法人には資本が存在し、それを維持していくことで法人としての存在も維持されることになる。しかし個人には資本という概念がないため、生存に必要な消費は、生計費または家事費に分類され、理論上控除されないことになる。そうすると、現実にはこのような費用に対してはさまざまな控除が認められているが、それらもやはり政策的配慮による恩恵にすぎないと位置付けられるように思われる。

　これらのことから、結局のところ、純資産増加説であれ、源泉説であれ、経済学における理論をそのまま法学領域にもちこみ妥当させようとすることに、根本的な欠陥があると思われる。所得概念が本来経済概念であることは事実であるが、それを法学上の概念として用いる以上、基本的人権の尊重などの法律的な価値判断に基づく、法学的な概念として構成されなければならないと思われる。経済概念である所得概念を法概念に再構成し直すべきであるという見解は、これまでにも主張されてきたが[142]、実現されることはなかった。この点からも、市場所得説が法学的に再構成された所得概念を提唱していることは評価できると思われる。すなわち、市場所得説は法学的所得概念構築に向けた重要な糸口になると考えられる。

(2)　法学的所得概念としての市場所得説

　現行所得税法は、総所得金額を構成するものとして、10の所得分類、す

---

(142)　忠・前掲注（1）「課税所得の概念」18頁以下参照。

76 第1章 市場所得説の生成と展開

なわち8つの各種所得分類（23条、24条、26条～28条、30条、33～35条）、退職所得（31条）および山林所得（32条）を規定している（21条）。このような所得分類の列挙は、課税対象となる財産流入の範囲を示しているにすぎない。すなわち、これらの規定は、所得を明確に示すものではなく、所得税法上把握される所得分類の範囲内でのみ実際に課税される、ということを示しているにすぎないのである。租税法律主義の要請に応えるためには、所得とは何であるかについて示す一般条項を、所得税法中に定めるべきであるといえる。そして、この一般条項により示される所得概念は、たしかに、公平性を損なわないために、一定程度抽象的な課税対象を定義するものでなければならない。しかしながら、他方で、法律上規定される所得概念は、課税対象を実質的に制限する限定的なものでもなければならない。なぜなら、過度に包括的な課税対象を規定することにより、納税義務者の課税に対する予測可能性が損なわれてはならないからである。

　この点についてはドイツ所得税法が参考になると思われる。ドイツ所得税法は、市場所得説に基づいているといわれる。市場所得説の客観的要件は、給付交換関係に基づく所得獲得である。ドイツにおいて、市場所得説は実現原則と不可分であることが認められている。さらに市場所得説は、市場における所得獲得というメルクマールによって、所得に対する課税根拠を憲法から導いている[143]。ドイツ所得税法は、「市場における公正な行為」を課税対象活動の基準と観念し、所得課税を私的な市場所得に限定し、所得分類として市場所得を列挙している。この市場所得は労働および資産から導かれるものである。ドイツ所得税法は、24条2項において、「活動」または「法律関係」という基準によって労働および資産を限定し、さらに22条においては、「反復する関係からの収入」という基準によって課税対象を制限している。市場所得は、「（市場における）給付交換関係への資産および労働（力）の投入」の成果であり、財産権の行使として憲法上保障される。市場所得は、このような経済活動によって獲得され、同時に、その課税根拠が認められる。したがって、この活動は市場所得説にとって重要な要素である。そして、この要

───────────────

(143)　A. a. O. (FN. 9), Wittmann, S. 103f.

第4節 総合評価 77

素をもつ市場所得説は、経済的な自主性および納税義務者の私的領域（最低生活費などの財産権）を保護し、確実な担税力を把握する。さらに、市場所得説は主観的要件である所得獲得意思を尊重している。市場所得説が憲法の要請に応え、所得税法の構造を形成する法学的所得概念であることは、以上からも評価できる。そして、日本の所得税法も「法」である以上、人権を尊重した法学的概念をもつ必要性は変わりないと考えられる[144]。

(3) 日本法との関連

このようにドイツにおいて支持されている市場所得説は、はたして日本法においても妥当するのであろうか。そして、現行所得税制の問題点を克服する手がかりとなり得るであろうか。以下では、まず市場所得説の日本法における妥当性を、そして、現行所得税制の問題点を市場所得説によって解決し得るか否かにつき検討していこう。

まず、日本法における妥当性を考えてみよう。ドイツと同様に、日本においても、財産権は自由権として憲法上保障されている（29条1項）。そして同様に、財産権は「公共の福祉」に服する（同2項）。また日本においても、経済的自由として、職業選択の自由および営業の自由（22条1項）が、「公共の福祉」に反しない限りで認められる。このように、憲法規定については、ドイツ法との間に類似性が認められる。したがって、日本においても、これらの規定が課税根拠として認められる余地があると思われる。

次に所得税法について検討しよう。所得税法上、所得分類は原則として経済活動を前提としている。またそれらが名目価値によって把握されることも事実である。しかしながら、一時所得（34条）は、対価性を有しないため、市場所得説によれば所得に含まれないことになる。また現行所得税法は、みなし配当（25条）を除くすべての所得分類において、実現された所得を把握している。市場所得説は、実現原則と密接不可分であるため、みなし配当には適用し得ないと考えられる。ただし、みなし配当に対する課税については批判が多いことも事実である[145]。

そのほかにも、雑所得（36条）は、「その他の所得（§22 EStG）」と異なり、

---

(144) 中川・前掲注（1）「現代税法における基本的法概念としての『所得』（1）」8頁参照。

(145) 木村・前掲注（4）183頁参照。

78　第 1 章　市場所得説の生成と展開

「反復性」を要件としていないため、ドイツと同様の理論は成立し難いと思われる。しかしその一方で、ラングおよびヴィットマンによれば、「反復性」はドイツ所得税法 22 条の本質的要素ではなく、その範囲を越えた課税も実際に行われている[146]。この課税が正当なものであり、かつ日本における課税実務と一致するならば、市場所得説が日本法にも妥当する可能性が存在すると考えられる。

　さらに主観的要件について考えてみると、市場所得説は、種々の所得学説においてはじめて、主観的要件を課税要件として確立した。この点については、現行所得税法 37 条 1 項の「総収入金額を得るために〔傍点筆者〕」という文言から、「獲得するために」という所得獲得の意思が前提とされていると理解できる[147]。したがって、主観的要件は所得税法においても妥当し得ると考えられる。

　以上から、日本においても、憲法の財産権規定は市場所得説による課税を根拠付けるものとして認められると思われる。そして所得税法においても、市場所得説は、みなし配当および雑所得を除くすべての所得分類に妥当し、主観的要件を採用することも認められ得ると考えられる。しかしながら、一時所得、みなし配当および雑所得については、市場所得説は完全には妥当し得ない。したがって、市場所得説を、ドイツにおける理論と全く同一に、日本の議論に当てはめることには慎重でなければならない。

　しかしながら、市場所得説が最低生活費などの人権を尊重していること、および、その実行可能性が高いことなど、理論の本質的部分は評価できる。このため、市場所得説を中心に、所得概念に関して再度積極的に議論していくことの必要性は否定できないように思われる。すなわち、日本においても、市場所得説に基づき、憲法と結び付いた「所得概念」の構築に向けた議論を展開する必要性は高いと考えられる。

　次に、現行所得税制の問題点を、市場所得説により解決し得るか否かについて考えてみよう。現在の通説である純資産増加説によれば、経済的利得は理論上すべて課税対象とされる。しかし、課税技術上の理由から実際には課

---

(146)　A. a. O. (FN. 9), Lang, S. 41; a. a. O. (FN. 9), Wittmann, S. 131.

(147)　木村・前掲注 (4) 227 頁参照。

税されていない経済的利得は多い。このような理由によって課税されるか否かが異なってくるのでは、納税者の課税に対する予測可能性は低くなり、課税に対する課税庁の恣意を認めることになるおそれがあるといえる。本来の租税法律主義の要請に応えるならば、法によって課税対象の範囲を明確に規定し、それに該当しない限りは課税されるべきではないという原則を確立すべきであると考えられる。市場所得説によれば、そのような要請にも応えることができると思われる。他方で、市場所得説に対しては、市場で獲得されない所得であっても課税の必要性がある場合に、これを非課税とすることにより不公平が生じるという批判が考えられる。しかし、市場所得を中核とし、その「市場」の範囲、および、その他の所得への課税の有無に関して、立法で明確かつ限定的に補うことにより、この問題は解消され得ると考えられる。

　また現行所得税制は、純資産増加説に基づき、義務説的立場から、原則としてすべての経済的利得に対して課税することを前提としている。このような理論においては課税が制限されず、納税義務者である国民の財産権が過度に侵害されるおそれが否定できないように思われる。この点について、市場所得説は、「市場」というメルクマールと結び付き、憲法を根拠として所有権に対する課税の根拠を示している。この結果、課税は、強制的な徴収から、国家の貢献に対する対価へと転換されていると考えられる。納税者たる国民の意思は、財産権に基づき、個々人の収入面のみならず支出面にも反映される。租税は国民の財産権に介入するものであるため、課税は強制的性格によってのみ基礎付けられるべきではないと考えられる。この点、市場所得説は、課税根拠を義務説的な観点から利益説的観点へと転換し、課税を対価的なものとして観念している。このことは、市場所得説が、憲法と結び付き、国民の財産権保障に対して積極的な立場を採っていることの現れであると考えられる。また、市場所得説が課税について制限的な立場を採っていることも純資産増加説とは異なる。市場所得説によれば、どのような利益が課税されるかということは法により明確に限定されると考えられる。すなわち、市場所得説は、課税の明確性を担保し、租税法律主義の要請に応えることができるのである。

80 第1章 市場所得説の生成と展開

以上の理由より、市場所得説に基づき、憲法と結び付いた所得概念を構築する必要性の高さは認められると考えられる[148]。

むすびにかえて

市場所得説は、初期段階における学説である経済活動説に、その端緒を有する。理論史的検討によると、本来、所得概念は、ヘルマン、シュモラーによって広く構成されていた[149]。しかし、その理論には実行可能性などの問題があった。それらを解決するために、所得を限定的に構成するかたちをとって登場したのが、経済活動説および種々の源泉説であるといわれている。しかし、それらの理論は、所得を過度に制限的に構成したため、課税の公平が損なわれるなどの問題が生じた。さらに、経済社会の発展、税収における所得税の比重増大、および戦争による財政需要の増大などの理由もあり、実務上の不都合が表面化した[150]。その結果、所得概念を広く構成する必要性が高まったのである。そして、ヘルマンおよびシュモラーの理論を補修し、所得を包括的に構成するために、シャンツの純資産増加説が登場したと考えられる[151]。

その後、今日に至り、市場所得説が台頭し、その所得概念が支持されるようになった。その背景には、やはり源泉説によっても、純資産増加説によっても解決できない問題がなお存在していたという事実があると考えられる。これは、19世紀ドイツにおいて、所得概念論争が生じた背景と類似している。主流とされてきた学説に解決できない問題があり、それを解決するような別の学説が台頭してきたのである。すなわち、市場所得説の台頭は、所得概念をめぐる今日の状況が、所得概念論の初期段階と同様の状況に立ちかえ

---

(148) 例えば、忠・前掲注（1）『租税法要綱』125頁以下に記されている「実体法概念」に基づき所得を構成した場合、市場所得説と類似の結果に結び付く可能性は高いと思われる。

(149) ヘルマン、シュモラーの理論を源泉説に分類して紹介する著書もある。泉美之松『税についての基礎知識〔2訂版〕』（税務経理協会、1972年）90頁、林大造『所得税の基本問題改訂版』（税務経理協会、1968年）101頁参照。

(150) 金子・前掲注（3）「租税法における所得概念の構成」33頁、品川・前掲注（35）29頁参照。

(151) 神戸・前掲注（1）「所得税ニ於ケル所得ノ意義」125頁。

っていることの現れと思われる。

　ヴィットマンは、ルッペ以降の市場所得説の理論展開を、「市場所得説の
ルネッサンス（Renaissance der Markteinkommensidee[152]）」と評価している。市
場所得説のルネッサンスが起き、所得概念論の初期段階と同様の状況に立ち
かえっている今こそ、所得概念論の原点に立ち戻るべきであると考えられ
る。そして、これまでの検討から考えるに、この機会がまさに、経済的概念
としての「所得」ではなく、そこに法的価値判断を加えた「法学的所得概
念」を構築する好機であると思われる。

　そして日本においても、市場所得説に基づき、所得概念を市場所得という
方向性で解釈することは、非現実的とはいえないと思われる。市場所得説
は、これまで述べてきたとおり、制定法および憲法との結合を果たし得る法
学的な所得概念である。さらに市場所得説は、実現原則と密接不可分であ
り、課税最低限についても配慮している。このことからも、市場所得説は納
税者の基本的人権を尊重した理論を展開しているといえる。以上から、市場
所得説の理論は、本質的部分において、わが国においても合理性をもち、妥
当し得ると考えられる。

　これらを総合的に考えると、市場所得説は、わが国において法学的所得概
念を構築するための有効な手段であるといえる。そして、わが国においても
市場所得説に基づき、基本的人権を尊重し、所得の範囲を明確に規定する法
学的所得概念を構築していくべきであると考える。このような市場所得説に
基づく法学的所得概念構築へ向けた理論研究の再出発を示し、本章のむすび
にかえたいと思う。

---

　(152)　A. a. O. (FN. 9), Wittmann, S. 6.

第2章　市場所得における控除概念
── 基因原則による必要経費 ──

はじめに

　前章でみたように、近時ドイツにおいて、市場所得説(Markteinkommenstheorie) は所得税法の解釈原理として重要な役割を果たしている[1]。市場所得説は、課税対象である所得を「納税義務者が営利目的をもった活動を通じて、市場において獲得した経済的利得」に限定する。これを市場所得 (概念) という。

　所得税において、その課税対象である所得をどのように捉えるかという問題はきわめて重要な意義をもつ。しかしながら、所得に関する明確な定義規定は所得税法には設けられてない。それゆえ所得概念をめぐる問題はこれまでもっぱら学説にゆだねられてきた[2]。市場所得概念もそのひとつである。

　この市場所得概念は、わが国の所得税について考察する際に重要な示唆を与えてくれるものであると思われる。しかし所得概念に関する従来の研究は、主として所得をどのような範囲の利得に限定するか、あるいはどの範囲にまで課税を及ぼすかという視点からなされてきた。そこで本稿において

---

(1)　Klaus Tipke/Joachim Lang, Steuerrecht 16. Aufl., Köln 1998, S. 96; 市場所得説に関する文献として、木村弘之亮「ドイツ所得税法における所得概念—所得の人的帰属との関連において」波多野弘先生還暦祝賀記念論文集刊行委員会編『波多野弘先生還暦祝賀記念論文集』 (同刊行委員会、1988年) 125頁、同『租税法学』(税務経理研究会、1999年) 182頁以下、210頁以下、谷口勢津夫「市場所得説と所得概念の憲法的構成—パウル・キルヒホフの所説を中心に—」碓井光明・小早川光郎・水野忠恒編『公法学の法と政策 (上)』(有斐閣、2000年) 465頁がある。

(2)　源泉説と純資産増加説を中心とした所得概念に関する研究は、金子宏「租税法における所得概念の構成」同著『所得概念の研究』1頁 (有斐閣、1995年)、同「ボーリス・ビトカーの『包括的課税ベース』批判論の検討」同著119頁、清永敬次「シャンツの純資産増加説 (1) (2)」税法学85号 (1958年) 7頁、86号 (1958年) 15頁、小林威「包括的所得課税標準の検討」経営と経済 (長崎大) 53巻4号 (1971年) 11頁、等を参照。

は、市場所得について、「控除概念」という異なる視点から検討を加えてみたいと思う。

まずは本稿の対象である「控除概念（Abzugsbegriff)」について述べておこう。所得税法において「控除」という概念は、所得控除、税額控除、そのほかにも人的控除などに用いられている。これからもわかるように、「控除」とは負の要素を示す。この所得算定時の負の要素は、わが国では一般に「必要経費」といわれている。

所得税において、所得は一般に収入金額から必要経費を控除することによって算定される。この必要経費とは所得を得るために必要な支出を意味する。必要経費は、投下資本の回収部分への課税を避けるために控除される。すなわち、原資を維持しつつ（拡大）再生産を行うという資本主義経済の要請により認められているのである[3]。この結果、所得税は純所得を対象として課されることになる[4]。

所得税法は、このような必要経費の控除を、不動産所得（26条）、事業所得（27条）、山林所得（32条）および雑所得（35条）について規定している（各条2項）。そして現行所得税法は、「必要経費に算入すべき金額」を「…売上原価その他当該総収入金額を得るため直接に要した費用の額…」と定めている（37条1項）。しかしながら、その内容に関しては例示的に列挙するにとどまっている（同条2項）。そのため、必要経費の範囲は明確とはいい難く、これまでも多くの議論がなされてきた[5]。

この必要経費に関する問題は特に個人所得税において議論される。その理由は次のとおりである。すなわち、法人が営利目的をもって事業活動を行う場合、その支出は通常事業遂行上の「損金」となる。しかし自然人は、それ

（3）　金子宏『租税法［第7版補正版]』（弘文堂、2000年）225頁。

（4）　このような純所得に課税する原則を、純所得課税の原則または純額主義（Nettoprinzip）という。

（5）　必要経費に関する研究の代表的なものとして、碓井光明「米国連邦所得税における必要経費控除の研究（1）～（5・完）」法学協会雑誌93巻4号（1976年）505頁～94巻4号（1977年）494頁、同「所得税における必要経費」租税法研究3号（1975年）63頁、吉良実「課税所得計算における必要経費」シュトイエル100号（1970年）13頁、植松守雄「所得税法における『必要経費』と『家事費』」一橋論叢80巻5号（1978年）583頁、等がある。

84 第2章 市場所得における控除概念

それが自己の生活のなかで、生産活動（所得獲得行為）および消費活動を行っている。したがって、個人が消費する支出は、収益獲得のための消費、すなわち収益（職業または事業の）領域に属するもの（「必要経費」）と、所得消費として私的領域に属するもの（いわゆる「家事費」）とに区分される。このいわゆる「家事費」は、所得の処分と考えられており、課税所得計算上控除できない（45条1項）。そしてこの「家事費」という概念も明確ではなく、それゆえ、必要経費との区分が問題になる。

さらに、必要経費としての要素と家事費としての要素が混在している場合も少なくない（いわゆる「家事関連費」）ため、その課税上の取扱い（控除を認めるか否か）に関しても問題が生じる[6]。

以上のような必要経費に関する問題のほかにも、例えば譲渡所得（33条）における「資産の取得に要した金額及びその資産の譲渡に要した費用」をめぐる問題がある[7]。この問題も控除概念に関する問題のひとつである。

このように、必要経費を中心とする「控除概念」をめぐっては、わが国の所得税においても多くの問題がある。そしてこの「控除概念」の意義およびその範囲に関する問題は、経済生活のなかで絶えず変化しているため、多くの裁判例が集積されている。

そこで、本稿においてはドイツの判例をも視野に入れながら、控除概念の、とりわけ必要経費の意義および範囲について検討していこう。

第1節　ドイツ法における控除概念

ドイツ所得税法（Einkommensteuergesetz（EStG））は市場所得説に基づいているといわれる。そしてこの所得税法においては、大別して2つの控除概念が用いられている。必要経費（Werbungskosten（§9 Abs. 1 EStG））と事業支出（Betriebsausgaben（§4 Abs. 4 EStG））がそれである。これらの概念はドイツに

（6）　ただし、家事関連費は現行所得税法上、原則として必要経費に算入されない（45条）。

（7）　金子宏「譲渡所得における取得費の意義—若干の裁判例を素材として—」同著『課税単位及び譲渡所得の研究』（有斐閣、1996年）250頁、岡村忠生「譲渡所得における取得費について（1）〜（3）・完」法学論叢135巻1号（1994年）1頁〜5号（1994年）1頁参照。

第1節　ドイツ法における控除概念　　85

おいてどのように考えられているか、以下で検討していこう。

1　市場所得説における控除概念と基因原則

　ドイツにおいても、所得は収入から必要経費を控除することによって算出されると一般に考えられている。したがって収入および必要経費は所得の重要な要素といえる。市場所得説によれば、この収入および支出は収益領域と私的領域の2つの領域に帰属すると考えられている。そして収益領域に帰属する収入および支出が課税対象所得の要素として観念されるのである。他方、私的領域に帰属する収入は課税上把握されず非課税であり、支出も同様に課税上把握されないため、控除が認められないことになる[8]。

　それでは、これらの領域を区分する基準はどのように考えられているのであろうか。この区別の問題と関連して、ドイツにおいては市場所得説について次のように指摘されている。「…市場所得説は基因理論（Veranlassungstheorie）による収益収入および収益消費の限界付け…の解決に貢献する[9]」。この指摘によれば、市場所得説は基因理論に基づいて収益領域における収入と支出を限定することになる。すなわち、市場所得は基因理論によって限定された収入と支出の差額であるといえる。したがって、この基因理論は市場所得説においてきわめて重要な意味をもつ理論であると考えられる。

　しかしながら、この基因理論は市場所得説から必然的に導かれるものとはいえないようである。なぜなら、市場所得説が支持されるようになった1990年頃[10]よりもかなり以前から、ドイツの裁判例に、この基因理論もしくは「基因原則（Veranlassungsprinzip）」または「基因する（veranlassen）」という文言が用いられているからである[11]。このことから考えるに、ドイツ

（8）　この点に関して、市場所得説の論者である P. Kirchhof は、収益領域での収益財産、収益領域での私的財産および私的領域での私的財産という三分割論を主張する。しかし一般には支持されていないようである。Vgl. Thomas G. Langohr, Das Veranlassungsprinzip im Einkommensteuerrecht — dargestellt am Beispiel von Vermögensverlusten —, Münster 1990 (Zugl.: Münster, Uni., Diss., 1988), S. 121.

（9）　A. a. O. (FN. 1), Tipke/Lang, S. 236.

（10）　市場所得の歴史的展開に関しては、本書第1章を参照されたい。

（11）　Z. B. RFH (= Reichsfinanzhof)-Urteil vom 7. 7. 1926 Ⅵ A 727/25: StuW 1926 Nr. 427. こ

の裁判実務においても、基因原則は控除概念の問題を考える上で、きわめて重要な役割を担ってきたものであると思われる。

そこで以下では、この基因原則と控除概念の関連を考えるために、所得税法における控除概念の意義について考察し、それが裁判例においてどのように捉えられているか、順に検討して行くことにしよう。

2 所得税法における控除概念

ドイツ所得税法は7つの所得分類を列挙しているが、それらはその性質に応じて2つに区分されている。これがいわゆる所得二元論 (Einkommensdualismus) である。具体的には、2条1項における農林業所得 (1号)、事業所得 (2号) および自由業所得 (3号) という3つの所得分類からなる「利得性所得 (Gewinneinkünfte)」、ならびに、4号から7号に規定される非独立労働、資本財産、賃貸からの各種所得、および、その他の所得からなる「余剰性所得 (Überschußeinkünfte)」とに区分される。これに対応して、控除概念にも二元論的構成が採用されている。事業支出 (§4 Abs. 4 EStG) と必要経費 (§9 Abs. 1 s. 1 EStG) である。事業支出は利得性所得に対応し、必要経費は余剰性所得算定の際に控除される。そして、これらの概念はそれぞれ法律上次のように定義されている。事業支出とは「事業に基因する消費」であり、必要経費とは「収入の獲得、保全および維持のための消費」である。

この2つの控除概念は、その定義から認められるように、その意義も異なるものである。すなわち、必要経費はその「ために (zur)」という文言が示すように、一定の目的に向けて支出されるものである。換言すれば、必要経費概念は目的的 (final) 概念である。他方、事業支出は「基因する (veranlassen)」という文言が示すように、事業活動を原因として支出される

の裁判例においてライヒ財政裁判所は「事業に基因するすべての消費」を必要経費として控除することを認めている。Dazu K. J. von Bornhaupt, Der Begriff der Werbungskosten unter besonderer Berücksichtigung seines Verhältnisses zum Betriebsausgabenbegriff: in Söhn (Hrsg.), Die Abgrenzung der Betriebs-oder Berufssphäre im Einkommensteuerrecht, Köln 1980, S. 183; J. Lang, Die Bemmesungsgrunlage der Einkommensteuer, Köln 1988, S. 319.

第1節　ドイツ法における控除概念　　87

金員を示す。それゆえ、この事業支出という概念は原因的（kausal）概念で
あると考えられている[12]。

　このような概念に関する考え方の相違から、それぞれの控除概念は、その
範囲および所得概念論との関係について次のように考えられている。まず必
要経費は一定の目的をもった収入との関連を強調した限定的な概念である。
すなわち、必要経費は所得源泉との関連を強調した概念であり、これに対応
する余剰性所得は源泉説に適合しやすい。これに対し事業支出は、事業に基
因する消費を包括的に把握する概念であり、必要経費概念よりも広い概念で
あるといわれる[13]。そしてこれに対応する利得性所得は純資産増加説と結
び付きやすい[14]。このことは、実際にドイツ所得税法4条1項が、「利得
（Gewinn）とは、前会計年度末における事業財産と今会計年度末における事
業財産の差であ」ると規定していること、そしてこの利益概念が純資産増加
説による所得定義と類似していることからもうかがえる。

　このようにドイツ所得税法は、所得およびその算定時における控除概念を
二元論的に構成している[15]。では、このような相違が実際の判例にどのよ
うな影響を与えてきたのか、次に検討していこう。

3　判例における控除概念

　上述したように必要経費は本来、目的的な概念である。目的的な必要経費
概念は原因的な事業支出概念よりも限定的に理解されている[16]。このよう
な必要経費と事業支出の相違について、まず判例において示された要素から
それぞれの範囲を比較していこう。

---

(12)　Z. B. s. Dieter Birk, Steuerrecht 3., neubearbeitete Auflage, Heidelberg 2000, Rn. 909;
　　　Herrmann/Heuer/Raupach, Einkommensteuer-und Köperschaftsteuergesetz 21.
　　　Auflage, Köln, §9 Anm. 23 [Prinz] ; L. Schmidt, Einkommensteuergesetz Kommentar 19.
　　　Auflage 2000, München 2000, §9 Anm. 7 [Drenseck] ; a. a. O. (FN. 11), Lang, S. 318ff.; a.
　　　a. O. (FN. 11), von Bornhaupt, S. 167ff..

(13)　Vgl. a. a. O. (FN. 12), Birk, Rn. 909.

(14)　A. a. O. (FN. 12), Birk, Rn. 538ff..

(15)　A. a. O. (FN. 12), Hermann/Heuer/Raupach, §9 Anm. 2.; a. O, J. Lang, S. 318f..

(16)　A. a. O. (FN. 12), Birk, Rn. 909; a. a. O. (FN. 12), Hermann/Heuer/Raupach, §9 Anm. 23.

88　第2章　市場所得における控除概念

(1)　目的的必要経費概念

まずは目的的な概念である必要経費に関して、租税公課の必要経費性が争われた事例について検討してみよう。

① BFH1957年11月15日判決[17]

〈事実の概要〉

本件において、納税義務者（原告および被上告人）はその配偶者を亡くし、相続財産に居住地の用益権が含まれていたため、相続税額はかなりの高額に達した。そこで所轄税務署長は当該相続税を分割納付することを認めた（旧相続税法33条）。この分割納付した当該年度分の相続税を所得税法における特別支出（Sonderausgaben（§10 Abs. 1 EStG 1951））として控除できるか否かが争われた。

〈判旨〉

連邦財政裁判所（Bundesfinanzhof（BFH））は結論として当該相続税額の控除を認めたが、相続税の必要経費性は否認した。そしてその判決理由においてBFHは必要経費について次のように述べている。

「…必要経費概念は一次的に目的的なものである。すなわち当該消費は所得の獲得、保全および維持という目的のためになされなければならない。本件相続税は〔所得の獲得と〕目的的な関連ではなく、原因的関連にある。なぜなら、納税義務者は相続という方法で〔当該財産を〕獲得しているからである。所得税法9条1項に特別に規定される必要経費に、継続的負担が含まれうるならば、目的性という観点は何ら役割を果たさない。しかし消費は、それが必要経費であるならば、ある個別の所得分類と経済的関連がなければならない（§9 Ziff. 1 EStG 1951）。

…相続財産である用益権に課される相続税は個別の所得分類とは関連していない。…それゆえ本件相続税は事業支出でも、必要経費でもない。…本件においても、相続税の支払いには…資本財産からの所得との直接的または間接的な関連は認められない[18]」。

---

(17)　BFH-Urteil v. 15. November 1957 Ⅵ 79/55 U: BStBl.（= Bundessteuerblatt）Ⅲ 1958, 103.

(18)　本章において引用文中の〔　〕内は筆者による補足である。

第1節　ドイツ法における控除概念　　89

　すなわち、この相続税には個別の所得分類との関連がなく、目的性がない
ため、本来目的的な必要経費の概念には含まれないと判断されたのである。
　このように本判決において BFH は、必要経費概念が目的的な概念である
こと、そして必要経費には所得分類との経済的関連がなければならないこと
を認めている。
　また別の事例においても BFH は目的的必要経費概念に基づいた判断を下
している。
② BFH1963 年 10 月 2 判決[19]
〈事実の概要〉
　ベルギーに本店をもつ会社が、ドイツ国内に有する不動産を賃貸して得た
所得に関してベルギーで所得税を支払っているため、ドイツの法人税につい
て、ベルギーでの税額を必要経費として控除できるか争った事例である。
〈判旨〉
　この事例において BFH は必要経費に関して次のように述べている。
　「…原則として、収入の獲得、保全および維持のためになされたと評価さ
れる消費のみが必要経費となる。消費と収入の因果関係外で行われる活動で
は不十分である。租税はこのような狭い必要経費概念には含まれない」。
　すなわち、本件においては必要経費概念の目的性が強調され、その結果、
消費と収入の因果関係が要求されているといえる。
　さらに直接的な経済的関連のみならず、目的性を強調する場合として次の
ような例が挙げられる。
　例えば資本財産に関して、その管理費用が当該資本からの収益と直接の関
連をもつならば、管理費用は必要経費として認められる。これに対し、その
財産が事業の用に供するためではなく、納税義務者がその財産をもっぱら私
的財産と考えているような場合、例えば居住の用に供する場合、その管理費
用は必要経費と認められなくなるのである[20]。
　以上から考えるに、目的的な必要経費概念は、消費と収入の間に直接的な
経済的関連を要求するものであり、まさに収入の獲得、保全および維持の

───────────
　(19)　BFH-Urteil v. 2. Oktober 1963 I 308/61 U: BStBl. III 1964, 5.

　(20)　Dazu a. a. O. (FN. 11), von Bornhaupt, 169ff..

90   第2章　市場所得における控除概念

「ために」なされるものでなければならないと考えられる。

(2)　原因的事業支出概念

　目的的な必要経費概念に対して、原因的概念である事業支出には事業に基因して導かれる金銭または金銭評価されるすべての財（事業に基因する価値の減少）が含まれる[21]。例えば、ドイツ法上事業者の開業前の借入金利子は事前発生費用（vorweggenommene Betriebsausgaben）として事業支出に含まれ控除される[22]。このように、事前発生費用が事業支出に含まれるのは、事業支出が基因原則に基づいて包括的に構成されているからである。

　事業支出に関する規定は1934年所得税法に初めて導入された。その規定に「基因する」という文言が用いられたことから、事業支出に基因原則が採用されたと思われる。そして、その後の事業支出に関する裁判例は一貫して基因原則に基づいて形成されてきている[23]。そこで以下では、事業支出に関する判例をもとに、基因原則に基づく原因的な事業支出概念について検討していこう。

　近時の事業支出に関する判例には、次のような事例がある。

③ BFH 大法廷 1990 年 7 月 4 日判決[24]

〈事業の概要〉

　本件は、当座勘定の債務が事業にも私的にも基因する支払または振込によって生じた場合、そこに生じる利子が全額事業支出として認められるかが争われた事例である。

〈判旨〉

　この判決において BFH 大法廷は、当該債務のうち事業上の部分のみが事

---

(21)　A. a. O. (FN. 12), Birk, Rn. 877.

(22)　開業前の借入金利子と事前発生費用に関しては、三木義一「開業前における支払利子とその控除可能性」税法学543号（2000年）111頁において詳しく述べられている。またそのほかにも、借入金利子の控除可能性に関する最近の研究として、有田義博「個人病院の開業費と隣接諸費用をめぐる問題」税法学542号（1999年）3頁、三木義一・大森健「開業前の借入金利子」税経通信55巻5号（2000年）199頁、がある。

(23)　立法史の検討については、H. G. Ruppe, Die Abgreunzung der Betriebsausgaben/Werbungskosten von den Privatausgaben: in a. a. O. (FN. 11), Söhn, S. 105ff; a. a. O. (FN. 12), Herrmann/Heuer/Raupach, §9 Anm. 2.

(24)　BFH-Beschluß v. 4. Juli 1990 GrS 2-3/88: BStBl. II 1990, 817.

業財産に帰属し、その部分から生じる利子のみを事業支出として控除できると判示した。そしてその理由において事業支出について次のように述べている。

「事業支出とは事業に基因する消費である（§4 Abs. 4 EStG）。この基因とは、〔当該〕消費が客観的に事業と関連し主観的に事業に有益であると評価される場合に認められる。BFH の判例によれば、必要経費は—この場合 9 条 1 項の文言〔から直接導かれる範囲〕を超えるが—、消費とそれぞれの所得分類との間に基因関連が存在する場合に認められる〔傍点筆者〕」。

さらにこの基因関連について次のように述べている。

「…租税法上考慮される経済的関連が認められるか否かということにとっては、当該消費を『引き起こした要因（auslösender Moment）』の評価が決定的である」。

本判決において大法廷は、目的的な必要経費と同様に、事業支出についても消費と収入の関連を要求している。しかしながら、その関連性を認定する際に強調されているのは、その支出の目的ではなく、その消費を「引き起こした要因」である。この点が、事業支出が原因的概念であるということの表れであると思われる。また、経済的関連については目的的必要経費概念のように直接的な関連を要求していない点も、原因的概念の特徴のひとつであるように思われる。

このような原因的概念の特徴についてさらに検討するために、このほかの事例についてもみてみよう。

④ BFH1997 年 11 月 26 日判決[25]

まずは、事業上の旅費が事業支出に該当するかについて争われた事例をみてみよう。

〈事実の概要〉

本件において原告（被上告人）納税義務者は、顧客である日本の法人から家族同伴での日本旅行に招待された。この旅行に際して原告は、自己が負担した旅費（飛行機代のみ）のうち、子どもの分を引いた自己と妻の分の費用を

---

(25)　BFH-Urteil v. 26. November 1997 X R 146/94: BFH/NV 1998, 961.

92 第2章 市場所得における控除概念

事業支出として控除する確定申告を行った。これに対し課税庁は、旅行が私的（事情）に基因するものであると評価し、その控除を否認した。

〈判旨〉

この事案についてBFHは、その旅行行程にかんがみ、実質的に観光目的であり、私的（事情）に基因する旅行であったと認め、その旅費の控除を否認した。そしてその判決理由において、BFHは事業支出について次のように述べている。

「消費が事業支出として、所得税法4条4項によって控除されるためには、その消費が事業に基因していなければならない。このこと〔基因〕は消費と事業との間に経済的関連を要求する」。

この判決においても、BFHは消費と事業との間の経済的関連を要求している。しかし、その直接的な関連までは要求していないように思われる。この点について、ほかの事例ではどのように考えられているのか、次にみてみよう。

⑤ BFH大法廷1983年11月21日判決[26]

〈事実の概要〉

本件において原告法人（上告人）は、不公正競争防止法違反に基づき、罰金刑に処せられた。さらに連邦カルテル庁は反則金の支払いを命じた。これについて原告は、上級地方裁判所（Kammergericht）で争ったが、その支払いも確定した。原告は、この違反につき支払った罰金および反則金、ならびに、それについて争った2つの訴訟における訴訟費用および弁護士費用を、法人の事業上の支出として控除して申告を行った。課税庁はその経費性を否定した。

〈判旨〉

この事案において大法廷は、これらの支出が事業支出として控除されることを認めた。そしてその判決において事業支出について次のように述べている。

「事業支出は事業に基因する支出である。消費は、客観的に事業との関連

_____

(26) BFH-Beschluß v. 21. November 1983 GrS 2/82: BStBl. II 1984, 160.

があり、主観的に事業に有益であると評価される場合に、事業に基因する」。

　本件において、支出と事業との経済的な関連は客観的に認められるものであることが要請されているにとどまっている。それゆえ、直接的な関連までは要求されていないと考えられる。すなわち、この事例においても④の判決と同様のことがいえると考えられる。また納税者の主観面を考慮している点にも特徴があると思われる。

　以上より、原因的な事業支出概念によれば、その消費と事業との間の関連が直接的なものでなくても、当該消費の控除が認められるように思われる。すなわち基因原則に基づくならば、その消費とその結果得られる収入またはその消費の原因となった事業との間には、直接的な関連は要求されず、客観的な経済的関連があれば控除が認められるといえる。それゆえ、事業支出概念の範囲は目的的な必要経費概念よりも広くなると考えられる。

(3)　必要経費概念への基因原則の援用

　これまで述べてきたように、基因原則に基づき事業支出として認められるのは、納税義務者が当該支出によって収入を得る意思をもち、消費と収入に客観的関連が認められる場合である。このような原因的な事業支出概念は、消費と収入の客観的な関連を強調する一方で、事業に有益であるという納税義務者の主観面も考慮している。そしてその範囲は直接的な経済的関連を要求する目的的必要経費概念よりも広いと考えられる。

　しかしながら、事業支出も必要経費も消費と収入の経済的関連を要請するという点では同じである。またドイツ法上、課税対象所得は営利目的をもって獲得された経済的利得でなければならない[27]。そのため、事業支出と必要経費では、「所得を獲得する」という主観面も共通するといえる。

　この点はBFHもその判例[28]において次のように認めている。

---

(27)　Vgl. BFH GrS, BStBl. 1984 II, 751, 767; BFH/NV 1998, 947. なお、このような所得の主観的要件については、本書第1章44頁以下も参照されたい。

(28)　BFH-Urteil v. 2. März 1962 VI 79/60 S: BStBl. III 1962, 192. Dazu BFH-Urteil v. 28. Novembwer 1980 VI R 193/77: BStBl. II 1981, 368. 本件については後述する。

94　第2章　市場所得における控除概念

⑥ BFH1962年3月2日判決

〈事実の概要〉

本件において、原告納税義務者は被用者であり、通勤途中に起こした事故で自己の車を損壊した。そしてそれによる価値の減少を必要経費として控除し申告を行った。これに対し課税庁はその減価の控除を否認した。そしてこのような損失の控除は認められるかという点が争われた。

〈判旨〉

本判決においては原告の主張が認められた。そしてその判決において、次のように述べられている。

「〔必要経費と事業支出は〕その性質について、所得獲得のための消費であるという点で一致する」。

すなわち、両者は同質のものであることが認められているのである。そして次の事案においても BFH は同様のことを述べている。

⑦ BFH1962年8月24日判決[29]

〈事実の概要〉

司法試験後にイギリスの語学学校に通った学生が、弁護士事務所への就職後、その授業料を必要経費として控除できるかを争った事例である。

〈判旨〉

この事案においても、次のように述べて、必要経費と事業支出が同じ範囲のものであることを認めている。

「…必要経費と事業支出は原則同じ消費を把握する[30]」。

さらに次のような事例においても同じ立場に立っていると考えられる。

⑧ BFH1982年3月19日判決[31]

〈事実の概要〉

本件は警察官である原告納税義務者（被上告人）が、夜自宅前の駐車スペースに自分の車を停めて、自宅で仮眠をとっていた。彼が車のところに戻っ

---

(29)　BFH-Urteil v. 24. August 1962 VI 218/60 U: BStBl. III 1962 467 und die dort erwähnte Rechtsprechungen. なお、本判決においてはこの授業料の控除が認められた。

(30)　Dazu a. a. O. (FN. 11), von Bornhaupt, S. 181ff..

(31)　BFH-Urteil v. 19. März 1982 VI R 25/80: BStBl. II 1982, 442.

た際には、車は炎上して全壊していた。捜査の結果、車の炎上は以前彼が交通違反で取り締まった者達の放火行為による蓋然性が高いことが判明した。警察は当該グループの者を逮捕し送検したが、自白を得られなかったため、起訴には及ばなかった。そこで納税義務者は自己の確定申告において、当該自動車の損害額から保険金を控除した額を必要経費として申告した。しかしながら課税庁は当該支出が必要経費であると認めなかった。

〈判旨〉

　本件において BFH は、この損害額の必要経費性を認めた。そしてその判決理由において次のように述べている。

　「消費と職業は客観的に関連し、かつ、主観的に職業上の要請のために消費される場合に、職業上の基因が認められる」。

　以上のように、BFH はその判決において、必要経費と事業支出が同質のものであり、範囲を同じくするものであることを認めているのである。

　またこれら2つの概念は、ともに客観的純額主義の実現、すなわち純所得の算定を目的としている。利得性所得の場合と余剰性所得の場合との間で純所得が異なることは、平等原則（基本法3条1項）上問題と考えられる[32]。また家事費、家事関連費との境界の問題を考える場合にも同一の基準が必要になると思われる。このような要請から、事業支出のみならず、必要経費にも基因原則が適用されるようになっていると考えられる。さらに現行ドイツ所得税法上は目的性を問わない必要経費も認められている（§9 Abs. 1 Nr. 1 EStG）ため、租税法体系上の理由からも必要経費概念は事業支出と同様に原因的に捉えなければならないといえる[33]。そのため、現在はこのような基因原則に基づく原因的な必要経費概念が支配的となり、裁判例にもこの考えが採用されているようである[34]。そこで以下では、この基因原則に基づく必要経費が裁判例にどのように表れているのかにつき、判例を検討していこ

---

(32)　A. a. O. (FN. 12), Birk, Rn910.; BFH-Urteil v. 19. März 1982 VI R 25/80: BStBl. II 1982, 442. 本件については後述する。

(33)　A. a. O. (FN. 12), Birk, Rn910.

(34)　A. a. O. (FN. 1), Tipke/Lang, S. 283ff; a. a. O. (FN. 12), Birk, Rn. 910.; a. a. O. (FN. 12), Hermann/Heuer/Raupach, §9 Anm. 2 u. 23; Schmidt, §9 Anm. 7. und die dort erwähnte Rechtsprechungen. usw.. これとは逆に基因という概念を目的的にも原因的にも理解できる

96 第 2 章 市場所得における控除概念

う。なお、以下では基因原則に基づいた必要経費の範囲について検討するため、その対象となる判例は、余剰性の所得分類に関するものを中心とする。

①非独立労働所得（§§2 Abs. 1 Nr. 4, 19 EStG）

まずは非独立労働所得における必要経費に関する事例をみてみよう。

⑨ BFH1979 年 11 月 20 日判決[35]

〈事実の概要〉

本件において、原告（被上告人）はデパートでショーウィンドーの装飾を担当する被用者であった。彼は職場では副主任の地位にあり、相当な範囲の装飾を任されていた。その仕事はショーウィンドー内で行うものであり、室内温度がとても高温になるため、彼は別途衣類と靴をロッカーで保管し職場で着替え、就業時間中のみ着用していた。そのため、その衣類と靴の購入代金、クリーニング代および修理費を必要経費として申告したのである。課税庁はそれらの支出が私的生活のものであると認定し、その控除を認めなかった。

〈判旨〉

本件においては BFH も課税庁と同様の判断を下している。その上で BFH は必要経費について次のように述べている。

「…必要経費は所得税法 9 条 1 項 1 文によれば、収入の獲得、保全および維持のための消費である。さらに 4 条 4 項の事業支出概念との統一解釈に関して、この間確立された判例[36]によれば、非独立労働所得（§19 EStG）における必要経費は、職業に基因するすべての消費である。この基因は次の場合に認められる。すなわち、職業との客観的関連があり、かつ主観的に消費が職業の要請のためになされている場合である」。

このように必要経費にも「基因する」という要件が採用されるようになった。また次のような事例においても、基因原則が必要経費に援用されているといえる。

───────────────

と判断した判例もある（BFH-Urteil v. 15. Januar 1970 IV R 32/69: BStBl. II 1970, 379. 本件は被用者代表として監査役会の構成員になった納税義務者が、全従業員のために支出した金員を、監査役報酬に関する必要経費として控除できるか否か争った事例である）。

(35) BFH-Urteil v. 20. November 1979 VI R 25/78: BStBl. II 1980, 75.

(36) BFH-Beschluß v. 28. November 1977 Grs 2-3/77: BFHE 124, 43, BStBl. II 1978, 105.

第1節　ドイツ法における控除概念　　97

⑩ BFH1980 年 11 月 28 日判決[37]

〈事実の概要〉

　公務員である納税義務者（原告および被上告人）は労働組合幹部としても活動していた。そしてその組合活動の会議等に参加するために要した旅費を非独立労働所得の必要経費として申告した。しかしながら課税庁は、この支出が収入の獲得、保全および維持のために有益でないという理由で控除を認めなかった。

〈判旨〉

　BFH は、当該支出は雇用関係がなければ存在し得なかった（雇用関係に基因する）と認め、この支出を控除することを認めた。そしてその判決理由において次のように述べている。

　「必要経費という概念は所得税法 4 条 4 項における事業支出概念に等しい[38]。職業上または事業上の基因とは、非独立労働所得における必要経費または事業支出に関するならば、次のような場合に常に認められる。すなわち客観的に職業または事業との関連が認められ、かつ、主観的に消費が職業または事業の要請のためになされる場合である[39]。必要経費ならびに事業支出は常にそのような客観的関連を要件とするが、職業または事業が当該支出を要請するという主観的意思は、常に必要経費概念または事業支出概念の必然的メルクマールになるわけではない。

　…必要経費概念は消費と職業活動上の要請との間の直接的関連を要請するものではない」。

　この事案において、BFH は必要経費と事業支出を同じ基準に基づいて判断しているといえる。さらに次のような事例もある。

⑪ BFH1981 年 5 月 15 日判決[40]

〈事実の概要〉

　本件において、納税義務者（原告および被上告人）はギムナジウムの教諭（数

----

(37)　BFH-Urteil v. 28. November 1980 VI R 193/77; BStBl. II 1981, 368.

(38)　BFHE129, 149, BStBl. II 1980, 75; BFH-Urteil v. 21. März 1975 VI R 131/73: BFHE 115, 469, BStBl. II 1975, 641.

(39)　Vgl. BFHE 129, 149, BStBl. II 1980, 75.

(40)　BFH-Urteil v. 15 Mai 1981 VI R 66/78: BStBl. II 1981, 735.

学および物理学担当）であった。彼は、3年前に一度電子計算機（Elektronenrechner）を自己の勤務校において購入した。しかしながら、その保有するものでは機能面（処理能力等）が不充分であると考え、改めて高額な電子計算機を自宅における授業準備等、その学問上の理由から購入し、従前の計算機を同僚に無償で譲渡した。そして彼は、当該計算機を自宅で使用したが、例えば家計簿のような、私的な目的には使用していなかった。申告に際して、彼とその配偶者は当該計算機の減価償却（購入価格の20％）を非独立労働所得における必要経費として控除した。これに対し課税庁は、この支出が収入の獲得、保全および維持のためになされたものではないという理由で、その控除を否認した。この事案において、財政裁判所は、当該支出は労働のための有益であり必要経費として認められるが、その償却率は10％程度が相当であると判断し、原告の主張を一部認めた。しかし課税庁がこれに対して上告した。

〈判旨〉

本件について、BFH は次のような判断を下している。

「電子計算機の購入費用が必要経費であり、その減価償却の金額は耐用年数ごとに配分されるべきであるとした財政裁判所の判断は適切である」。

このように述べて、BFH は財政裁判所の判断に追随した。そしてその判決理由において、必要経費について次のように述べている。

「BFH の確立した判例によれば、必要経費は職業に基因するすべての消費である[41]。職業上の基因は次のような場合に認められる。すなわち、客観的に職業または事業との関連が存在し、主観的に職業または事業の要請のために消費がなされている場合である。これについて、主観的要請は必ずしも必要なメルクマールではないが、客観的な関連は基因概念の絶対的要素を示すものである」。

この事例においても、基因原則に基づいた必要経費概念が用いられているといえる。さらに次のような事例においても同様の理論が用いられていると考えられる。

───────────

(41) Beschluß des Großen Senats v. 28. November 1977 GrS 2-3/77: BFHE 124,43, BStBl. II 1978, 105; Urteil v. 20 November 1979 VI R 25/78, BFHE 129, 149, BStBl. II 1980, 75.

⑫ BFH1982 年 2 月 19 日判決[42]

〈事実の概要〉

　納税義務者（原告および被上告人）は鋳造技師（Gießerei-Ingenieur）として雇用されており、彼の指示に基づいた圧力実験の際に勤務する工場で爆発が生じた。その爆発事故により複数の死傷者が出た。そしてそれに対する慰謝料も相当な額に達した。さらに彼は、過失傷害および爆発を引き起こしたことについて刑事訴追された。そこで彼は、裁判に先駆け、弁護士費用 7000 マルクを支払い、弁護を依頼した。そしてその年、当該弁護士費用を必要経費として控除して申告した。課税庁がその控除を否認したため、当該支出が必要経費に該当するかが争われた。

　この事案について、第一審のデュッセルドルフ財政裁判所は、「最高裁判所の判例は、罰金刑および刑事弁護人に対する費用を、たとえ刑法上の責任非難が納税義務者の職業行為に基づくものであっても、税法上控除できる消費として認めていない。しかしながらそれには追随できない。なぜなら、消費が所得税法 4 条 4 項によって事業支出として、または 9 条によって必要経費として控除できるかという問いに対する答えは、その消費が事業または職業に基因するかにのみかかっている（基因原則）からである。このことは本件において肯定される」と述べて、原告の主張を認めた。そのため課税庁は上告した。

〈判旨〉

　BFH も納税義務者の主張を認めた。そしてその判決理由において次のように述べている。

　「所得税法 9 条 1 項 1 文によれば、必要経費とは収入の獲得、維持および保全のための消費である。BFH は、この規定を、非独立労働所得に関する必要経費は職業に基因するすべての消費であると解釈している[43]。職業上の基因は、非独立労働所得における必要経費の場合、客観的に職業との関連が認められ、主観的に職業上の要請のために、すなわち当該所得分類の収入の獲得、保全、および維持のために消費がなされている場合に常に認められ

---

(42)　BFH-Urteil v. 19. Februar 1982 VII E 31/78: BStBl. II 1982, 467.

100 　第 2 章　市場所得における控除概念

る」。

　このように必要経費について、基因原則に基づいて判断するように述べている。

　また、⑧の事例[44]においても次のように必要経費について基因原則が援用されている。

〈判旨〉

　BFH は、本件の損害額の必要経費性を認めた。その判決理由において次のように述べている。

　「…非独立労働所得の必要経費は職業に基因するすべての消費である。ここで職業上の基因は、消費と職業の間に客観的関連が認められ、かつ主観的に職業遂行のための消費である場合に認められる。しかし過去の判例において、主観的要因は必要経費概念の必然的なメルクマールとして常に要求されるものではないということが認められている。なぜなら、不可避的な支出（unfreiwillige Ausgaben）および強制的消費（Zwangsaufwendungen）も、客観的純額主義によれば必要経費として考慮されなければならないからである」。

　このような前提を述べた上でさらに消費と職業の関連について、次のように述べている。

　「原告の自動車への被害が必要経費として考慮されるためには、職業上直接的な〔原因を〕もたなくてもよい。BFH の判例[45]によれば、消費を必要経費として控除するためには、職業活動と消費の直接的な関連は必要ではなく、間接的関連で足りる」。

　この結果、本件における損失と納税義務者の労働の間には経済的な関連があるという理由で、納税義務者の主張が認められている。

⑬ BFH2000 年 5 月 24 日判決[46]

〈事実の概要〉

　原告夫婦のうち夫は建築家として雇用されていた。そして雇用主に自宅を

---

(43) 　Vgl. hierzu insbesondere Beschluß des Großen Senats des BFH v. 28. November 1977 GrS 2-3/77: BFHE 124, 43, BStBl. II 1978, 105.

(44) 　BFH-Urteil v. 19. März 1982 VI R 25/80: BStBl. II 1982, 442.

(45) 　BFH-Urteil in BFHE 132, 431, BStBl. II 1981, 368.

(46) 　BFH-Urteil v. 24. Mai 2000 VI R 28/97: DB Heft 42 vom 20. 10. 2000, 2102.

第 1 節　ドイツ法における控除概念　　101

H 地区に移転することを求めていた。その結果、G 地区にある家を改修し、そこに移転するという契約を締結した（1992 年 8 月 31 日）。原告夫婦は当該居宅を譲り受ける（1993 年 4 月 16 日）とすぐに改修作業を開始した。その後、夫は H 地区における仕事を受注し、G 地区に暫定的に居住することにした（5 月 3 日）。しかしながら H 地区における建設計画が途絶えたため、その仕事は早期に終了してしまった（5 月 17 日）。そして彼はそのまま B 地区の計画に関与しなければならなくなった。その結果、その居宅を改修工事終了後すぐに手放さざるを得なくなってしまった（8 月 13 日）。そのため、この夫婦は、その不動産譲渡にかかる損失（購入のための借入金および修繕費を含む）を非独立労働所得の必要経費として主張したのである。課税庁はこの主張に対し、次のような処分を下した。すなわち、居宅のうち予定されていた書斎にかかる損失、および、半年間二重の家計（doppelte Haushaltsführung）を強いられるであろうと仮定した擬制的な賃借料についてのみ控除を認めたのである。

〈判旨〉

　この事案において BFH は次のように述べている。

　「BFH の判例によれば、必要経費とは納税義務者の職業に基因するすべての消費である」。

　このようにまず必要経費の前提を述べた上で、次のように続けている。

　「引越費用もこれ〔必要経費〕に属する。その要件は引越が行われるということのみであり、〔本件において〕これは妨げられない。この原則は、引越が職業に基因する二重の家計に基づいて行われる場合でも妥当する。

　しかしながら、職業に基因する引越に基づく〔支出の〕必要経費〔性〕は、引越にかかるすべての消費に認められるものではない。

　なぜなら、所得税法によれば、消費は、それに税法上評価されるべき経済的関連が認められる場合にのみ、ある所得分類に基因すると認められるからである。そのような関連があるかということにとって決定的〔要素〕であるものは、一方では当該支出を引き起こした要因の金銭的評価であり、他方で所得税法上重要な収益領域に対して、このような標準的課税原則を適用することである。したがって〔当該支出が〕私的生活の費用である限りで、所得

102　第 2 章　市場所得における控除概念

税法 12 条 1 号は必要経費として控除することを認めない」。

　所得税法 12 条 1 号は、いわゆる家事関連費の控除を否認する規定である。そして原告が主張する損失は、この引越費用に該当することを前提としている。その上で BFH は、当該損失が自己の居宅という私的な部分にも属するという理由で、その控除を否認した。

　以上の 6 事例の検討から、非独立労働所得に関する必要経費については、判例上、基因原則に基づいた判断がなされていると考えられる。

②資本財産所得（§§2 Abs. 1 Nr. 5, 20 EStG）

　次に資本財産所得について控除される必要経費に関する事例をみてみよう。

⑭ BFH1995 年 10 月 10 日判決[47]

〈事実の概要〉

　本件において原告である納税義務者夫婦（上告人）は、17 人の持分権者（社員）と有限会社 H を経営していた。株式会社 X は 1981 年 9 月に、H 社と H 社の持分権約 86％ を取得する売買契約を締結した。この契約に基づき、X 社は売買代金約 1600 万マルク、および、同年 1 月から X 社が当該持分権を取得するまでの利子（配当）約 35 万マルクを H 社に支払った。H 社の残りの持分権は H 社の経営者らにある。原告は私的財産として、売却した持分権の対価およそ 180 万マルクを得た。彼らはその譲渡代金のうち非課税部分を預金および有価証券の取得に利用した。そしてそれらの資産から得られた資本収益に対して課税された。

　翌年 3 月に X 社は H 社のかつての経営者を相手取り、契約交渉における事業評価が虚偽のものであったという理由から、譲渡代金（配当を含む）返還請求訴訟を提起した。訴訟の結果 H 社は敗訴し、X 社への損害賠償とその訴訟（係属による）利息（Prozeßzinsen）10％ を支払うことを命じられた（1984 年 7 月結審）。そして H 社の従来からの経営者は自己の H 社に対する持分を X 社に無償で譲渡することを、かつての経営者は 250 万マルクの支払いを義務付けられた。

---

　(47)　BFH-Urteil v. 10. Oktober 1995 VIII R 56/91: BFH/NV 1996, 304.

第1節　ドイツ法における控除概念　　103

　その後取決めにより、かつての経営者は、従来の経営者に、その無償で譲渡された持分権に対する補償として約86万マルクの支払いを義務付けられた。その結果原告夫婦には、X社に約35万マルク、H社の経営者に約12万マルクの支払いが義務付けられた。

　この年の確定申告において、原告夫婦は訴訟の結果支払った約47万マルクのうち8万8千マルクは訴訟利息であり、その金額は資本財産所得の「負の所得」または必要経費であり、控除されると主張し争った。訴訟の結果、納税義務者の主張は退けられた。

〈判旨〉

　その判決理由において、BFHは、負の所得について次のように述べている。

　「…『負の所得』という概念は、目的的に規定された9条1項1文の文言を考慮し、BFHの判決[48]に由来するものである。納税義務者がかつての査定期間において過剰に獲得し課税された収入を返還する場合、判例は負の所得を認めていない」。

　このように述べた上で、まず負の所得の控除を否認した。

　さらに、「BFHが、最近の判例において〔必要経費に対しても〕基因原則を〔適用することを〕強調し、それにより必要経費概念を大幅に事業支出概念に接近させている」という現状を示した。しかし、この基因原則が負の所得についても妥当するかは未解決であるとしてその立場は示さなかった。

　また、「9条1項1文によれば、必要経費とは収入の獲得、保全および維持のための消費である」という前提を確認した上で、次のように述べている。

　「判例によれば、必要経費は―当該規定の文言〔の直接の範囲〕を超えて―消費と〔その年に獲得した〕所得分類との間に基因の関連が存在するならば、常に認められる。これに照らせば、延滞利子または訴訟利子を含む債務利子は、―9条1項3文1号に示されるように―ある所得分類と経済的関連を認められる場合にのみ、必要経費として認められる。…債務利子およびそ

―――――――――――――
　(48)　BFH-Urteil v. 13. Dezembar VI 22/61 S. : BFHE 78, 477, BStBl. III 1964, 184.

104 第2章 市場所得における控除概念

の他の債権費用（Kreditkosten）は、次のような場合に資本財産所得獲得に基因する。すなわちその資本財産が、その反対給付に用益のための資本財産の有償譲渡を可能にする場合か、または、その財産が要求する債務に対して給付される場合である。債務利子と所得獲得との基因関連は、利子が投資収益または資本金額の引上げないしは保全に有益である場合に特に認められる」。

このような理由にかんがみ、本件における利子と有価証券購入や預金との経済的関連は否定され、原告の利息支払は資本財産からの所得に関する必要経費として控除することは否認された。本件においてもやはり、必要経費の範囲は基因原則に基づいて判断されていると思われる。

これらの判例からみるに、資本財産所得に関する必要経費についても、基因原則が援用されている考えられる。

③**賃貸所得**（§§2 Abs. 1 S. 1 Nr. 6, 21 EStG）。

次に賃貸所得における必要経費について検討してみよう。

⑮ BFH1979 年 3 月 6 日判決[49]

〈事実の概要〉

本件において原告納税義務者（上告人）は、角地を所有していた。その土地には 1894 年築の居宅があり、原告家族と息子家族の 2 世帯が居住していた。原告は 3 年間で 233,193 マルクを費やし改築を行った。その後原告は家を取り壊し、更地の状態で当該土地を 33 万マルクで売却した。そして原告はその年の確定申告において、建物の残存価格 93,451 マルクを償却（§7 Abs. 1 Nr. 4 EStG）し、取壊費用 16,284 マルクを必要経費として主張した。

〈判旨〉

この事例において BFH は次のように述べている。

「〔必要経費性を否認した〕原審[50]は、9条1項7号7条1項4文との関連において、法的誤解から離れ、必要経費概念を解釈した。〔その解釈は〕必要経費概念を広く解し、本質的に事業支出概念に適合させている BFH の判例と同じである。これによれば必要経費には、収入の獲得、保全および維持のための消費のみならず、賃貸に基因する消費も含まれる。そして当法廷

---

(49) BFH-Urteil v. 6. März 1979 VIII R 110/74: BStBl. II 1979, 551.

(50) EFG 1974, 355.

は、家主が借主に対して〔当該不動産を〕明け渡す過程で生じる費用を必要経費として認める。なぜなら、このような消費にも賃貸との内部的経済関連が認められるからである。…〔このような消費に必要経費性を認める〕判決は、消費と所得獲得のためになされる利用との内部的経済関連を認めている点で、すべて共通している」。

このように賃貸所得において認められる必要経費の要件を述べ、BFH は原告の主張を退けた。

ここでは、必要経費概念を事業支出概念に合致するよう広く理解するという判例の傾向が示されているといえる。そして、次のような事例においても同様の見解が示されていると思われる。

⑯ BFH1980 年 11 月 18 日判決[51]

〈事実の概要〉

本件において原告母子は集合住宅（K-Allee37-39 および 41-43）を建築した。そのうち一方（K-Allee41-43）を分筆（M-Straße2a となる。そこには息子夫婦が居住）し、その一部を息子の配偶者に譲渡した（残りの土地は M-Straße2b となった）。そしてその両方（K-Allee41-43 および M-Straße2a）の土地および建物を賃貸した。

さらに息子はその土地に北側に新たな不動産を取得した（R-Straße118）。その売買契約においては次のような合意がなされていた。

「集合住宅［経営者］が…本件土地 R-Straße118 を購入する。これは息子の名で不動産登記を行う。

集合住宅からの収入は母と息子が半分ずつ得る…」。

そしてそれらの土地すべてを不動産業者に賃貸した。さらに母親は、息子の収入から、共同住宅の管理などの労働に対する給与を毎月得ていた。

原告らは、Y 銀行から K-Allee37-39 および M-Straße2b に抵当権を設定していた。また Z 銀行に口座を開設し、すべての賃料を入金した。そして不動産に係る支出もすべてその口座から捻出した。さらに原告らは、その口座から M-Straße2a の住居建築費用および生活費も弁済していた。原告ら

---

(51)　BFH-Urteil v. 18. November 1980 VIII R 194/78: BStBl. II 1981, 510.

106　第2章　市場所得における控除概念

は申告に際し、Z銀行の口座にかかる手数料を賃貸所得の必要経費として控除した。

　課税庁は税務調査を行い次のような見解に達した。①口座手数料は必要経費ではない。② R-Straße118 に係る損失は、息子にのみ帰属するものであり、計算に入れない。③母親への報酬は高額にすぎるため、一部否認する。この見解に基づいた課税処分が争われた。

〈判旨〉

　BFH は必要経費について次のように述べている。

　「必要経費は収入の獲得、保全および維持のための消費である。そしてそれが生じた所得分類において控除される（§9 S. 1 und 2 EStG 1965, §9 Abs. 1 S. 1 und 2 EStG 1967——一般的必要経費概念—）。債務利子も、それがある所得分類と経済的関連を有する限りで、必要経費である（§9 S. 3 Nr. 1 EStG 1965, §9 Abs. 1 S. 3 Nr. 1 EStG 1967）。

　本法廷は次のことを起点とする。一般的な必要経費概念は、賃貸所得（§21 EStG）の領域についても事業支出（§4 Abs. 4 EStG）概念に依拠し、家事費という控除され得ない費用（§12 EStG）に対する同一の境界のために、目的的のみならず、原因的にも理解されなければならない[52]」。

　このように必要経費に関する前提を述べた上で、原告の主張する口座手数料には賃貸所得との経済的関連が認められると認定し、原告の主張を一部認容した。

　本判決において、BFH は、必要経費概念と事業支出概念が同一の基準で判断されることを要請し、その結果、必要経費概念を目的的にではなく、原因的に、すなわち基因原則に基づいて解釈している。

　以上から、賃貸所得における必要経費に関しても、基因原則に基づいた判断が下されていると思われる。

④その他の所得（§§2 Abs. 1 S. 1 Nr. 7, 22 EStG）

　最後に、その他の所得において認められる必要経費についても事例をもとに検討してみよう。

---

　(52)　BFH-Urteil v. 3. Juni 1975 VIII R 274/71: BFHE 116, 35, BStBl. II 1975, 664.

第 1 節 ドイツ法における控除概念 107

⑰ BFH1994 年 3 月 15 日判決[53]

〈事実の概要〉

原告納税義務者（被上告人）は保険外交員として非独立労働を行っていた。彼女は自己の車による自宅から就労場所までの通勤費用を以下のように算定して、その非独立労働所得の必要経費として控除する旨主張した。

(a) 単独での通勤 43 日；697 マルク

(b) 夫が同乗しての通勤 159 日；1260 マルク

原告は自己の車を夫と共同で利用し、同乗する際は運転してもらっていることを説明した。彼女は車による通勤費の概算控除（§9 Abs. 1 Nr. 4 EStG）は単純な（単独での）走行にのみ認められることを主張した。なお、夫は単独でも自己の車によって通勤しており（40 日）、その分は自己の申告において必要経費として控除が認められている。

これに対し課税庁は、彼女が、夫が車を運転することによって得ている恩恵は 22 条 3 号におけるその他の所得であると認定した。そしてそれにかかる必要経費は、同乗に原因がある実際の超過消費のみが認められるという理由で、納税義務者の主張する必要経費の控除を否認した。

〈判旨〉

この事案について BFH はまず次のように通勤費の概算控除が認められるための前提を示した。

「…原告の夫が同乗して通勤した日に対する通勤費〔上記 (b)〕は 9 条 1 項 4 号の概算控除によって考慮されるべきである。

9 条 1 項 4 号によれば、…被用者の通勤費は非独立労働所得に関する必要経費である。…その概算控除は、被用者が他の人物をその車に同乗させ、それに対して補償を得ている場合でも考慮される」。

そしてこのような前提の下で、必要経費の範囲については以下のように述べている。

「必要経費とは、BFH の判例によれば、収入獲得に基因するすべての消費である。収入獲得に向けられた行為との関連が客観的に認められ、消費が当

---

(53) BFH-Urteil v. 15. März 1994 X R 58/91; BStBl. II 1994, 516.

108 第2章 市場所得における控除概念

該税法上重要な行為の促進のためになされるならば、消費は〔それに対応する〕所得分類に基因する。消費は、非独立労働所得に関しては職業上のものでなければならない。消費に―本件における原告の通勤のための消費〔上記(a)〕のように―複数の所得分類との客観的関連が認められるならば、それが税法上二重に考慮され得ないために、〔その消費額を〕分配するか、または、その根拠および実体にかんがみ、より密接な関連を有する所得分類について控除する。どのような所得分類に経済的関連が認められるかということに関しては、当該消費を『引き起こした要因』であると評価できるかということが決定的である」。

　以上のように、BFH は本件においても基因原則に基づき必要経費の範囲を広く解釈していると思われる。そして「被用者は―本件のように―迂回することなく通勤に際して同乗させるならば、その走行に関する自動車の利用のための消費は一次的に、同乗ではなく、自己の雇用関係に基因する」という認定をした。その結果、「22 条3号による収入に基因する超過消費とは他者が同乗することに客観的に原因がある超過消費である」という判断を下し、課税庁の主張を認め納税義務者の主張を退けたのである。

⑤基因原則に関するその他の判例

　このほかの事例においても、BFH は事業支出と必要経費の範囲を基因原因に基づいて判断していると思われる。そこで、他の所得分類に関する事例も検討してみよう。

⑱ BFH1986 年3月4日判決[54]

〈事実の概要〉

　原告（上告人）は運送業および倉庫業を営む合資会社である。連邦議会の政党に属する政治家が経営する有限会社 H に 5500 マルクを支払い、ドイツおよび EC 経済に関する意見を得た。そして原告はその費用を事業支出として申告を行った。

　その後の税務調査で課税庁は、当該支出を家事費と認定し、その控除を否認した。

---

(54)　BFH-Urteil v. 4. März 1986 VIII R 188/84: BStBl. II 1986, 373.

第1節　ドイツ法における控除概念　　109

〈判旨〉

BFH はこの事案において次のように述べている。

「所得税法9条1項1文の文言によれば、必要経費とは、『収入の獲得、維持および保全のための消費』であるということは正しい。また近時の BFH 判例が必要経費および事業支出の概念を互いに統一させているということも正しい。しかしながら、それは事業支出概念〔の範囲〕を必要経費概念〔の範囲〕に制限するのではなく、むしろ必要経費概念〔の範囲〕を9条1項1文の文言〔が示す範囲〕以上に所得税法4条4項の事業支出概念に同化させているのである。そしてそのメルクマールは消費の事業上の基因である[55]。

事業上の基因に関しては、より有利な環境条件の創造を通じた事業との一般的関連でも足りる」。

このように、基因原則に基づいた事業支出概念の範囲は相当広く理解されるという方向性を示し、またその範囲と必要経費の範囲が近時の判例では同じように理解されていることも指摘している。このような前提の下、実質的にその者が属する政党への献金であることを指摘し、次のように述べてその控除を否認している。

「政党への献金は少なくとも私的〔理由〕にも基因する。なぜならそれは政治的意義も明らかであり、そのような意義は生活領域に帰属するものだからである」。

⑲ BFH1978 年 10 月 31 日判決[56]

本件において、原告（上告人）は歯科医の夫婦である。夫は医師活動を続けているが、妻はすでに活動を止めている。夫は、従前共同で購入した自宅を兼ねた診療所で、妻からその持分について賃借し、単独で医師活動を継続していた。そして当該建物の損耗金額を全額、夫婦の合算申告において控除した。しかし課税庁は、妻の持分は事業用財産ではなく、妻の私的財産に属

---

(55) Beschlüsse v. 28. November 1977 GrS 2-3/77: BFHE 124, 43, BStBl. II 1978, 105; in BFHE 126, 533, BStBl. II 1979, 213; Urteile v. 31. Oktober 1978 VIII R 196/77: BFHE 127, 168, BStBl. II 1979, 401; v. 6. März 1979 VIII R 110/74: BFHE 127, 510, BStBl. II 1979, 551; v. 20. November 1979 VI R 25/78: BFHE 129, 149 StBl. II 1980, 75 und 18. November 1980 VIII R 194/78: BFHE 132, 552, BStBl. II 1981, 510.

(56) BFH-Urteil v. 31. Oktober 1978 VIII R 196/77: BStBl. II 1979, 401.

110 第2章 市場所得における控除概念

するため、当該不動産については夫の持分についてのみ減価償却を認めると
して、課税処分を行った。

〈判旨〉

BFH は課税庁の主張を認めた。そして、事業支出と必要経費の控除可能
性について次のように述べている。

「消費は、それが所得獲得〔活動〕に基因する場合にのみ、必要経費また
は事業支出として控除されるべきである」。

このように、BFH の判例においては、必要経費であれ、事業支出であれ、
その支出が所得獲得のための活動に原因を有する（基因する）場合に、その
支出の控除を認める（基因原則）という方向性が確認されていると考えられ
る。

4　小　括

以上みてきたように、目的的な概念である必要経費の範囲と原因的な概念
である事業支出の範囲を比較すると。当初、その範囲は基因原則に基づく事
業支出のほうが広いと考えられていたといえる。しかしながら、どちらの控
除概念も純額主義の実現という共通の目的を有するものであるため、平等原
則の要請から、これらの消費は同じ範囲のものであると解釈されるようにな
ったと思われる。すなわち、基因原則が必要経費概念にも適用され、原因的
な必要経費概念が成立したのである。このことは、これまで検討してきた判
例からも理解できる。

また基因原則は、目的的な概念とは異なり、その控除が認められるための
要素である収入と消費との間の経済的関連を、直接的なものに限定していな
い。すなわち、間接的な関連しか認められない場合でも、その関連が客観的
に認められれば、当該支出の控除が認められると考えられる。

以上のことから、現在ドイツの裁判実務において、必要経費は、基因原則
に基づいた原因的な概念として理解されていると思われる。そして、必要経
費概念が基因原則に基づいた結果、当該支出とその結果得られた収入との間
の経済的関連は間接的な関連で足りると考えられている。したがって、現在
ドイツにおける課税実務上の必要経費概念は、本来の法律上の文言よりも広

第2節　日本法における控除概念　　111

く捉えられていると考えられる。

第2節　日本法における控除概念

　これまでみてきたように、ドイツ法において必要経費は、もうひとつの控除概念である事業支出と同様に、基因原則に基づき、かなり広い範囲をもつものとして理解されている。

　これに対し、日本法における控除概念の範囲はどのような原則に基づいて理解されているのであろうか。またそれはドイツにおける必要経費とどのような相違があるのか。以下ではこれらの点について検討していこう。

1　控除概念の類型

　わが国の所得税法には、10種類の所得分類が存在する（23条～35条）。それらに対応する控除概念は次のように規定されている。まず利子所得（23条）および配当所得（24条）は収入金額を所得金額とみなしている（各条2項[57]）。すなわちこの2つの所得分類には控除概念が存在しない。次に不動産所得（26条）、事業所得（27条）、山林所得（32条）および雑所得（35条）には必要経費の控除が規定されている（各条2項[58]）。給与所得（28条）には給与所得控除（同2項）、退職所得（30条）には退職所得控除（同2項）の控除がそれぞれ認められている。給与所得控除の本質的部分は必要経費の概算控除にあるといわれる[59]。また、退職所得は退職手当等の給与を対象としている（同1項）ため、基本的にこれら2つの所得分類は同質であると考えられる[60]。それゆえ、退職所得控除には退職者の保護という目的があるといわ

---

(57)　ただし例外として、配当所得は24条2項に定める金額を控除できる。

(58)　山林所得については「山林所得の特別控除」も控除される。

(59)　金子・前掲注（3）192頁。なお給与所得に対する概算控除の問題については、北野弘久『サラリーマン税金訴訟〔増補版〕』（税務経理協会、1990年）、三木義一「給与所得税法と不公平税制―大島訴訟最高裁判決後の課題を中心として」同著『現代税法と人権』（勁草書房、1992年）第5章所収、田中治「給与所得」日税研論集28巻（1994年）25頁、村井正「サラリーマンの必要経費」時の法令1250号（1985年）32頁、等を参照されたい。

(60)　金子・前掲注（3）197頁。実際にいわゆる退職金は、給与と同様に労働の対価であると

112　第2章　市場所得における控除概念

れる[61]が、その本質は給与所得控除と同質であるように思われる。したがって、これらの概算控除も必要経費の控除であると考えられる。

　また譲渡所得（33条）は、当該所得に係る総収入金額から「当該所得の基因となった資産の取得費およびその資産の譲渡に要した費用」を控除することで算定される（同3項）。そして、一時所得（34条）については「その収入を得るために支出した金額」が控除される。

　以上を要するに、わが国の所得税法における控除概念は、「必要経費」、「取得費および譲渡費用」、そして「その収入を得るために要した金額」に類型化できる。これらの控除概念は、先にみたドイツ法上の控除概念の類型とは異なるが、必要経費の控除を認めている点では同じである。しかしながら、必要経費という概念はドイツ法におけるそれと同じと考えてよいのだろうか。またそのほかの控除概念は、例えばドイツ法におけるもうひとつの控除概念である事業支出に対応し得るであろうか。これは、これらの控除概念の範囲がドイツ法における事業支出と同質のものといえるかという問題でもある。

　以下ではこれらの点について、ドイツ法に関する検討と同様に、裁判例を中心に考察していこう。

2　裁判例における控除概念

　上述したように、わが国の所得税法には3つの控除概念の類型が考えられる。以下ではこれらの類型ごとに検討していくことにしよう。

(1)　必要経費

　まずは必要経費について検討していこう。必要経費に関して現行所得税法は、37条において、「必要経費に算入すべき金額」を「総収入金額に係る売上原価その他当該総収入金額を得るため直接に要した費用及びその年における販売費、一般管理費その他これらの所得を生ずべき業務について生じた費用の額」と定めている。このように現行所得税法は「収入金額を得るため」

　　　　　といわれる（西谷敏・萬井隆令編『労働法2―個別的労働関係法―』（法律文化社、1993
　　　　　年）147頁参照）。
　(61)　水野勝『租税法』（有斐閣、1993年）175頁。

「直接に」と規定されているため、文言上は、ドイツ法における目的的な必要経費概念と類似しているように思われる。

　では、このような日本法における必要経費概念の範囲は、ドイツ法における目的的な必要経費概念に関する判例が示すように、所得分類との直接的な経済関連を要求するものであろうか。この点について、必要経費控除が認められている所得分類に関して、裁判例をもとに検討してみよう。

⑳東京地裁平成 9 年 11 月 28 日判決[62]

　まずは不動産所得に関する事例をみてみよう。

〈事実の概要〉

　飲食業および不動産貸付業を営む原告は、税務調査の際に帳簿書類を提示しなかった。そこで課税庁は、所得税法 150 条 1 項 1 号に基づき、原告の昭和 62 年および 63 年年以後の所得税青色申告の承認取消処分（以下「本件青色取消処分」）をした。さらにそれにあわせ、係争各年分の所得税の各更正処分（以下「本件各更正処分」）ならびに平成 2 年および 3 年分の所得税の各過少申告加算税賦課決定処分（以下、「本件各賦課決定処分」。また本件青色取消処分、本件各更正処分と併せて、「本件各処分」）をした。これに対し原告は、それを不服として本件各処分（ただし、本件各賦課決定処分については、その後にされた各加算税変更決定により一部取り消された）の取消しを求めた。

　また、本件各更正処分は主に次のような内容であった。まず①本件青色取消処分により、係争各年分の純損失を翌年以後に繰り越すことができないこと、ならびに、②昭和 62 年分および平成元年分ないし平成 3 年分の不動産所得の金額の計算上青色申告控除額（平成 4 年法律第 14 号による改正前の租税特別措置法 25 条の 3 第 1 項による控除額。）を控除することができないということである。さらに、③平成 2 年分および平成 3 年分の不動産所得について、銀行からの借入金に対する支払利子の必要経費算入が認められないことである。

〈判旨〉

　この事案において裁判所は必要経費に関して次のように述べた。

---

(62)　税務訴訟資料第 229 号 857 頁。

114 第2章 市場所得における控除概念

「ある支出が不動産所得の金額又は事業所得の金額の計算上必要経費に算入されるためには、客観的にみて、それが当該業務と直接関係があり、かつ、その業務の遂行上必要な支出であることを要するものと解するのが相当である」。そして、「本件借入金の支払利子が、客観的にみて、原告の不動産所得又は事業所得を生ずべき業務と直接関係があり、かつ、その業務の遂行上必要な支出であったか否かについて検討するに、…本件借入金は本件建物の建築費用に直接充てられたものではない…。したがって、本件借入金の支払利子をもって、原告の不動産所得又は事業所得を生ずべき業務と直接関係があり、かつ、その業務の遂行上必要な支出であったということはできない」と述べて、原告の主張を退けた。

本件において裁判所は、必要経費が控除される場合の要件について、①その業務との直接的関連があること、および、②業務遂行上必要であることの2つを要求しているように思われる。この点について、このほかの事例をもとに検討してみよう。

㉑東京地裁昭和63年12月14日判決[63]

事業所得に関する事例についても同様の判断を下した裁判例が見受けられる。

〈事実の概要〉

本件は、弁護士である原告が顧問契約先からの顧問料を給与所得として申告したが認められず、これを不服として争った事例である。ただし本件において原告は、通常の顧問料とは別に日当を受領し業務を行っていた。そしてその日当を事業所得として、またその金額を当該顧問弁護士活動における出張等の旅費、すなわち必要経費として申告した。これに対し被告課税庁は、原告が主張する支出の支払先等が具体的に示されず、不明確であることを理由に必要経費算入を否定した。

〈判旨〉

裁判所は結論として原告の主張を退けた。そしてその判決理由において、必要経費に関して次のような判断を下している。

---

(63) 判例タイムズ709号172頁。

「ある支出が必要経費の額に算入されるためには、客観的にみて、それが業務と直接関係があり、かつ、当該業務の遂行上必要な支出でなければならない」。

　このように本件においても、①直接的関連と②業務上の必要性が要求されているといえる。

㉒青森地裁昭和61年4月15日判決[64]

　さらに次のような事例においても同様の判断が下されていると考えられる。

〈事実の概要〉

　本件において、原告は食堂を経営する者であり、その食堂では原告の妻も働いていた。原告はその食堂にかかる事業所得、昭和51年分、昭和52年分および昭和53年分の各所得税につき確定申告した。そしてその確定申告において妻の専従者給与を必要経費として控除した。しかしながら被告課税庁は、その必要経費が、同業者との比較において過少であり、妻にかかる事業専従者控除と配偶者控除が重複している疑義があるとして、税務調査を行おうとした。原告はその税務調査に応じなかった。そのため被告（税務署長）は、同業者との比較において必要経費割合を算出し、各年分の所得金額、課税所得金額、税額につき更正決定をなし、過少申告加算税を賦課決定した。そして、原告はその処分の正当性について争った。

〈判旨〉

　この事例において裁判所は、必要経費に関して次のように述べている。

　「必要経費とは、所得を得るために必要な支出のことであるから、支出金額が必要経費として控除され得るためには、当該事業活動のために直接の関連性を有し、事業遂行上必要な支出内容であるとともにその金額が社会通念上相当と認められる範囲内のものでなければならない」。

　このように述べて原告の請求を退けた。

　これらの事例からわかるように、必要経費とは、①当該所得を生ずべき業務との直接的関連があり、②その業務遂行上必要な支出であることを要件と

---

(64)　訟務月報33巻7号1993頁。

116　第2章　市場所得における控除概念

するものである。このような必要経費の理解は、上述したドイツ法における
目的的必要経費概念と類似しているように思われる。

(2) 取得費および譲渡費用

　では譲渡所得の算定の際に控除されるいわゆる取得費および譲渡費用につ
いてはどのように考えられているのであろうか。譲渡所得については「当該
所得の基因となった資産の取得費及びその資産の譲渡に要した費用の合計額
を控除〔傍点筆者〕」することが規定されている（33条3項[65]）。ではこれら
の控除概念は裁判例上どのように考えられているのであろうか。

　まずは「資産の取得に要した金額」について検討していこう[66]。

㉓最高裁判所平成4年7月14日判決[67]

〈事実の概要〉

　本件は、個人が居住用の資産を譲渡する際に当該資産購入のためになした
借入金の利子を控除できるか否かについて争われた事例である。

〈判旨〉

　この事案において、裁判所は次のように述べている。

　「『資産の取得に要した金額』の意義について考えると、…同法〔所得税法〕
33条3項が総収入金額から控除し得るものとして、当該資産の客観的価格
を構成すべき金額のみに限定せず、取得費と並んで譲渡に要した費用をも掲
げていることに徴すると、右にいう『資産の取得に要した金額』には、当該
資産の客観的価格を構成すべき取得代金の額のほか、登録免許税、仲介手数
料等当該資産を取得するための付随費用の額も含まれるが、他方、当該資産
の維持管理に要する費用等居住者の日常的な生活費ないし家事費に属するも
のはこれに含まれないと解するのが相当である」。

　このように取得費の範囲について述べている。そして資産の取得に要した
借入金にかかる利子が取得費に当たるかという点について、以下のように判
断している。

---

(65)　なお、この「取得費」という概念は、「その資産の取得に要した金額並びに設備費および
　　　改良費の額の合計額」を示すと定められている（38条1項）。

(66)　この問題については、前掲注（7）および注（22）の論文等を参照されたい。

(67)　最高裁判所民事判例集46巻5号492頁。

第2節　日本法における控除概念　　117

　「個人がその居住の用に供するために不動産を取得するに際しては、代金の全部又は一部の借入れを必要とする場合があり、その場合には借入金の利子の支払が必要となるところ、一般に、右の借入金の利子は、当該不動産の客観的価格を構成する金額に該当せず、また、当該不動産を取得するための付随費用に当たるということもできないのであつて、むしろ、個人が他の種々の家事上の必要から資金を借り入れる場合の当該借入金の利子と同様、当該個人の日常的な生活費ないし家事費にすぎないものというべきである。そうすると、右の借入金の利子は、原則として、居住の用に供される不動産の譲渡による譲渡所得の金額の計算上、所得税法38条1項にいう『資産の取得に要した金額』に該当しないものというほかはない」。

　このように、非業務用不動産を購入した場合の借入金利子は取得費に含まれないという判断を下している。

　しかしながら本判決において、例外的に使用までの期間についてのみ借入金利子が取得費に含まれるとの判断を示している[68]ことにも注目すべきと思われる。その理由は次のとおりである。

　「右借入れの後、個人が当該不動産をその居住の用に供するまでにはある程度の期間を要するのが通常であり、したがつて、当該個人は右期間中当該不動産を使用することなく利子の支払を余儀なくされるものであることを勘案すれば、右の借入金の利子のうち、居住のため当該不動産の使用を開始するまでの期間に対応するものは、当該不動産をその取得に係る用途に供する上で必要な準備費用ということができ、当該個人の単なる日常的な生活費ないし家事費として譲渡所得の金額の計算のうち外のものとするのは相当でなく、当該不動産を取得するための付随費用に当たるものとして、右にいう『資産の取得に要した金額』に含まれると解するのが相当である」。

　本判決において、最高裁は取得費が客観的な資産価値であるという認識を強調していると考えられる。このような考えによれば取得費、すなわち「資産の取得に要した費用」はかなり限定的に捉えられるように思われる。

---

(68)　借入金利子も原則取得費に含まれるという考えも存在する（金子・前掲注（3）210頁およびそこに挙げられている判例を参照）。ただし、それらの理論においても、その資産の使用後には当該資産を購入する際の借入金利子は家事費に含まれると考えている。

118 第 2 章 市場所得における控除概念

㉔大阪地裁平成 9 年 2 月 28 日判決[69]

　では次に、もうひとつの控除の要素である「資産の譲渡に要した費用」について検討してみよう。

〈事実の概要〉

　本件において、不動産業を営む原告は自己の所有する不動産持分権を共有者とともに譲渡した。その譲渡の際に原告は、当該土地上に所有していた建物等を撤去し整地した。そして、確定申告において原告は、租税特別措置法（昭和 61 年法律第 93 号による改正前のもの）31 条および 31 条の 4 により、本件譲渡収入における取得費を、概算取得費控除額である 326 万円（譲渡収入の 5 ％）として控除した。しかしながら課税庁は、その建物等の撤去費用および残存価額 1100 万円余が取得費であると認定した。本件では、この取得費の金額について争われた。

〈判旨〉

　本件において原告の主張は退けられた。その理由において裁判所は、取得費の問題と併せて「譲渡費用」について次のように述べている。

　「譲渡所得に対する課税は、資産の値上がりによりその資産の所有者に帰属する増加益を所得として、その資産が所有者の支配を離れて他に移転するのを機会にこれを清算して課税する趣旨のものであることからすれば、右の『資産の取得に要した金額』とは、当該資産の取得の対価及び取得に直接要した費用であることを要し、『資産の譲渡に要した費用の額』（譲渡費用）とは、資産の譲渡のために直接要した費用及び当該資産の譲渡価額を増加させるため当該譲渡に際して支出した費用であることを要するものと解される[70]」。

　すなわち、この裁判例においては、譲渡所得について控除される支出も「直接に」要したものでなければならないと判断されている。これらの支出は、直接性を要請されているため、限定的に理解され、目的的な必要経費概念に近い解釈が採られているように思われる。

---

(69)　税務訴訟資料 222 号 613 頁。

(70)　最判昭和 47 年 12 月 26 日、最高裁判所民事判例集 26 巻 10 号 2083 頁参照。

(3)「その収入を得るために支出した金額」

　最後に一時所得についても検討してみよう。一時所得は「その収入を得るために支出した金額」を控除することが規定されている（34条2項）。この支出に関しては、括弧書きで「その収入を生じた行為をするため、又はその収入を生じた原因の発生に伴い直接要した金額に限る」と明示されている。この文言から解釈すれば、この控除概念は、原因的な概念に近いものであるように思われる。しかしながら、その範囲については直接的関連が要求されており、限定的に理解されているようにも解釈できる。実際の裁判例ではどうであろうか、以下で検討していこう。

㉕静岡地裁平成8年7月18日判決[71]

〈事実の概要〉

　本件において、原告納税者は土地の時効取得に関して訴訟（所有権移転登記請求訴訟：以下「別訴」）を提起し当該土地を取得した。別訴において裁判上の和解が成立し、原告は相手方に対し解約金を支払った。原告は、その訴訟に要した訴状貼用印紙代、訴状送達のための郵券代、弁護士費用、ならびにその他の金員（解約金を含む）を必要経費として控除して申告を行った。これに対し、課税庁は解約金のみを必要経費として認め、そのほかの支出については必要経費としての控除を否認した。そのため、本件ではそのほかの支出が必要経費に当たるかが争われた。

〈判旨〉

　裁判の結果、訴状貼用印紙代および訴状送達のための郵券代のみが必要経費として認められた。その理由については次のように判断されている。

　「原告が別訴につき訴状貼用印紙額及び訴状送達のための郵券代として支出したことが認められるところ、…別訴の提起によつて時効が援用され、これによつて本件土地の時効取得の効果が確定的に生じたものとすると、右金員は、所得税法34条2項にいう『その収入を生じた行為をするため、又はその収入を生じた原因の発生に伴い直接要した費用』に当たるというべきである。

---

(71)　行政事件裁判例集47巻7・8号632頁。

120　第2章　市場所得における控除概念

原告が『控除すべき金額』に当たる旨主張しているその余の金員は、別訴ないしこれに先立つ仮処分に関するものではあるが、本件土地の時効取得そのもののため、又は『これに伴い直接要した費用』とまではいうことはできない〔具体的金額については省略〕。…原告が『控除すべき金額』に当たる旨主張しているその余の金員は、別訴ないしこれに先立つ仮処分に関するものではあるが、本件土地の時効取得そのもののため、又は『これに伴い直接要した費用』とまではいうことはできない〔具体的金額については省略〕」。

すなわち、本件において、一時所得の確定のために「直接要した費用」として認められたのは、時効取得援用によって権利が確定するまでの期間（訴状提出までの期間）に要した費用のみであった。

このような判断から考えると、実質的にはドイツにおける目的的概念に近い判断が下されているように思われる[72]。

3　小　括

以上、日本法上の各種所得分類における控除概念に関する判例を検討してみると次のようなことが考えられる。すなわち、日本法において控除概念は、純所得課税（純額主義）を実現するために、所得分類によってさまざまに規定されている。しかしながら、それらはすべて、当該所得を得るために「直接に」「必要な」支出または経費であると、裁判例上限定的に理解されている。すなわち、わが国における必要経費をはじめとする控除概念は、名称およびその対象を一にしないが、限定的に解釈されているという点で共通している。このため、現行所得税法における控除概念はドイツ法における目的的な控除概念ときわめて類似していると考えられる。

---

(72)　一般にこの概念は、必要経費の概念よりやや狭く個別的に対応されると考えられている。例えば、競馬であてた場合、原則としてその日の勝馬投票券購入代金はこの「収入を得るために支出した金額」に含まれるが、その日以外の購入代金は含まれないと考えられている（北野弘久編『現代税法講義〔3訂版〕』（法律文化社、1999年）56頁〔三木義一〕参照）。このような考えのもとでは、収入と支出の直接的関連がより強く要請されるであろう。

第3節　控除概念と所得概念

　これまで、ドイツ法における控除概念と日本法における控除概念に関する判例を、若干ではあるが検討してきた。それらから、ドイツ法上の控除概念は基因原則に基づき、包括的（原因的）な方向で統一されているといえる。これに対し、日本法における控除概念は、必要経費規定（37条）に定められているように、当該収入を得るために直接に要した費用を控除する方向で統一されている考えられる。すなわち、限定的に、目的的な概念として解釈されているように思われる。

　ドイツ法において基因原則は、上述したように、控除概念の解釈について重要な役割を果たしているとともに、（特に近時は）市場所得説とのかかわりが意識されている。ドイツ法においては控除概念と所得概念に大きな関連があると考えられる。そこで以下では、これまで検討してきた控除概念と所得概念のかかわりについて検討していこう。

1　市場所得説と基因原則

　ドイツ法において控除概念は二元論的構成を採っている。必要経費と事業支出である。先にも述べたように、余剰性所得に対応する必要経費概念は源泉説と結び付きやすい。利得性所得に適合する事業支出概念は純資産増加説に対応する。前者は目的的な概念として構成され、後者は基因原則に基づく原因的な概念として構成されていた。しかしながら、平等原則の要請（基本法3条1項）から、前者にも基因原則が適用されるようになり、原因的な必要経費概念が構築されてきた。このことから考えるに、基因原則は本来純資産増加説に対応する解釈原理であったと思われる。

　しかし、先にも述べたようにドイツにおいては、「…市場所得説は基因理論による収益収入および収益消費の限界付け…の解決に貢献する」という指摘がなされている[73]。では、基因原則と市場所得説はどのような関係にあ

---

(73)　S. FN. 9.

るのだろうか。以下ではこの点について検討していこう。

市場所得説は、所得税法から導かれた各種所得分類に共通するメルクマールとして「市場における経済活動」を前提としている[74]。そして、経済的利得の帰属先を経済活動が行われる収益領域と私的な領域とに分類している。先の指摘にかんがみると、基因原則は収入および支出がどちらの領域に帰属するかということを区分する役割を果たしていると考えられる。

市場所得説は、それが導かれた当時の所得税法における所得分類すべてに妥当する所得概念であった。そして市場所得説は現在ドイツにおいて通説と考えられている[75]。このような経緯で成立した市場所得説は、余剰性所得も利得性所得も包含している。それゆえ、それぞれに対応する控除概念である必要経費および事業支出を包含する。その結果、市場におけるすべての収益消費は基因原則によって限界付けられることになる。

本来、基因原則は純資産増加説に対応する利得性所得の控除概念である事業支出にのみ妥当するものであったと思われる。しかしながら、上述したように、客観的純額主義を実現するということは、余剰性所得にも利得性所得にも共通する目的である。そのため、平等原則上、家事費および家事関連費との境界の問題を考える同一の基準が要請され、源泉説に対応する余剰性所得の控除概念である必要経費に基因原則が適用されるようになった。そして、現在はこのような基因原則に基づく原因的な必要経費概念が、学説および判例において支持されるようになっている[76]。すなわち、基因原則は所得二元論におけるそれぞれの所得概念論の枠を超え、すべての所得分類に共

---

(74) H. G. Ruppe, Möglichkeit und Grenzen der Übertragung von Einkunftsquellen als Problem der Zurechnung von Einkünften: in K. Tipke (Hrsg.), Übertragung von Einkunftsquellen im Steuerrecht, 2. Aufl. Köln, 1979, S, 7ff.. また当該文献に関しては、木村・前掲注（1）「ドイツ所得税法における所得概念」、同「西ドイツ所得税法における所得帰属論（上）（下）—所得源泉の譲渡—」ジュリスト 909 号（1988 年）96 頁、914 号（1988 年）174 頁、本書第 1 章 32 頁以下参照。

(75) もっともこのように導かれた市場所得説に対して、「現状追認に過ぎない」という批判もある（中里実「租税法における経済的思考—研究ノート」新井隆一先生古稀記念『行政法と租税法の課題と展望』（成文堂、2000 年）371 頁（389 頁）参照）。

(76) A. a. O. (FN. 1), Tipke/Lang, S. 283ff; a. a. O. (FN. 12), Birk, Rn. 910.; a. a. O. (FN. 12), Hermann/Heuer/Raupach, §9 Anm. 2 u. 23; a. a. O. (FN. 12), Schmidt, §9 Anm. 7.; und die dort erwähnte Rechtsprechungen. usw..

第3節　控除概念と所得概念　　123

通する基準として採用されるようになっていると考えられる。

　しかしながら、基因原則は純資産増加説に対応するものであるため、それ
を必要経費概念に援用することには概念論として矛盾が生じる。そこで、市
場所得説に基づき基因原則を適用するならば、基因原則は必要経費にも妥当
し得ると考えられる。市場所得説によれば、所得獲得面における共通要素で
ある「市場における経済活動」のみならず、控除面における共通基準として
の基因原則も、所得税法の重要なメルクマールとして導かれるのである。

　以上から考えるに、市場所得説に基づいた基因原則は、すべての所得分類
において必要経費および事業支出を限界付ける基準として有効に作用してい
ると思われる。先に挙げたドイツ法における市場所得説の長所に関する記述
は、このような作用を指摘したものと考えられる。

2　わが国における控除概念と所得概念

　ドイツ法における所得概念と控除概念の関連、すなわち市場所得説と基因
原則の関連は以上のように考えられる。では、わが国の所得税法において、
控除概念と所得概念にはどのような関係が認められるであろうか。次にこの
点について検討していこう。

　わが国の所得税法は、所得概念について純資産増加説を基調としていると
一般に理解されている[77]。しかしながら、控除概念については、純資産増
加説に対応するドイツ法上の事業支出のような原因的な控除概念ではなく、
むしろ源泉説に対応する目的的な控除概念が採用されていると思われる。こ
のように考えると、控除概念と所得概念の基本的な立場が合致していないよ
うに思われる。

　現行所得税法は昭和40年に施行されている。この昭和40年法の基礎をな
す、昭和38年12月の税制調査会「所得税法及び法人税の整備に関する答
申[78]」に、必要経費に関して注目すべき指摘がある。すなわち、「所得の基
因となる事業等に関係はあるが所得の形成に直接寄与していない経費又は損

---

(77)　北野編・前掲注（72）43頁〔三木〕。

(78)　この答申に関する詳細な検討は、碓井光明「必要経費の意義と範囲」日税研論集31巻
（1995年）3頁（14頁）参照。

失の取扱いをいかにすべきか」という問題について、「純資産増加説的考え方」（傍点筆者）に立って、できるだけ広く考慮すべきという考え方、および家事費との区分が困難な経費等はできるだけ排除すべきという考え方があることが指摘されているのである。そして、この「純資産増加説的な考え方」を基調とすることが望ましい旨述べられた。しかしながら、実際にはこのような考え方は採用されておらず、限定的に理解されていると思われる。

このように必要経費を限定的に考える根拠は必ずしも明らかではない。必要経費の控除をあくまでも個別の所得算定時における問題と捉え、所得全体の問題とは考えていないのかもしれない[79]。あるいはアメリカ法的な考え方に立って、控除が「立法上の恩恵、好意」として認められていると考えているのかもしれない[80]。いずれにせよ、裁判例の検討からも、控除概念が限定的に解釈されていると考えられる。その一方で、所得が包括的に構成されていることは周知のとおりである。このように考えると、現行法においては所得概念と控除概念が矛盾しているように思われる。

3 小 括

以上のように、控除概念と所得概念の関係について、ドイツ法においては、所得概念と控除概念が、基因原則に基づく市場所得というかたちで結び付いているといえる。他方、わが国において所得概念は純資産増加説を基調としている。しかし、その構成要素である控除概念は目的的な方向で構成されており、限定的な源泉説に基づいているように思われる。この点について、わが国の所得税法は、所得概念とその構成要素である控除概念の基本的立場の食い違いという根本的な問題を抱えていると考えられる。

---

(79)　碓井・前掲注（5）93頁以下、同・前掲注（78）41頁以下参照。

(80)　宮谷俊胤「米国判例上にあらわれた控除について—〈通常かつ必要〉な経費を中心として—」、法と政治第17巻第4号（1966年）525頁（569頁）においては、このようなアメリカ法の考え方が問題視されている。

おわりに

　以上みてきたように、現行法上所得概念は包括的な純資産増加説に基づいている。しかしながら、その構成要素である控除概念に関しては個別的な考え方を採用していると考えられる。そしてこのような解釈には明確な根拠がないように思われる。

　控除概念は所得を算出する際の重要な要素である。このことにかんがみれば、所得概念と控除概念は同一の基準で解釈されるべきであると思われる。すなわち、控除概念も、目的的（限定的）に捉えるのではなく、原因的（包括的）に捉えるべきであると考えられる。このような解釈については基因原則が有用であることはこれまでの検討から指摘できる。

　また、所得を包括的所得概念に基づき広く捉える一方で、控除概念を源泉説に基づき目的的に狭く捉えることには他にも問題があるように思われる。例えば、課税対象である所得の範囲が不相当に拡大されてしまうおそれがある。所得の範囲が不相当に拡大された結果、納税者である国民の財産権が不当に侵害されるおそれがあることは言うまでもない。

　所得概念にはそれぞれに対応した控除概念が想定されている。そしてそれぞれの控除概念に基づき、所得の範囲が確定されるのである。したがって控除概念と所得概念は同一の基準に基づいて選択されるべきであると考えられる。現行所得税法が、課税の公平性という要請から、包括的な所得概念を採用していることは周知のとおりである。現行法が包括的所得概念に基づいているのであれば、控除概念も包括的に構成されるべきであると思われる。

　このように考えると、日本法においても包括的な控除概念が必要であるといえる。そしてそのような控除概念には、基因原則が適合すると考えられる。

　現行所得税法上の所得分類は、経済活動を前提としており、市場における名目価値で把握されている。さらに、現行所得税法上の解釈においては、納税者の営利目的という市場所得説の主観的要件も認められる。これらのことから、日本法においても市場所得説は一定程度の妥当性をもち得るように思

126 第2章 市場所得における控除概念

われる[81]。

　しかしながら現行所得税法は、先にもみたように、所得分類によって控除概念が異なり、所得の算定方式が異なっている。それゆえ控除概念を包括的に構成することにはなじまないようにも思われる。しかし所得源泉に応じた所得算定の必要性が肯定され、所得分類ごとに控除概念の範囲が異なっていても、先にみたわが国の裁判例からも分かるように、統一的な方向性での解釈は認められているのである。したがって、控除概念を統一的にかつ包括的に構成することは不可能とはいえないと思われる。

　さらに、市場所得説に基づいて考えると、次のような理由からこの点はより説得力をもち得るように思われる。市場所得説は源泉説にその端緒を有する[82]。そのため、各種所得分類に対応する所得源泉を尊重した考え方を基調としていると考えられる。わが国の現行所得税法も、所得分類および必要経費は所得源泉を強調した考え方が採用されているといわれている。したがって、日本の所得税法において市場所得説に基づいた所得概念が肯定されるならば、基因原則に基づいた控除概念を構築することは不可能ではないと考えられる。以上から、基因原則に基づきすべての所得分類に関して明確な統一的基準を置くことは可能であるように思われる。

　これまでみてきたように、必要経費の問題について、現行所得税法においては所得概念と控除概念とが適合していないように思われる。このような概念論レベルでの不適合を解消するためには、両概念に共通するより明確な統一的解釈基準が必要であると考える。基因原則および市場所得概念論は、そのような解釈基準として、わが国の所得税法における控除概念に大きな示唆を与えてくれるであろうことを指摘しておきたい。

---

(81)　この点に関して詳細には、木村・前掲注（1）『租税法学』225頁以下、本書第1章77頁以下参照。

(82)　本書第1章63頁以下参照

第3章　必要経費控除の意義と範囲

はじめに

　前章でもみたように、必要経費とは、所得を得るために必要な支出をいう。課税対象となる所得の計算上、この必要経費を控除することは、投下資本の回収部分に課税が及ぶことを避けるためであるといわれる。すなわち、原資を維持しつつ拡大再生産を図る資本主義経済の要請にそうためであると考えられている。これにより、所得税は原則として純所得を課税対象としている[1]。

　この必要経費について、所得税法37条1項は、「…総収入金額に係る売上原価その他当該総収入金額を得るため直接に要した費用の額及びその年における販売費、一般管理費その他これらの所得を生ずべき業務について生じた費用（償却費以外の費用でその年において債務の確定しないものを除く。）の額とする」と定めている。これによれば、その支出について、収入と直接的に対応した売上原価等の経費（個別対応の経費）と、特定の収入との対応関係が明らかでないがその業務において生じた一般管理費などの経費（一般対応の経費）が、必要経費として認められることになる。そして、その範囲については、必要経費として控除されるためには、それが事業活動と直接の関係をもち、業務の遂行上必要でなければならないと考えられている[2]。

　このような必要経費の理解に対して、特に一般対応の経費について「業務に直接関係すること」を必要ないと判断した、"画期的"とも評価される[3]

（1）　金子宏『租税法〔第20版〕』（弘文堂、2015年）282頁。

（2）　金子・前掲注（1）283頁。

（3）　三木義一「必要経費概念における『事業直接関連性』─東京高裁平成24年9月19日判決の意義─」青山法学論集54巻4号（2013年）11頁、伊川正樹「一般対応の必要経費該当性にかかる東京高裁平成24年判決の意義とその射程範囲」名城法学64巻4号（2015年）

128 第3章 必要経費控除の意義と範囲

判決が出されている（東京高裁平成24年9月19日判決[4]、以下単に「東京高裁判決」という。）。この事案は、弁護士会役員が役員として出席した懇親会の費用等の必要経費性が問題となったものである。この判決で示された必要経費に関する基準、範囲については、上記のように、従来とは異なる"画期的"な判断がされたと評価されることもある。では、この判決では、なぜそのような判断が示されたのであろうか。また、どこが従来の判断と異なっていたのであろうか。これらの点について、改めて検討する必要があるように思われる。

また、必要経費の控除に関連して、所得税において、個人が事業主体であると同時に消費主体であるということから、家事費および家事関連費は原則として必要経費に不算入とされている（所得税法45条1項1号）。そのため、必要経費の範囲と、家事費・家事関連費との区分をどのように考えるか、という点も問題になる。このような必要経費の範囲について、この東京高裁判決は影響を与えるものなのであろうか。

このように、東京高裁判決が"画期的"なものであるならば、そこで示された基準を踏まえて、必要経費の意義と範囲について、改めて検討する必要があるように思われる。そこで、以下では、この東京高裁判決で示された基準を中心にこの問題について検討していくことにしよう。

第1節　必要経費控除の根拠

必要経費の意義と範囲について検討する前提として、そもそも必要経費は控除されなければならないのか、という点についてみてみよう。というのも、上記のように、必要経費の控除を通じた純所得に対する課税は、資本主義経済の要請と考えられているものの、その法的根拠は必ずしも明らかではないと考えられるからである。

65頁。
（4）　判例時報2170号20頁。佐藤孝一・税務事例45巻2号（2013年）1頁、三木・前掲注（3）、伊川・前掲注（3）等。なお本件は平成26年1月17日に上告不受理の決定がなされている。

第1節　必要経費控除の根拠　　129

　例えば、基礎控除（所得税法86条）は、納税義務者の最低限度の生活を維持するのに必要な部分として、担税力をもたないと考えられている。そして、これは憲法25条の生存権保障の税法上の現れであるとして、最低生活費非課税の原則が認められている[5]。これに対して、必要経費控除は憲法などの法的根拠があるのだろうか。

　たしかに、現行法上、各種所得の金額を計算する上で、不動産所得（所得税法26条）、事業所得（同27条）、山林所得（同32条）、雑所得（公的年金等以外・同35条）において必要経費を控除することが定められており（同26条2項、27条2項、32条3項、35条2項2号）、その必要があるように思われる。しかしながら、基礎控除は憲法25条に基づくということであれば、その廃止には憲法上の問題を生じると考えられるのに対して、必要経費控除については根拠がこの実体法上のみだとするならば、これを廃止することに憲法上の問題を生じないとも考えられなくはない。そのため、必要経費控除について、その法的根拠を明確にしておく必要があると考えられるのである。

　この点について、最高裁平成24年1月13日判決[6]において、「所得税法……の計算方法は、個人の収入のうちその者の担税力を増加させる利得に当たる部分を所得とする趣旨に出たものと解される」と示されている。つまり、各種所得の所得金額を求めるには、必要経費等を控除する計算方法が採用されていることから、最高裁は担税力を増加させる利得に当たる部分が「所得」、すなわち純所得として課税対象になることを示している。

　このように、所得税の課税対象である「所得」について、純所得（Nettoeinkommen）でなければならない、という考え方を（客観的）純額主義（(objektives) Nettoprinzip）という。この客観的純額主義は憲法上の要請なのであろうか。そうでないとすれば、例えば、収入、すなわち粗「所得」（Brotteinkommen）に課税することは憲法上許容されるのであろうか。これに関するドイツの議論をみていくことにしよう。

（5）　金子・前掲注（1）915頁。
（6）　最高裁判所民事判例集66巻1号1頁。高橋祐介・ジュリスト1441号（2012年）8頁等。

130 第3章 必要経費控除の意義と範囲

1 ドイツにおける必要経費控除をめぐる議論

ドイツにおいて客観的純額主義に関して、「応能負担原則に対応した所得税は、粗所得に結び付くことはできず、担税力を示す所得部分のみ基づくことができる。そこには租税支払いのために処分可能な所得としての純所得として担税力が表れている」という指摘がある。そして、その「租税の支払いのために処分できないのは、収益活動との関連で支出される所得部分である」と示されている。そのため、収益活動との関連での支出は租税の支払いに使うことができないので、その部分には課税しないというのが、客観的純額主義であるということになる[7]。

そして、この客観的純額主義について、前章でもみたように、1979年ドイツ税法学会大会 (Jahrestagung 1979 der Deutschen Steuerjuristischen Gesellschaft) において確認されている。それによれば、「純額主義は規範（原則）として所得税法の放棄できない構成要素であり、―憲法上認められる―所得税法の解釈の基準とならなければならない課税原理」になる[8]。そして、このことは1988年のドイツ法曹大会においても確認されている。すなわち、「課税上把握されなければならないのは、『純所得』(Reineinkünfte)、つまり所得要件の実現に基因する稼得消費 ((Erwerbsaufwendungen)、事業支出 (Betriebsausgaben) と必要経費 (Werbungskosten)) を考慮したのちの所得要件の実現の結果である」ということが議決されている[9]。

このように、ドイツ税法学においては客観的純額主義として、純所得課税の原則が広く認められている。しかし、これを承認する際に憲法上の根拠は明示されていない。そこで、この点についてみてみると、連邦憲法裁判所1969年10月2日判決[10]において、所得税に関して客観的純額主義が承認されている。

この事案は、原告が通勤に自家用車を使用していたところ、その通勤費用

（7） Klaus Tipke, Hüttet das Nettoprinzip!. In: FS für Arndt Raupach, Köln 2006, S. 177 (178).

（8） Hartmut Söhn, Betriebsausgaben, Privatausgaben, gemischte Aufwendungen, in: ders., (Hrsg.), Die Abgrenzung der Betriebs-oder Berufssphäre von der Privatsphäre im Einkommensteuerrecht (DStJG Bd. 2), 1980, Köln, S. 13 (18).

（9） Verhandlungen des 57. Deutschen Juristentages, Mainz 1988, Bd. 2, N. 214.

（10） BVerfG v. 2. 10. 1969-1 BvL 12/68, BVerfGE 27, 58.

に関する概算額の必要経費（Werbungskosten-Pauschbetrag）としての控除について、実額控除を認めていないことの正当性が問題になったものである。この判決の中で連邦憲法裁判所は、「所得税は人税（Personensteuer）として担税力を把握する。このことから特に所得の純額課税の原則（Das Prinzip der Nettobesteuerung）が導かれる。それによれば、本件で問題になっている所得に関しては、必要経費を超過する収入の余剰のみが所得税に服し、原則としてすべての職業に基因する費消が必要経費として認められる」と述べている。しかし、「現行所得税法にこのような純額課税の合理性が内在しているか」という点については判断を示していない。というのも、「客観的に認められた根拠があれば、立法者が〔所得税法上：筆者補足〕この原則から逸脱することがあっても、適切」となり得るからである。つまり、純所得課税の原則は憲法上の根拠が明確でなく、それを法律によって放棄することも認められるというのである。

　また連邦憲法裁判所は、法人税法における監査役報酬の控除禁止規定に関する事例[11]において、事業支出および必要経費に関する規定について、「連邦憲法裁判所の判例の意味において、その合理性が特徴付けられる純額主義は法規範全体に基づいている」と示している。つまり立法者は、「自己の確立した合理性により純額主義を連邦憲法裁判所の判例の意味において、所得算定に関する法規定全体に基づ」かせているのである。

　これらの判決において示された考え方によれば、客観的純額主義は憲法の要請によるのではなく、制定法レベルで求められるものにすぎないということになる。そのため、合理的根拠があれば客観的純額主義の原則は放棄できると考えられていると思われる。

　しかしながら、これらの判決に対しては、立法者が控除できるものを決定できることになるという裁量の拡大に対する懸念などの批判がある[12]。この批判は、応能負担原則が純額主義によって具体化されていると指摘している。そして、それが所得税法の規定に表れているというものである。すなわち、必要経費は担税力を減少させるものである。これは「事業上または職業

---

(11)　BVerfG v. 7. 11. 1972-1 BvR 338/68, BVerfGE 34, 103.

(12)　Klaus Tipke, Das Bundesverfassungsgerichts zum Nettoprinzip, StuW 1974, S. 84.

132 第3章 必要経費控除の意義と範囲

上の原因によるものであり、租税支払いのためには処分できないため、課税
対象ではない」[13]。そのため、連邦憲法裁判所は、課税対象に関する規定を
平等原則を実現する規定として理解していないということになり、この判決
は平等原則に反したものとなると批判されているのである。

　もし、連邦憲法裁判所が示したように、純額主義が制定法レベルの問題に
すぎないのであれば、なぜ必要経費が控除されるのか、という理由を明確に
しなければならないはずである。この点について、この批判はまさに担税力
を減少させる支出を考慮するためとして、応能負担原則の観点から説明して
いると考えられる。このようなことからすれば、客観的純額主義は応能負担
原則を具体化するために、所得税法において要請されていると考えるべきで
あると思われる[14]。

2　日本における必要経費控除をめぐる議論

　このようにドイツにおいては応能負担原則との関係で、客観的純額主義、
すなわち純所得への課税が要請されていると考えられる。それに対して、日
本ではこの点をどのように考えているのだろうか。この点についてみてみよ
う。

　例えば、経費控除についてアメリカ法を参考にしたものでは、アメリカ法
において、「控除は法典に特別の規定なき場合には総所得から控除すること
はできない」と考えられており、控除が認められるかという点と、どの程度
認められるかという点は「立法上の恩恵 (legislative grace)」[15]であると示し
ている。しかし、これについてはアメリカの判例をもとにした研究におい
て、「租税は経済原則である等価交換に基かず個人の私有財産を強制的に徴
収するという財産権の侵害的要素を有している」ということは、「控除が
『立法上の恩恵、好意』として認められている見解にも同様に当てはまる」

---

(13)　A. a. O. (FN. 12), Tipke, S. 85.

(14)　Winfried Bergkemper, Die Bedeutung des objektiven Nettoprinzips für den Abzug beruflicher/betrieblicher Aufwendungen in der Rechtsprechung des Bundesfinanzhofs, StuW 2006, S. 311.

(15)　宮谷俊胤「米国判例上にあらわれた控除について──〈通常かつ必要〉な経費を中心として──」法と政治17巻4号（1966年）525頁（526頁）。

のであって、「資本主義下での事業所得を得るためには当然の権利として控除は必要なものであり、『立法上の恩恵』以前の本来的な問題である」と指摘している[16]。

これによれば、アメリカ法では、ドイツの判例でも示されていたような、制定法レベルで必要経費控除を認めているにすぎず、またそれが立法上の恩恵と考えられている。そうであれば、これは立法者の裁量によっていつでも改廃できることになる。しかし、これについてはドイツでも批判がある。この見解も、立法上の恩恵として必要経費控除を捉えることを批判している。その上で、必要経費の控除を「事業者の当然の権利」として考えている[17]。しかしながらその憲法上の根拠は定かではない。

そこでこの点についてみてみると、「収入金額から必要経費を控除することは、投下資本の回収として、所得概念において当然前提とされている」という指摘がある[18]。すなわち、「資本主義経済における再生産（拡大再生産）に不可欠な原資維持の要請を前提とし、一定期間中に納税者に生ずる利得（gain）をもって所得概念を構成する場合には、当該期間の初めに存していた元本財産を減ずることは、投下資本部分を課税対象としないが故に経済活動を阻害することが少ないという点において、資本主義国家における租税にふさわしいものである」ということになる。この点で、必要経費控除は「所得概念との関係において重要な意味をもっている」と示されている。

さらに、この指摘は必要経費控除の重要性について、公平の問題からも言及している。すなわち、例えば、給与所得者に実額の必要経費控除が認められていないことが差別に該当するかという点や、一部の納税者が必要経費控除を濫用し、それが税務行政上黙認される場合に公平の問題が生じる。このような場合に、必要経費控除が制定法レベルのものであるならば、「むしろ、粗収入を課税標準の基礎とする方法が提案されるかも知れない」。しかし、「粗収入に対応する費用は、事業の種類や経営方針によって左右されるので

---

(16)　宮谷・前掲注（15）569頁。

(17)　宮谷・前掲注（15）570頁。

(18)　碓井光明「米国連邦所得税における必要経費控除の研究（1）―控除可能な経費と控除不能な支出との区別―」法学協会雑誌93巻4号（1976年）77頁（78頁）。

134　第3章　必要経費控除の意義と範囲

あるから、粗収入を課税標準とする方法によって担税力に即した公平な課税を期待することはできない」。そのため、「必要経費控除は、所得課税の本質的要素であり、租税正義を実現する意味をもつものであると同時に、その内容は納税者各層の間における公平な負担を実現すべく構成されなければならない」という指摘である[19]。このように、必要経費控除は、担税力に即した公平な課税を実現するために、所得課税の本質的要素となっていると考えられる。すなわち、ドイツにおいて純所得課税の原則が応能負担原則の現れとして考えられていたのと同様の理解が成り立つといえる。

　そしてこのような理解は、上記の最高裁平成24年1月13日判決[20]における「所得税法……の計算方法は、個人の収入のうちその者の担税力を増加させる利得に当たる部分を所得とする趣旨に出たものと解される」との判示部分にも当てはまると考えられる。つまり、最高裁も担税力を増加させる利得に当たる部分が「所得」、すなわち純所得として課税対象になると理解しており、必要経費控除は応能負担原則の現れであると考えられる。

　しかし、このような理解と異なる見解もある。それは、いわゆる大島訴訟最高裁判決[21]における谷口正孝裁判官の補足意見である。そこでは次のような指摘がされている。すなわち、「必要経費の額が給与所得控除の額を明らかに超える場合は、その超過部分については、もはや所得の観念を容れないものと考えるべきであって、所得の存しないところに対し所得税を課する結果となるのであり、およそ所得税賦課の基本理念に反することになるからである。

　そして、所得と観念し得ないものを対象として所得税を賦課徴収することは、それがいかに法律の規定をもって定められ租税法律主義の形式をとるにせよ、そして、憲法一四条一項の規定に違反するところがないにせよ、違憲の疑いを免れないものと考える」。これによれば、必要経費部分については所得を観念できず、そのような所得と観念し得ないものに対する課税は違憲

---

(19)　碓井・前掲注（18）78頁。

(20)　前掲注（6）参照。

(21)　最高裁昭和60年3月27日大法廷判決、最高裁判所民事判例集39巻2号247頁。金子宏・租税判例百選第5版（2011年）4頁等。

の疑いを免れ得ないということになる。そして、この見解においては、租税法律主義（憲法84条）の形式を採っていても必要経費部分に課税することが問題となることが示されている。また、「憲法14条に違反するところがないにせよ」ということは、そこから導かれる課税公平主義とその具体的原理である応能負担原則とも別の観点から違憲性の問題が指摘されていると考えられる。

　そこで、この場合の違憲性の問題について、上記のように、租税が財産権に対する侵害的要素を有している点に着目すると、課税との関係で問題となるのは財産権保障（憲法29条）であると思われる。そうであれば、この補足意見において財産権保障との関係で違憲性が指摘されているものと考えられる。つまり、純所得課税の原則、必要経費控除は財産権保障の観点からも要請されているとも考えられるのである。

3　小　括

　以上みてきたように、純所得課税の原則、必要経費控除はドイツにおいても、日本においても憲法上の要請として、具体的には応能負担原則にその根拠があると考えられている。そうであれば、必要経費控除を制定法レベルの問題として立法者の裁量にゆだねることは憲法上問題であると考えられる。

　さらに、日本の議論では、大島訴訟最高裁判決における谷口裁判官の補足意見でも示されているように、租税法律主義、平等原則とは別の観点からの憲法上の要請が考えられている。そして、それは憲法29条の財産権保障であると考えられる。

　以上のことから、必要経費は、応能負担原則と財産権保障という2つの憲法上の要請に基づいて控除されなければならない、納税者の当然の権利として位置付けられると思われる。

第2節　必要経費の意義

　このように憲法上の要請として必要経費は控除されなければならないと考えられる。それでは、その必要経費とはどのような支出なのであろうか。

136　第 3 章　必要経費控除の意義と範囲

　この点について、一般には事業所得の金額の計算上必要経費として控除されるためには、支出が事業所得を生ずべき業務と直接関係し、かつその業務の遂行上必要であることを要すると解されている[22]。実際に、東京高裁判決の原審である、東京地裁平成 23 年 8 月 9 日判決[23]も、「…事業所得の金額の計算上必要経費が総収入金額から控除されることの趣旨や所得税法等の文言に照らすと、ある支出が事業所得の金額の計算上必要経費として控除されるためには、当該支出が所得を生ずべき事業と直接関係し、かつ当該業務の遂行上必要であることを要すると解するのが相当である」と示して、一般対応の経費についても業務との直接の関連性を要求している。

　それに対して東京高裁判決は、「被控訴人は、一般対応の必要経費の該当性は、当該事業の業務と直接関係を持ち、かつ、専ら業務の遂行上必要といえるかによって判断すべきであると主張する。しかし、所得税法施行令 96 条 1 号が、家事関連費のうち必要経費に算入することができるものについて、経費の主たる部分が『事業所得を…生ずべき業務の遂行上必要』であることを要すると規定している上、ある支出が業務の遂行上必要なものであれば、その業務と関連するものでもあるというべきである。それにもかかわらず、これに加えて、事業の業務と直接関係を持つことを求めると解釈する根拠は見当たらず、『直接』という文言の意味も必ずしも明らかではないことからすれば、被控訴人の上記主張は採用することができない」と示し、一般対応の経費について業務との直接の関連性を要求することを否定している。

　このように一般対応の経費について業務との直接的関連性を否定した東京高裁判決は、必要経費について新たな基準を示したものと考えてよいのだろうか。それとも、必要経費とは業務との直接的な関連性が求められるものなのだろうか。次にこれらの点についてみていくことにしよう。

1　必要経費における「直接性」

　上記のように、必要経費は所得を得るために必要な支出である。そして、

---

　(22)　金子・前掲注（1）283 頁。
　(23)　判例時報 2145 号 17 頁。山田二郎「弁護士会の会務と弁護士業務の必要経費の範囲」税法学 566 号（2011 年）463 頁等。

この必要経費について、所得税法37条1項が定めているのは次のようなものである。すなわち、(1) 総収入金額に係る売上原価その他当該総収入金額を得るため直接に要した費用の額と (2) その年における販売費、一般管理費その他これらの所得を生ずべき業務について生じた費用の額である。これによれば、(1) は収入と直接的に対応した売上原価等の経費であり、上記のように個別対応の必要経費といわれる。そして (2) は、その業務において生じた一般管理費などの経費となる支出であり、期間対応によって認識されることになる。すなわち、一般対応の経費は収益との個別対応が認識できないため、期間の経過によって必要経費として算入されるのである。このように、これらの違いは控除が認められるタイミングによる差異であって、業務との関連の密接さの違いではないと考えられている[24]。

しかし、一般対応の経費が必要経費として控除されるために求められる業務との関連性について、東京高裁判決では、これまでの判例や通説で必要と考えられてきた事業活動（収益獲得）との直接の関連性を否定している。それでは、なぜこれまでの判例や通説では直接の関連性を要求してきたのであろうか。

この点について所得分類との関連から次のように説明をする見解がある[25]。すなわち、「所得税法は、各種所得を通じた統一概念として費用を認識し、これをその基因となる活動の性質によって各所得種類に分類する、という仕組みを取っていません。そうではなく、各所得種類ごとに異なって規定されている控除要件の下で、それぞれに該当する事実（費用や支出、給与所得などでは収入金額）があれば、所得種類ごとの規定に従って控除が行われるのです。…そうすると、ある事実が複数の所得種類の控除要件を充足し、二重、三重に控除されることが懸念されます」。そしてこの懸念について、例えば、「弁護士会から給与を得ている弁護士会の役員弁護士が、役員活動（役員としての会務活動）に必要な複写費を自ら支出した場合、その支出が弁護士としての事業所得の獲得にも関連するのであれば、給与所得控除と事業所得の必要経費控除との二重控除の問題が生じます」とか、「税理士として事

---

(24) 岡村忠生「弁護士会役員活動費用と消費税 (1)」税研175号 (2014年) 69頁 (71頁)。

(25) 岡村忠生「弁護士会役員活動費用と消費税 (2)」税研176号 (2014年) 73頁 (74頁)。

138　第3章　必要経費控除の意義と範囲

業所得を得ながらサッカーの審判員として雑所得も得ている納税者が、審判をした後、同じ場所で得意先を訪問した場合、その場所への交通費はどちらにも関連します。しかし、両方から二重に控除することが認められないのはもちろん、雑所得が赤字になるから事業所得だけから控除することも、損益通算の制限があるので認められないはずです」と示している。その上で、「所得税法の控除の仕組みの中では、必要経費控除を認める要件として『関連』だけでは不十分であり、さらに何らかの制限が必要であると考えられ」、「その制限を『直接』と表現してきた」と説明している。

　そして、その根拠として所得税法37条1項の文言を挙げている。すなわち、「総収入金額に係る売上原価」と「その他当該総収入金額を得るために直接に要した費用」、ならびに、「販売費、一般管理費」と「その他これらの所得を生ずべき業務について生じた費用」の4つの支出が必要経費として挙げられている。そしてこのうち、「総収入金額に係る売上原価」と「その他当該総収入金額を得るため直接に要した費用」の関係について、後者には売上原価が含まれず、それ以外の個別対応費用、例えば資産の譲渡費用が考えられると示している。しかし、このように考えた場合、事業所得の計算上、棚卸資産以外の資産の譲渡対価は総収入金額に含まれないことから、後者が空文になると指摘している。そこで、これについては、個別対応の費用でなく、期間対応の費用に関する規定であって、「直接」の文言によって期間対応費用について総収入金額との間の「直接の関連」を求めていると解している。また、「その他これらの所得を生ずべき業務について生じた費用」との関係から、所得税法51条を根拠に、こちらは「業務」に関する必要経費であり、「その他当該総収入金額を得るため直接に要した費用」は「事業」に関する必要経費であるとして、どちらも期間対応の費用となると解しているのである。

　しかしながら、このような理解に対しては次のようにいくつかの問題が指摘されている[26]。例えば、期間対応費用のうち、販売費、一般管理費に該当しないものが「その他当該総収入金額を得るため直接に要した費用」に該

_____

(26)　伊川・前掲注（3）73頁。

当しない限り、必要経費にならないことになるという点について、期間対応費用の典型例である販売費、一般管理費がそれ以外の期間対応費用よりも先に規定されているという条文の構造に関する指摘がある。また、「総収入金額に係る売上原価」と「その他当該総収入金額を得るため直接に要した費用」の間には接続詞がなく、「その他当該総収入金額を得るため直接に要した費用」と「販売費、一般管理費」とが「及び」という接続詞で結ばれていることも指摘されている。さらに、「その他これらの所得を生ずべき業務について生じた費用」について括弧書きで債務確定基準が定められている点の評価について、一般的に期間対応費用について債務確定基準を要求していると解されていることとの関係でも、論理的に説明できないという指摘もある。加えて、「事業」と「業務」とを区分する根拠を所得税法51条に見出している点についても、他の規定ではそのような区分がなされていない点が指摘されている。

　また二重の控除についても、「その支出の性質上、複数の所得類型において必要経費性が認められうるものがありうる。…だが、いずれか一方のみの所得類型での控除を認めることが必要だとしても、支出と業務との間に『直接関連性』を要求したからといって解決される問題ではないと考えられる。すなわち、上記の例〔サッカーの審判員と税理士業務の例：筆者補足〕ではいずれの収入との間に『直接関連性』がより認められるかの判断は困難である。いずれの必要経費に該当するかの判断を行おうとすれば、収入金額の多寡やいずれの活動が主たるものであるかなどを判断材料にするという方法が考えられるが、それは業務との関連性の問題ではない」として批判されている[27]。

　それに対して、所得税法37条1項の「業務について生じた費用」について、「当該業務に関係し、かつ家事費ではないものというべきであり、さらに、当該業務に直接関係がないものは、当該業務による所得の稼得に直接結びつかないということで除かれることとなる」と説明する見解もある[28]。

---

(27)　伊川・前掲注（3）76頁。

(28)　今村隆・税研178号（2014年）73頁（75頁）、末永英男「租税判例にみる企業会計に対する無理解—所得税法の必要経費を中心として—」税研184号（2015年）16頁（21頁）。

140 第3章 必要経費控除の意義と範囲

しかし、これについても、「家事費との区別に関しては、その必要性は認められるものの、必要経費の範囲を狭める形での区別までが要求されているわけではない。むしろ、昭和38年税調答申の趣旨からすれば、純資産増加説の考え方に基づいて必要経費の控除を広く認める方向で解釈すべきである」と批判されている[(29)]。

このようにみると、一般対応の経費について、業務との直接的な関連性を求めることを肯定する見解には充分な説得力がないように思われる。そうであれば、必要経費の範囲について考えるには、現行所得税法の基礎となった昭和40年の所得税法全文改正に係る議論で示された昭和38年税調答申[(30)]をもとに解すべきであると思われる[(31)]。そして、同答申には次のような記述がある。すなわち、「費用収益対応の考え方のもとに経費を控除するに当たって、所得の基因となる事業等に関係はあるが所得の形成に直接寄与していない経費又は損失の取扱いをいかにすべきかという問題については、純資産増加説的な考え方に立って、できるだけ広くこの種の経費又は損失を所得計算上考慮すべしとする考え方と、家事費を除外する所得計算の建前から所得計算の純化を図るためには家事費との区分の困難な経費等はできるだけこれを排除すべしとする考え方との広狭二様の考え方がある。

所得税の建前としては、事業上の経費と家事費とを峻別する後者の考え方も当然無視することができないが、事業経費又は事業損失の計算については、できる限り前者の考え方を取り入れる方向で整備を図ることが望ましい」[(32)]。つまり、必要経費の考え方には広狭2つの考え方があり、家事費との区別という問題を考える場合には、必要経費を狭く解することもできるが、可能な限り広く、純資産増加説的な考え方によるものと記されている。

そして、ここで記されている純資産増加説的な考え方とはどういった考え方といえば、それがまさに前章で示した基因原則の考え方なのである。つまり、基因原則という考え方こそが、日本で昭和38年税調答申において示さ

---

(29) 伊川・前掲注（3）75頁。

(30) 税制調査会「所得税法及び法人税法の整備に関する答申」（昭和38年12月）。必要経費に関しては42頁以下。

(31) 田中治「家事関連費の必要経費該当性」税務事例研究143号（2015年）36頁（40頁）。

(32) 税制調査会・前掲注（30）43頁。

れた「純資産増加説的な考え方」であると考えられるのである。

2 検 討

　ここまでみてきたように、東京高裁判決においては従来、一般対応の経費についても求められてきた業務との直接的な関連性が否定されている。しかしその考え方には否定的なものもある。そこで、必要経費の範囲について、現行所得税法の基礎となった昭和38年税調答申をみると、そこでは必要経費について「純資産増加説的な考え方」に基づいて判断すべきと示されている。

　この「純資産増加説的な考え方」とは、前章でみたようにドイツにおける基因原則の考え方であると思われる。そして、ドイツでは収入を得るための支出であるという点の共通性から、所得源泉説に依拠する目的的な概念である必要経費にも基因原則が適用されることになっている。

　他方で、日本においても同じく「必要経費」が導入された明治期では所得が制限的に捉えられていた[33]ことから、やはり目的的に「収入を得るために必要な経費」として直接の因果関係を求めることによって限定的に解されてきたと考えられる[34]。

　しかし、シャウプ勧告に基づく現行所得税法は包括的所得概念を採用[35]し、必要経費も漸次拡大の方向をたどってきている[36]。そして、昭和40年改正により法人税法における損金の規定とほぼ平仄があった内容とされてきている[37]ことからも、包括的に捉えるようになってきていると考えられる[38]。その考え方のもとになっているのは「純資産増加説的考え方」、すなわち基因原則であると思われる。そして、それに基づき、その範囲は「事業遂行上直接間接に必要な諸費用に及び、その必要性も不可欠ないし適切なものに限らず有益なものを含み、また、事業遂行上の目的意思を持たない事業

---

(33)　金子・前掲注（1）183頁。
(34)　注解所得税法研究会編『五訂版　注解所得税法』（大蔵財務協会、2011年）959頁。
(35)　金子・前掲注（1）183頁。
(36)　注解所得税法研究会・前掲注（34）958頁。
(37)　注解所得税法研究会・前掲注（34）967頁。
(38)　三木・前掲注（3）18頁。

142 第3章 必要経費控除の意義と範囲

用資産等の損失をも含む」と解されている[39]。これは、事業に基因する支出と損失として基因原因の観点からも説明される範囲と合致するように思われる。

そして、このような考え方に基づいて上記の東京地裁平成23年8月9日判決をみてみると、例えば役員として出席した懇親会費について次のように述べている。すなわち、「原告が弁護士会等の役員として行う活動を社会通念に照らして客観的にみれば、その活動は、原告が弁護士として対価である報酬を得て法律事務を行う経済活動に該当するものではなく、社会通念上、弁護士の所得税法上の『事業』に該当するものではないというべきである。

そうすると、…各支出については、これらが弁護士会等の役員としての活動との関連で支出されたものであるからといって、原告の事業所得を生ずべき業務に直接関係して支出された必要経費であるということはできない」。このように「事業」の範囲を狭く解して、それとの直接的関連性を求めている。その上で、「また、仮に、弁護士会等の役員として懇親会等に出席するというこれらの活動を通じて生じた人的信頼関係を機縁として、原告が弁護士としての法律事務を依頼されることがあるなどして、これらの活動の結果として原告が所得税法上の『事業』による所得を生ずるきっかけとなることがあったとしても、それは、…各支出の直接の目的ではなく、飽くまでも間接的に生ずる効果にすぎないというのが相当であるから、これらの懇親会等の費用等を支出することが、弁護士としての所得を生ずべき業務の遂行上必要であるとはいえない」と示している。

この判示をみると、弁護士会等の役員として懇親会等に出席するということが弁護士業務に関連していると認めているようにも思われる。しかし、それによって直接に事業による所得を生じさせるものではないから、業務の遂行上必要とはいえないと判断している。このことから、業務との直接的な関連性は、ひいては事業による所得との直接的関連性として理解されていると考えられる。

これに対して東京高裁判決では、「控訴人の弁護士会等の役員等としての

---

(39)　注解所得税法研究会・前掲注（34）973頁。

第2節　必要経費の意義　　143

活動が控訴人の『事業所得を生ずべき業務』に該当しないからといって、その活動に要した費用が控訴人の弁護士としての事業所得の必要経費に算入することができないというものではない。なぜなら、控訴人が弁護士会等の役員等として行った活動に要した費用であっても、これが、…控訴人が弁護士として行う事業所得を生ずべき業務の遂行上必要な支出であれば、その事業所得の一般対応の必要経費に該当するということができるからである」と示されている。その上で、「弁護士会等の活動は、弁護士に対する社会的信頼を維持して弁護士業務の改善に資するものであり、弁護士として行う事業所得を生ずべき業務に密接に関係するとともに、会員である弁護士がいわば義務的に多くの経済的負担を負うことにより成り立っているものであるということができるから、弁護士が人格の異なる弁護士会等の役員等としての活動に要した費用であっても、弁護士会等の役員等の業務の遂行上必要な支出であったということができるのであれば、その弁護士としての事業所得の一般対応の必要経費に該当すると解するのが相当である」と、弁護士業務に関連する弁護士会等での活動も、業務との密接な関係を有するものとして、必要経費性を広く捉えようとしている。このような考え方は、上記の「事業遂行上直接間接に必要な諸費用に及び、その必要性も不可欠ないし適切なものに限らず有益なものを含」むという必要経費の範囲の捉え方と合致するものであるといえる。

　このように考えると、従来の業務との直接的な関連性を要求していた考え方は、業務ではなく、それによって「直接に」所得が生ずるかという点に重点を置いていたように思われる。それに対して東京高裁判決では、業務の遂行上「必要性」があれば、直接間接を問わずに必要経費として認めるという考え方であるといえる。

　そうであれば、この考え方は従来の考え方とは異なるものであると考えられる。しかし、これまでも要求されてきたのは「業務」との直接の関連性である。また、東京高裁判決でも直接間接を問わずに必要性が認められれば充分であると考えられている。その上で、「ある支出が業務の遂行上必要なものであれば、その業務と関連するものでもあるというべきである。それにもかかわらず、これに加えて、事業の業務と直接関係を持つことを求めると解

釈する根拠は見当たらず、『直接』という文言の意味も必ずしも明らかではない」と示されている。つまり、業務の遂行上「必要性」があれば業務との「関連性」が認められるということである。

このように、必要性があれば関連性があるという理解を採った場合、どのような場合に必要性が認められるのか、ということの基準が不明確になると考えられる。むしろ検討されるべきは、必要な経費とはどのような関連があるのかという点であると思われる。そして、そういった点から業務との直接の関連性を肯定する見解が示されているといえる[40]。しかしながら、業務との直接の関連性は文言上示されていない。そこで、必要経費の意義について、昭和38年税調答申に依拠して考えると、やはり「純資産増加説的な考え方」によるべきであると考えられる。すなわち、基因原則に基づいて考えるべきだと思われるのである。そして基因原則に基づいて考える場合、業務に（直接に）基因する支出であれば、その必要性は認められると考えられる。これは個別対応の費用についても同じように考えられる。そうすると、一般対応の費用と個別対応の費用についての「違いは控除が認められるタイミングによる差異であって、業務との関連の密接さの違いではない」[41]という考えにも合致すると思われる。また、上記のサッカーの審判員と税理士業務の例についても、移動自体はサッカーの審判員としての活動に基因するものであるとの判断が可能になり、二重に控除するという問題も生じないものと思われる。

このように、基因原則に基づいて必要経費を理解することで、業務との関連性を基因性と解し、事業に基因する支出が業務に必要な支出として必要経費に該当すると考えられることになる。また、前章で指摘した所得概念と控除概念の統一的解釈につながると思われる。

第3節　必要経費の範囲

このように、基因原則に基づいて必要経費の意義を理解することが、昭和

---

(40)　岡村・前掲注（25）73頁。
(41)　岡村・前掲注（24）71頁。

第3節　必要経費の範囲　　145

38年税調答申との考え方とも合致し妥当なものであると思われる。しかし、必要経費の範囲については、個人が事業主体であると同時に消費主体であるということから、いわゆる家事費・家事関連費（所得税法45条1項1号）との関係で問題が生じる。

　この家事費・家事関連費については実体法上の定義規定がない。しかし一般的には、家事費については「衣服費、食費、住居費、娯楽費、教養費等のように、個人の消費生活上の費用のこと」をいい、家事関連費は「必要経費と家事費の性質を併有している費用」であると説明されている[42]。

　そして家事費は、個人の所得獲得活動に関係がないため、所有の稼得を担税力の根拠とし、その純所得を算定する過程において考慮する必要はないという観点[43]から、必要経費不算入とされている（所得税法45条1項1号）。また、家事関連費もその主たる部分が業務の遂行上必要であり、かつその必要である部分を明確に区分できる場合等は、その部分に限って必要経費に算入されると解されている[44]（同号、所得税法施行令96条）ことから、原則として必要経費に算入されないと考えられる。

　この家事関連費についても、必要経費の意義と同様、業務との関連性が要求されている。そしてこれまでは、業務の遂行上通常必要であるといった通常性や、業務との直接の関連性を要求することで、必要経費該当性が判断されてきている[45]。

　しかし、業務との直接の関連性については、上記のように東京高裁判決が否定している。では、そのような東京高裁判決においては、家事関連費について、必要経費と家事費・家事関連費との区分をどのように考えているのであろうか。そこで次にこの点についてみていくことにしよう。

1　必要経費と家事費・家事関連費との区分

　東京高裁判決において、家事関連費として必要経費算入が否認された支出

（42）　金子・前掲注（1）285頁。
（43）　田中・前掲注（31）37頁。
（44）　金子・前掲注（1）283頁。
（45）　田中・前掲注（31）37頁。

に懇親会の二次会参加費がある。これについて判決では、「これらの各支出は、…懇親会等後に開催された二次会に出席した費用である。しかし、…懇親会等に出席すれば、社会通念上、…弁護士会等の役員等の業務遂行上の必要性は満たしたものということができ、その後の二次会への出席は、個人的な知己との交際や旧交を温めるといった側面を含むといわざるを得ず、仮に業務の遂行上必要な部分が含まれていたとしても、その部分を明らかに区分することができると認めるに足りる証拠はない」と示されている。つまり、業務との関連において必要性が認められるのは一次会までで、本件の場合は二次会では家事費としての性格も含むものであり、その部分を明確に区分できないため必要経費にはならないと判断されている。

　しかし、一次会の費用についても、「弁護士会等の役員等が、…自らが構成員である弁護士会等の機関である会議体の会議後に、その構成員に参加を呼び掛けて催される懇親会等、…弁護士会等の執行部の一員として、その職員や、会務の執行に必要な事務処理をすることを目的とする委員会を構成する委員に参加を呼び掛けて催される懇親会等に出席することは、それらの会議体や弁護士会等の執行部の円滑な運営に資するものであるから、これらの懇親会等が特定の集団の円滑な運営に資するものとして社会一般でも行われている行事に相当するものであって、その費用の額も過大であるとはいえないときは、社会通念上、その役員等の業務の遂行上必要な支出であったと解するのが相当である」とも示されている。ここでいう、「費用の額も過大であるとはいえないとき」という限定について、通常性の要件とも考えられるし、家事費としての性格があるために過大な部分は必要経費に算入されないとも考えられる[46]。

　そうすると、金額の「通常性」あるいは「相当性」といったものが示される必要があると考えられる。しかしながら、東京高裁判決ではそれを示さないまま、過大でないということを理由に必要経費として認めている。そうであれば、基準が明確でない以上、必要経費との明確な区分ができているとは考え難い。それにもかかわらず、こちらは必要経費として認められているの

---

(46)　田中・前掲注（31）56頁。また、ここでいう「社会通念」の意義についても疑問が生じることも指摘されている。

である。

　このように、東京高裁判決でも、必要経費と家事関連費との区分については従来と同様、家事費的性格を有する支出の部分を明確に区分する必要性を指摘している。しかしながら、その明確な区分の基準が示されないまま、懇親会費用（一次会費）は必要経費として認められ、二次会費は家事関連費として必要経費性が否認されているのである。

　このような家事関連費との区分について、いわゆるネット競馬に係る払戻金に関する訴訟の判決文にも注目すべき点がある。例えば第1審判決[47]では、「競馬に興じる者の多くは、その投票により払戻金を獲得するという営利の目的を有していることは否定できない。しかし、競馬の勝馬投票は、一般的には、趣味、嗜好、娯楽等の要素が強いものであり、馬券の購入費用は一種の楽しみ賃に該当し、馬券の購入は、所得の処分行為ないし消費としての性質を有するといえる」と示している。しかし、被告人の馬券購入行為が大量かつ継続的、機械的なものであったことから、「被告人の本件馬券購入行為は、その態様からすれば、競馬を娯楽として楽しむためではなく、むしろ利益を得るための資産運用の一種として行われたものと理解することができ」ると示されている。

　また控訴審判決[48]では、「被告人の本件馬券購入行為の態様が、競馬予想ソフトや競馬情報配信サービスを利用し、馬券の大量購入を反復継続して払戻金を得るというものであり、外れ馬券を含む馬券の購入がなければ所得計算の基礎となる払戻金を被告人が得ることもなかったというべきであることに照らすと、当たり馬券だけではなく外れ馬券を含めた全馬券の購入費用と競馬予想ソフトや競馬情報配信サービスの利用料が、所得計算の基礎となった払戻金を得るために『直接に要した費用』（所得税法37条1項）に当たり、必要経費として控除される（同法35条2項2号）と解するのが相当である。これに関して、原判決は、外れ馬券の購入費用等は、特定の当たり馬券と対応

---

(47)　大阪地裁平成25年5月23日判決、最高裁判所刑事判例集69巻2号470頁。佐藤英明・ジュリスト1459号（2013年）8頁等。

(48)　大阪高裁平成26年5月9日判決、最高裁判所刑事判例集69巻2号491頁。手塚貴大・ジュリスト1474号（2014年）8頁等。

148　第 3 章　必要経費控除の意義と範囲

関係にないことを理由に、同法 37 条 1 項の『直接に要した費用』ではなく『その他これらの所得を生ずべき業務について生じた費用』に該当するとしたが…、被告人の本件馬券購入行為を一連の行為ととらえて全体的にみた場合に、特定の当たり馬券と対応関係があるかどうかを論ずる必要はないというべきである」と示している。

　さらに最高裁[49]でも、「本件においては、外れ馬券を含む一連の馬券の購入が一体の経済活動の実態を有するのであるから、当たり馬券の購入代金の費用だけでなく、外れ馬券を含むすべての馬券の購入代金の費用が当たり馬券の払戻金という収入に対応するということができ、本件外れ馬券の購入代金は同法 37 条 1 項の必要経費に当たると解するのが相当である。

　これに対し、検察官は、当たり馬券の払戻金に対応する費用は当たり馬券の購入代金のみであると主張するが、被告人の購入の実態は、上記のとおりの大量的かつ網羅的な購入であって個々の馬券の購入に分解して観察するのは相当でない。また、検察官は、外れ馬券の購入代金は、同法 45 条 1 項 1 号により必要経費に算入されない家事費又は家事関連費に当たると主張するが、本件の購入態様からすれば、当たり馬券の払戻金とは関係のない娯楽費等の消費生活上の費用であるとはいえないから、家事費等には当たらない」と判断している。

　一連の判決では、一般的には競馬による払戻金が一時所得に該当することが認められている。その上で、地裁判決では競馬について、「一般的には、趣味、嗜好、娯楽等の要素が強いものであり、馬券の購入費用は一種の楽しみ賃に該当し、馬券の購入は、所得の処分行為ないし消費としての性質を有する」と示している。しかし、これが機械的、網羅的に馬券を購入することで、「競馬を娯楽として楽しむためではなく、むしろ利益を得るための資産運用の一種として行われた」ものになると認めている。そして、外れ馬券の購入費用を「業務について生じた費用」として払戻金との直接的な関係がなくとも必要経費として認めている。

　これに対して高裁判決では、「馬券の大量購入を反復継続して払戻金を得

---

　(49)　最高裁平成 27 年 3 月 10 日判決、最高裁判所刑事判例集 69 巻 2 号 434 頁。佐藤英明・ジュリスト 1482 号（2015 年）10 頁等。

るというものであり、外れ馬券を含む馬券の購入がなければ所得計算の基礎となる払戻金を被告人が得ることもなかったというべきであることに照らすと、当たり馬券だけではなく外れ馬券を含めた全馬券の購入費用…が、所得計算の基礎となった払戻金を得るために『直接に要した費用』（所得税法37条1項）に当た」ると示している。

　しかしながら、これらの判決には次のような疑問が生じる。すなわち、地裁判決については、どのような基準で娯楽的要素が消えたのかは明確ではないといえる。むしろ、競馬自体には娯楽的要素が残るようにも思われる。そうであれば、馬券購入費用は家事費と必要経費の要素を併有する家事関連費に該当することになると考えられる。また高裁の判断については、大量購入が必要であったとしても、それが払戻金に「直接必要」となる根拠が示されていないといえる。たしかに、払戻金を得るために馬券購入は必要であるが、外れ馬券も購入しなければならないのか、それが払戻金を得るために、なぜ「直接必要」なのか、東京高裁判決に基づいても説明できないと思われる。

　これらの点について、最高裁はいずれの費用に該当するかを明確にしないまま必要経費に該当すると示している。しかし、家事関連費に該当するという検察官の主張については、「本件の購入態様からすれば、当たり馬券の払戻金とは関係のない娯楽費等の消費生活上の費用であるとはいえない」と指摘している。つまり、家事費ではないと指摘していることになる。しかし、検察官の主張は家事費としての要素も残っている家事関連費であるというものである。消費生活上の費用でないことから家事費でないことにはなっても、家事関連費ではないことにはならないといえる。仮に、家事関連費でもないとするならば、地裁判決と同様にどのような基準で競馬に娯楽性がなくなったのかは不明確であると考えられる。

　この点に関連して大谷剛彦裁判官が次のような意見を示している。すなわち、「所得税法37条1項において、必要経費とは『売上原価その他当該総収入金額を得るため直接に要した費用の額及びその年における販売費、一般管理費その他これらの所得を生ずべき業務について生じた費用の額』とされており、例示に掲げられている費用からみても、一般的には収益と対応する費

用が必要経費に当たると解されているものと思われる。これを馬券の購入についてみると、当たり馬券の払戻金は、当該当たり馬券によって発生し、外れ馬券はその発生に何ら関係するものではないから、検察官が主張するとおり、外れ馬券の購入代金は、単なる損失以上のものではなく、払戻金とは対応関係にないといわざるを得ない。本件の馬券の購入態様は、長期間にわたり多数回かつ頻繁に網羅的な購入をする特殊な態様であり、法廷意見は一連の馬券の購入が一体の経済活動の実態を有するといえると評価するが、得られる払戻金の一回性、偶然性という収益としての性質は変わらないのであり、長期間にわたり多数回かつ頻繁に網羅的な購入を繰り返したからといって、なぜ本来単なる損失である外れ馬券の購入代金が当たり馬券の払戻金と対応関係を持つことになるのかは必ずしも明らかではない。また、いかなる購入金額であろうと外れ馬券の購入代金の全額が必要経費に当たり得るとの判断は、広く一般の国民から理解を得るのは難しいのではなかろうか。

　以上に述べたことから、原判決が、本件の外れ馬券の購入代金を所得税法37条1項前段の『直接に要した費用』として必要経費に当たるとしたのは法令解釈の誤りであり、同項後段の『所得を生ずべき業務について生じた費用』として必要経費に当たると解し得るかについても疑問がある」。このように、高裁判決を誤りと指摘し、外れ馬券購入費用の必要経費性にも疑問を示している。後者の疑問については、娯楽的要素が残る馬券購入行為において、必要性に関する明確な区分ができなければ家事関連費として必要経費不算入になるという点であると考えられる。

　このように、家事関連費と必要経費については、家事関連費が必要経費と家事費の両方の要素をもつことからその区分がきわめて複雑で、明確な判断が示されていないように思われる。しかし、この区分は必要経費の範囲を考える上できわめて重要な意味をもつものであるといえる。では、このような必要経費と家事関連費との区分を、必要経費を「純資産増加説的に」捉える基因原則はどのように考えているのであろうか。次にこの点についてみていくことにしよう。

第3節　必要経費の範囲　　151

2　基因原則における必要経費と家事費・家事関連費

　基因原則に基づくドイツ所得税法（Einkommensteuergesetz; EStG）の規定を
みると、日本と同様に、家事費・家事関連費は原則として控除が認められて
いない。しかし、家事関連費が所得稼得行為に基因する要素を含む支出であ
ることにかんがみると、その控除が認められないことは客観的純額主義に反
するようにも思われる。では、なぜ控除の禁止が認められているのだろう
か。その根拠についてみていくことにしよう。

　基因原則に基づくと事業支出および必要経費は稼得のために必要な支出と
して稼得支出（Erwerbsausgaben）と呼ばれる[50]。そしてこの稼得支出を定義
づけると、「稼得活動に基因して流出する金銭その他の経済財」と解され
る[51]。

　このように稼得支出を解した場合、事業にも基因し、私的な活動、生計
（Lebensführung）にも基因する複合的な支出（gemischte Ausgaben）、つまり家
事関連費については次のように指摘されている。すなわち、「本質的に生計
にも収益活動にも基因する支出（複合的支出）は、それが少なくともおおよそ
で分配できる場合には、分配して評価しなければならない。それが分配でき
ない場合、それは適切な範囲で稼得支出として評価されなければならない。
支出は、それが本質的に収益活動に基因し、本質的でない部分でのみ生計に
基因する場合、すべてを稼得支出として評価されなければならない」[52]。つ
まり、原則として家事関連費は控除が認められるべきであり、それが分配可
能であれば分配し、分配できない場合には適切な範囲で課税上考慮すべきで
あると解されているのである。

　このような家事関連費の理解によれば、上記のような家事関連費について
原則控除を認めていないことに問題があるとも考えられる。そのため、この
家事関連費と稼得支出の区分をめぐって、すなわち家事関連費の控除可能性
をめぐって争いが生じている。

---

(50)　稼得費消（Erwerbsaufweundungen）と呼ぶこともある。Vgl. a. a. O.（FN. 7）, Tipke,
　　　S.180.
(51)　Kölnerentowurf（Joachim Lang u. a., Kölner Entwurf eines Einkommensteuergesetzes,
　　　2005, Köln）§10 Abs. 1 S. 2.
(52)　S. a. a. O.（FN. 51）, Kölnerentwurf §15 Abs. 1.

152　第3章　必要経費控除の意義と範囲

　例えば、連邦財政裁判所（Bundesfinanzhof: BFH）1970年10月19日判決[53]
では、「EStG12条1号2文によれば、個々の所得区分においても、総所得
金額からも納税義務者の家計のための『費消』は控除され得ない。これに
は、納税義務者の経済的および社会的立場をもたらす生計のための費用が、
納税義務者の職業または活動の支援のために必要な場合であっても、含まれ
る（§12 Nr. 1 S. 2 EStG）。この規定の解釈および適用について判例は以前から
重大な問題としてこなかった。なぜなら、かつてはこの規定に挙げられてい
る生計のための費用が他の私的な費消およびEStGに定義されている事業支
出および必要経費としばしば区分が困難になり、さらにこの規定の意義は、
費消が少なくとも部分的に事業支出または必要経費の要件を満たす場合に、
不明確に思われるからである」と指摘している。このことから、家事関連費
と稼得支出との区分が問題になるために、BFHはそれまでのこの問題に積
極的に関わってこなかったという状況がうかがえる。

　しかし、「EStG12条1号2文には、私的な生計に有益であるが職業も支
援する費消が関係する。…この規定がなくとも、このような費消は、生計に
も職業にも基因する場合、判例の一般原則に従って、通例は分配が必要とな
るであろう」と、家事関連費と家事費または稼得支出との区分が必要となる
ことを指摘している。

　それにもかかわらず、「EStG12条1号2文の意義はまさに分配禁止〔原
則として全額控除しないこと：筆者補足〕にあるということを起点としなけ
ればならない」と述べている。なぜなら、「分配禁止は一義的には課税の公
正に有益」だからである。具体的には、「納税義務者が多かれ少なかれ偶然
または意識的にもたらした職業上の考慮と私的な考慮との結び付きによって
その生計のための費消が、部分的であっても所得税において重要な領域に拡
大することが妨げられる。なぜなら、ある者が〔その費消を稼得支出として
認めるのに：筆者補足〕適切な職業があるのに対して、他の納税義務者は同
様の費消について、〔稼得支出として認められないために：筆者補足〕課税
所得から支払わなければならないからである」と指摘されている。このよう

───────────
(53)　BFH v. 19. 10. 1970 - GrS 2/70: BStBl. II 1971, 17. Vgl, auch, a. a. O. (FN. 14),
　　　Bergkemper, S. 312f..

第3節　必要経費の範囲　　153

に、家事関連費を稼得支出と家事費とに分配することで不公平な状況が生じることが懸念されるために、家事関連費を全額控除できないとすることにこの規定の意義があると解している。

しかしながら、このようなBFHの解釈に対しては学説上の批判がみられる。例えば、「EStG12条1号2文から一般的な分配および控除の禁止を導くことは不適切である。…法は、『納税義務者の経済的または社会的立場をもたらす生計のための費消は、それが納税義務者の職業または活動を支援するために必要な場合でも』、稼得費消として控除できないということだけを述べているにすぎない」といった指摘がある[54]。

また、「分配禁止は、現行法上も、他の理由からも認められない。…BFHは決定すべき事例に応じて、分配を禁止するか、考慮しないかということをしている。現行法上分配の禁止がないのであれば、事実上も分配の禁止はない」という指摘もある[55]。そうであれば、「一般的な分配および控除の禁止を立法者は意図していなかった。典型的な生計費のみが―部分的にも―稼得費消として控除できないに過ぎない。このことだけを法が示している」ということになる[56]。

そして、この分配の禁止が認められないのであれば、その分配をどうするかという点については、次の方法が提案されている[57]。すなわち、費消が事業上の領域にのみ帰属するか、またはもっぱら私的領域に帰属するか法律上重要な経済的関連を明らかにするというものである。そして法律上重要な経済的関連性がその費消について、事業にも私的にも基因する場合、つまり家事関連費であれば、それは評価によって分配するというものである。これによって、客観的純額主義に可能な限り近づくことができると考えられている。

このような考え方によれば、上記のBFH1970年10月19日判決は、家事関連費の控除を一般的に認めていない点で誤っていることになる。その根拠

(54)　Walter Drenseck, Gedanken zum Aufteilungs- und Abzugsverbot — §12 Nr. 1 Satz2 EStG im Wandel, in: FS für Klaus Offerhaus, 1999, Köln, S. 497（499）.

(55)　Heinrich Wilhelm Kruse, in: FS Offerhaus, S. 491（496）.

(56)　A. a. O.（FN. 54）, Drenseck, S. 500.

(57)　A. a. O.（FN. 8）, Söhn, S. 437.

154 第3章 必要経費控除の意義と範囲

とされている EStG12 条 1 号 2 文によって分配可能な費消の控除が認められ
ないのではない。むしろ、客観的に、合理的に分配できない複合的費消、す
なわち家事関連費についてのみ、控除の禁止が認められるというのが、当該
規定の意義なのである。もし、分配可能で控除できる費消までもが、この規
定を根拠に控除できないということになれば、これは過剰な課税の禁止
（Übermaßverbot）に反することになる。つまり、担税力を超えた課税として
応能負担原則にも反し、財産権の侵害にもつながることになるのである。こ
ういった意味からも、家事関連費を客観的な基因性をもって分配し控除する
ことが求められていると考えられる[58]。

　そして、このような分配をして控除を認めるという考え方は、BFH 判決
においても徐々にみられるようになっていった。例えば、BFH1977 年 11 月
28 日判決[59]では、家事関連費の問題について次のような判断を示している。
「大法廷はこれまでの判例によって次の点について一致している。すなわち、
自動車事故費用の控除可能性は…非独立労働所得における必要経費としてお
よび農林業所得、営業所得および独立労働所得における事業支出として原則
異なる評価がされない。控除可能性にとって決定的なのは、これらの費用が
事業または職業に基因しているかということである」と述べている。つま
り、支出の控除可能性については基因原則をもとに判断することが確認され
ていると考えられる。

　そして、BFH1962 年 3 月 2 日判決[60]を指摘し、「そこでは、自宅と職場
の間の被用者の移動での自動車事故によって生じた費用を原則として必要経
費として認めている。さらにこのような交通に予定されている概算率を認め
ている」と示している。しかし他方で、この判決は、「被用者が故意または
重大な過失により被害の原因を自身で起こしている場合、例えば故意または
過失で交通法規を無視している場合に」、必要経費として認められない場合
があることを認めている。

　しかし本件では、このような納税義務者が故意または過失で交通法規に違

---

(58)　A. a. O. (FN. 8), Söhn, S. 438.

(59)　BFHv. 28. 11. 1977 Grs 2-3/77: BStBL Ⅱ 1978, S. 105

(60)　BFHv. 2. 3. 1962 Ⅶ 79/60: BStBL Ⅲ 1962, S. 192

第3節　必要経費の範囲　　155

反した場合でも自動車事故費用の控除可能性を排除しないと述べている。その理由として、「税法にとって、必要経費または事業支出の評価について常に独自に検討されなければならないのは、費消が職業または事業に基因しているかということ」が挙げられている。そして、「自動車事故の費用に関して、このことは、事故を起こした運転自体が事業または雇用関係に基因しなければならないことを意味する」。これは例えば、住居と職場の間の運転または住居と事業所の間の運転の場合には認められる。それに対して、被用者が職業外の理由から遠回りをした場合に職業上の基因は認められなくなる。「このとき、事故費用が控除できないことに対して、納税義務者が交通法規に反していたか、それはどの範囲かということや、刑罰の対象かということは意味をもたない」のである。なぜなら、「課税は原則として価値中立的に経済的負担能力のみに対応している」からである。このことは特に、刑法違反または禁止違反行為が稼得領域に帰属するものではないということでも変わることはない。あくまでも、控除可能性やこれらの行為の課税上の評価に関して決定的なのは、基因関係のみなのである。

　そうであれば、例えば「納税義務者が、時間通りに職場または仕事の待ち合わせ場所にいるために、速度違反をしてまたは禁止された道を通行し事故に遭った場合であっても職業との関連性は認められる」のである。そしてこのような場合、「事故費用は、事業支出または必要経費として控除され得る」。それに対して、「同乗者などとの競争を行ったために、納税義務者が職業上の通行で速度違反をした場合、事故費用は事業支出または必要経費として控除できない」ことになる。

　このように、あくまでもどういった原因で当該運転または通行が行われていたかということを判断基準とする、つまり基因原則に基づく分類だけが強調されているのである。そして、家事関連費に認められる私的に基因する部分をどのように区分するかという点については、次のような指摘がある。すなわち、「事故費用の税法上の評価が、事業上の走行（職業走行（Berufsfahrt））での事故が単に本質的でない部分での納税義務者によって私的にも基因させられていたために、事業上（職業上）の基因が破棄または遮断されるのではなく、事業上（職業上）基因する費用が本質的または非本質的に納税義務者

によって私的にも基因しているかという問題が基準となるのである。これは評価、すなわち事業上の原因と私的な複合基因によるその他事業外の原因との質的な比較を通じて決定すべきである」。つまり、事故ではなく、走行の原因の本質的部分が事業上（職業上）にあるのか、私的部分にあるのか、という点を実質的に検討すべきであるということになると思われる。

またこの点に関しては連邦憲法裁判所も判断を示している[61]。例えば、2002年12月4日判決がある[62]。本件では職業に基因する二重家計のための仕事部屋に生じる費用の必要経費としての控除が2年間に制限されるという1996年EStG9条1項3文5号3文の合憲性が問題になっている。

本件について連邦憲法裁判所は次のような判断を示している。まず、「EStGにおける負担公平に関して基準となる財政的負担能力を制定法の立法者は、客観的純額主義および主観的純額主義によって把握する」と純所得課税の原則を確認している。そして、純額主義によれば、「所得税には原則として純所得のみ、つまり稼得収入と（事業上／職業上の）稼得費消ならびに（私的な）生存を保障する費消との差額のみが服する」ことになると示している。しかしながら、「EStG12条1項2文により、『納税義務者の職業または活動の支援のために必要な場合であっても、納税義務者の経済的または社会的な立場によってもたらされる』生活費用に関して」は課税標準の減額が認められないことを認めている。

そして、客観的純額主義に関連して本件について、「事業支出または必要経費として、事業または職業に基づく二重家計の費用の控除を原則認めることは、税法上重要な職業領域が『職場のドア』から始まるわけではない、というEStGの基本決定の伝統的な一部である」。そのため、「職業領域と私的な生活との切断領域にある移動費用も、必要経費または事業支出として認められる」。そして本件のような二重家計の場合については、「住居と職場との交通費が、住居地の私的な選択のために強制的に私的にも共同で基因するに

---

(61) 上記以外のBFH判決については、a. a. O. (FN. 14), Bergkemper, S. 313ff. を参照。

(62) BVerfG v. 4. 12. 2002 – 2 BvR 400/98 2 BvR, 2 BvR 173/500 (http://www.bundesverfassungsgericht.de/SharedDocs/Entscheidungen/DE/2002/12/rs20021204_2bvr040098.html).

もかかわらず、客観的純額主義の範囲内で控除可能な職業上の費消に属する」と認めている。つまり、単身赴任などの選択は納税義務者の個人的な選択であって、その結果生じる費用は私的領域における決定に基づくものであるから、家事費または家事関連費に該当すると考えられなくはないが、その原因が職業活動にあることから必要経費としての控除が認められる、ということである。このように指摘して、本件では当該規定が憲法違反であると示されている。

　このように、ドイツにおいては客観的な基因関係を重要視して可能な限り、家事関連費の控除を認めるという解釈が成立していると考えられる。そしてBFHでもその判決に変化がみられてきたといわれる[63]。そのような判決として例えば2005年8月18日判決[64]が挙げられる。

　BFHはこの判決の中で次のように述べている。「EStG2条1項4号によれば、非独立労働所得は、必要経費を超える収入の余剰が課税対象である。『所得』という概念によって、余剰という概念から認められるように、純所得が示されている。いわゆる客観的純額主義は、基本法3条1項から導かれる個人の財政的負担能力に応じた課税の原則を実現する」。このように、まず純所得課税、客観的純額主義が基本法から導かれ、応能負担原則を実現するためのものであることが確認されている。そして、これに基づいて「旅行が…複合的に基因する場合、分配のためにまず旅行の費用の要素が分けられなければならない。それは容易かつ明確に事業に有効な領域と、その手当が金銭評価された利益として示される領域とに分類される。純粋に事業に有効な旅行の構成部分の費用は、はじめから、課税対象の労働給与として考慮されえない。他方に関しては、そのような旅行の構成部分の費用は全体が金銭評価された利益として示される給与として把握されなければならない」と述べている。その上で後者の領域に帰属しない「費用は原則として合理的な評価によって分配されなければならない」と示している。このように、本判決は家事関連費の合理的な分配を認めている。つまり、全体として控除を禁止

---

(63)　A. a. O. (FN. 14), Bergkemper, S. 314ff.

(64)　BFH v. 18. 8. 2005 VI R 32/03: BFHE 210, 420. 会社の記念行事を国外で行い、参加者である従業員の費用負担が給与に該当するかが争われた事例。

158　第3章　必要経費控除の意義と範囲

するという分配の禁止は純所得課税の原則に反すると評価されたと考えられる。

　このように、家事関連費を基因原則によって明確に職業／事業部分と私的部分との区分し、前者の控除をすることが客観的純額主義、応能負担原則の要請であると明確に述べている。つまり、これらの判例や学説の状況にかんがみれば、基因原則と客観的純額主義が結び付くことによって、家事関連費に関して、当該費消が稼得行為に基因する場合にはその控除を認め、また複合的に基因する場合には客観的な基準によって分配を要求していると考えられる。

3　小　括

　以上みてきたように、日本においては、家事関連費は原則として控除できないものとして考えられ、その主たる部分が業務の遂行上必要であり、かつその必要である部分を明確に区分できる場合等は、その部分に限って必要経費に算入されると解されている。そして、その区分については、家事関連費が必要経費と家事費の要素をもつことから、きわめて複雑で、明確な判断が示されていないと思われる。この点は東京高裁判決においても認められている。

　このような区分の複雑さはドイツにおいても同様であると考えられる。しかし、ドイツにおいては、家事費についての控除を認めないことがEStG12条の1項2文の意義として考えられ、家事関連費については原則として控除を認めることが基因原則に基づいて要請されている。その際、稼得行為に基因する部分を合理的な基準で分配することで控除を認めることが純所得課税の原則との関係で必要と考えられている。そして、その分配ができないときにのみ、控除が認められないと考えられる。

おわりに

　以上みてきたように、所得税における純所得課税の原則、すなわち必要経費を控除することは、憲法14条の応能負担原則に加え、29条の財産権保障

の観点からも要請されていると考えられる。

そして、その控除される必要経費の意義は、「純資産増加説的な考え」、すなわち基因原則に基づいて考えられなければならないといえる。それによれば、売上原価等収入を得るために直接に要した費用および所得を生ずべき業務について生じた、すなわち業務に基因して生じた費用を、必要経費として捉えることになる。そして、業務との直接的な関連性を有するものだけでなく、間接的に関連する費用も含めて必要経費として控除することが純所得課税の観点から要請されているといえる。

また、この必要経費と家事費・家事関連費との区分についても、基因原則に基づいて考える必要があると思われる。すなわち、家事関連費について原則として控除を認めず、その主たる部分が業務の遂行上必要であり、かつその必要である部分を明確に区分できる場合等は、その部分に限って控除を認めるという狭い範囲を家事関連費の控除対象として考えるべきではない。むしろ、純所得課税の観点からは、事業に基因する費消である以上、原則として家事関連費も控除を認めるべきであり、合理的な基準に基づいて、業務に基因する部分を分配し、その控除を認めることが要請されていると考えられるのである。

このように、純所得課税の要請にこたえるべく、基因原則に基づいた必要経費の捉え方をしていくことが所得税においては肝要であると考える。

第Ⅱ部
主観的純所得課税の意義

第4章　所得税における基礎控除と担税力

はじめに

　わが国の所得税法は応能負担原則に基づいている。この応能負担原則は、平等原則（憲法 14 条）を税法領域において具体化したものである。これによれば、租税は納税義務者の負担能力（担税力）に応じて課されることになる[1]。

　この応能負担原則に関連して、憲法 25 条において定められている生存権が重要な意義をもつ。すなわち、憲法 25 条が定める「健康で文化的な最低限度の生活を営む権利」を税法上保障する際に応能負担原則が関連してくるのである。

　この生存権を課税上侵害しないために、いわゆる最低生活費は、課税対象から除外されなければならないことになる。換言するならば、最低生活費には担税力が見出されないため、これを課税対象から除外することにより、生存権を税法上も保障する、ということである[2]。このような最低生活費保障を所得税法において具体化したものが、基礎控除（86 条）、配偶者控除（83条）および扶養控除（84 条）である。

　これらの控除項目は、生存権をその根拠とするため、生存権の法的性質が問題になるように思われる。この点については、従来から、プログラム規定説、抽象的権利説および具体的権利説の対立がみられるところである[3]。し

---

(1)　金子宏『租税法〔第 9 版〕』（弘文堂、2003 年）87 頁、北野弘久『税法学原論〔第五版〕』（青林書院、2003 年）137 頁（第 7 章　応能負担原則）、北野弘久編『現代税法講義〔三訂版〕』（法律文化社、1999 年）18 頁〔北野〕等。

(2)　金子・前掲注（1）192 頁、北野・前掲注（1）『税法学原論』149 頁、北野・前掲注（1）『現代税法講義』66 頁〔三木義一〕。

(3)　芦部信喜著　高橋和之補訂『憲法　第三版』（岩波書店、2002 年）244 頁。

164　第4章　所得税における基礎控除と担税力

かしながら、税法領域における最低生活費保障について生存権を捉える場合、これは国家に対して積極的な介入を要請する社会権としての性格ではなく、国家に対し当該金額への租税介入を禁止するという自由権的側面に基づくものであると捉えなければならない。このような自由権的側面において生存権を捉えるならば、生存権の性質について、どの理論によっても裁判規範性は認められることになる。そしてそれを保障するための具体的な措置については広範な立法裁量を認めるのではなく、最低生活費を侵害する課税は違憲と評価される[4]。したがって、これらの控除項目について検討する際に、生存権の法的性格は大きな問題とならないといえる。

またこれらの控除項目のうち、基礎控除は特に、納税義務者本人の生存を保障するものである。これは現代の租税国家の性格から捉えた場合にも、保障されなければならないものであるといえる。すなわち、租税国家は国民に市場・法秩序を整備提供し、国民はそのなかで自由な経済活動を行う。そして、そこから生じる新たな利益の一部を国家に租税として納めているといえる。このような市場での経済活動を個人が行えるための前提条件として、個人が生存していること、最低限の生活が保障されていることが挙げられるのである。したがって、これは租税国家における課税の下限を律する基準と考えられる[5][6]。

以上のことから考えると、基礎控除以外にも配偶者控除、扶養控除、さらには給与所得控除などの所得控除を含めた、いわゆる「課税最低限」とは異なる基準として、納税義務者個人の最低生活費を保障する、課税の下限であ

（4）　三木義一「課税最低限―法的側面からの問題提起―」日本租税理論学会編『課税最低限』（谷沢書房、1994年）33頁、阿部泰隆「個人所得税最低限度のあり方」法律時報59巻3号（1987年）56頁、北野・前掲注（1）『現代税法講義』20頁〔北野〕。

（5）　三木・前掲注（4）33頁、伊藤嘉規「憲法論から見た課税最低限の再構成（一）（二・完）」六甲台論集47巻2号（2000年）1頁、48巻1号（2001年）1頁、佐々木潤子「所得税法における課税最低限と最低生活費―アメリカ連邦所得税法における展開（一）（二・完）」民商法雑誌117巻1号（1997年）35頁、2号（1997年）32頁、畠山武道「矛盾露呈した課税最低限」（特集「大型間接税と所得減税を衝く」）エコノミスト61巻9号（1983年）28頁。

（6）　これに対し、同じような租税国家の性格から、財産の元本を侵害する課税が禁止されるという課税の上限が憲法29条より導かれることになる。この点については、三木・前掲注（4）33頁、北野・前掲注（1）『現代税法講義』20頁〔北野〕。

る基礎控除が機能することになる[7]。

このように課税の下限として基礎控除を捉えた場合、担税力がないといわれる最低生活費を課税上どのように保障するのか（所得控除か、税額控除か）、また、それはどの程度（金額）を保障しなければならないのか、という点に疑問が生じる。これらの問題について、従来は「課税最低限」に含められたかたちで、最低生活費保障が論じられてきたように思われる[8]。そのため、これらの問題について基礎控除に限定したかたちで検討する必要があると考えられる。

そこで本稿では、所得税法における基礎控除について、どの程度を最低生活費として保障しなければならないのか、そしてそれを課税上どのように考慮するのかという点について、担税力（応能負担原則）との関係を意識しながら、検討していくことにしよう。

第1節　控除金額

上述のように、基礎控除は、憲法25条における「健康で文化的な最低限度の生活」を保障する最低生活費を保障するための制度である。そこで現行所得税法をみると、その金額は年間でわずかに38万円しかない（86条）。こ

（7）　金子・前掲注（1）194頁、北野・前掲注（1）『現代税法講義』69頁〔三木〕、谷口勢津夫「税法における自由と平等―ドイツ税法学における実質的法治国家論の展開―」税法学546号（2003年）203頁（211頁）参照。

（8）　北野・前掲注（1）『税法学原論』149頁、金子宏『所得控除の研究』日税研論集52号（2003年）（とりわけ、金子「総説―所得税法における所得控除の研究」3頁、水野忠恒「所得控除と憲法問題」25頁）、田中治「個人所得課税改革のあり方」（特集「税制改革のあり方―税制調査会・経済財政諮問会議の基本方針を材に―」）税経通信57巻12号（2002年）60頁、岩田陽子「欧米主要国の人的控除と課税最低限」レファレンス617号（2002年）71頁、川端康之「所得税改革と課税最低限の引下げ」税経通信53巻12号（1998年）37頁、岡村忠生「所得税改革と課税最低限」税経通信54巻12号（1999年）17頁、三木・前掲注（4）、佐々木・前掲注（5）、阿部・前掲注（4）、畠山・前掲注（5）、跡田直澄「所得税制改革（2）―税率の緩和と課税最低限」（特集「意見・税制改革の青写真」）税経通信41巻2号（1986年）66頁、水野正一「所得税・住民税の課税最低限と生活保護基準」（特集「税制の抜本的改革1」）税経通信40巻3号（1985年）102頁、石島弘「低所得者と税制―課税最低限について―」ジュリスト757号（1982年）49頁等を参照されたい。

166　第4章　所得税における基礎控除と担税力

の金額で、「健康で文化的な最低限度の生活」を営むことが可能であろうか。一般的に考えても不可能といわざるを得ないと思われる。では、基礎控除がどの程度まで保障されれば、「健康で文化的な最低限度の生活」を営むことが可能になるのであろうか。この点について以下で検討していくことにしよう。

1　ドイツ連邦憲法裁判所判決における社会保障給付との統一の要請

　現行所得税法は基礎控除として年間38万円を認めているに過ぎない。これが生存権を保障するには充分なものとはいえないことは明らかである。それでは、憲法で定められた「健康で文化的な最低限度の生活」を営むための最低生活費はどの程度必要なのであろうか。この点について、ドイツでは連邦憲法裁判所が社会保障給付との関連で重要な判断を下している。そこで、まずはドイツの議論について、連邦憲法裁判所の判決を中心に検討していこう。

　ドイツにおける基礎控除をめぐる議論を検討する際に注目すべき憲法判例がいくつかある。そのうち、最低生活費保障を基本法上の原則としてはじめて示したといわれる連邦憲法裁判所1990年5月29日第1部判決[9]についてみていこう。

　この事例は児童手当の削減と児童控除による子女の最低生活費をめぐるものであるが、国民の最低生活費を、憲法との関連において、税法上どのように考慮すべきかという点について次のように示している。すなわち、「憲法的評価の出発点は、国家は納税義務者にその者の所得を、人に値する存在にかかる最低要件が成立するために必要な範囲で、非課税にしなければならないという原則である。この憲法上の要請は、基本法20条1項の社会国家原則と結合して1条1項から導かれる。国家は、これらの憲法規範により、必

---

(9)　BVerfGE 82, 60. この判決に関しては、清永敬次「独憲法裁判所の最近の租税関係判例」榎原猛・阿部照哉・佐藤幸治・初宿正典編著『国法学の諸問題　宮田豊先生古稀記念』（嵯峨野書院、1996年）223頁（241頁以下）、岩間昭道「所得に応じた児童手当の削減と最低生活費非課税の原則」ドイツ憲法判例研究会編『ドイツの最新憲法判例』（信山社、1999年）179頁、伊藤・前掲注（5）「憲法論から見た課税最低限の再構成（一）」17頁、21頁もあわせて参照されたい。

第1節　控除金額　　167

要な場合には社会給付によって資力のない国民にこの最低要件を保障する義
務を負うように、国民が自身で稼得した所得をその金額—以下、最低生活費
(Existenzminimum) —まで国民から奪ってはならない」[10][11]。連邦憲法裁判
所はこのように述べて、基本法上の要請として、最低生活費を非課税にする
原則が存在することを明示したのである。そして最低生活費が税引後に納税
義務者に残っていればよいということだけはなく、これを超えた所得にのみ
課税できるということが確認されている[12]。これはまさに、生存権の自由
権的側面を課税上認めたものと評価できる[13]。

　このようにドイツでは、連邦憲法裁判所のレベルにおいても、生存権の自
由権的側面を課税上認め、最低生活費を非課税にすることが要請されてい
る。そしてその場合の最低生活費の金額に関して、「決定的な意義は、この
最低生活費をまさに保障しなければならず、消費に関連して算定され増加す
る家計費に通常は適合する、社会扶助給付に与えられる」[14]と、社会扶助給
付基準の重要性が認められているのである。

　しかしながら、この判決で争われたのは子女に対する最低生活費の保障で
ある。それゆえ、家族に対する特別な保護を要請している基本法6条、およ
び、平等原則を定めた基本法3条との関連でも違憲性が指摘されている[15]。
すなわち、本件で問題となった児童手当の削減は、子女をもたない夫婦の場
合との不平等を生じ、家族に対する特別な保護がなされていないという点で
違憲であるということが示されているのである。これらの点から考えると、
本判決によって、納税義務者本人の最低生活費について、必ずしもこの論理
が妥当するとはいえないようにも思われる[16]。そこで納税義務者本人の最

---

(10)　BVerfGE, a. a. O. (FN. 9), S. 85.

(11)　なお、この社会国家原則との関連では、1994年基本法改正により導入された基本法20a
　　　条は生活基盤の保護を国家に義務付けている。

(12)　BVerfGE, a. a. O. (FN. 9), S. 86.

(13)　この判決以前から、税法の学説上はこのような見解が一致していたといわれる。S. auch
　　　J.Lang, Verfassungsrechtliche Gewährleistung des Familienexistenzminimums im Steuer
　　　-und Kindergeldrecht, Stu W 1990, S. 331.

(14)　BVerfGE, a. a. O. (FN. 9), S. 94.

(15)　Vgl. BVerfGE, a. a. O. (FN. 9), S. 85f..

(16)　伊藤前掲注(5)「憲法論から見た課税最低限の再構成(一)」26頁。

168　第4章　所得税における基礎控除と担税力

低生活費についてはじめて憲法判断が下された事例を次にみてみよう。

連邦憲法裁判所 1992 年 9 月 25 日第 2 部判決[17]は、家族の扶養に関わる課税問題ではなく、納税義務者自身の最低生活費に関わる基礎控除についてはじめて判断が下されたものである。本件は、上述の 1990 年判決を受け、最低生活費非課税の原則との関係で、社会法上の最低生活水準を下回っていることの違憲性が争われた事例である。

そして本判決においても、「所得税に服する納税義務者は、その稼得物から所得税債務を履行した後に、その必要な生計費および—基本法 6 条 1 項の考慮のもと—その家族の生計費のために必要な金額（最低生活費）を残されなければならない」[18]と述べられている。このように納税義務者本人にとっても不可欠な生活費は、課税後にも納税義務者自身の手もとに残っていなければならないことが確認されている。またこの最低生活費は「憲法に基づく所得税による介入に関する下限である」[19]ことも認められている。

しかしながら、この課税上免除される最低生活費の水準については、「すべての納税義務者がはじめから最低生活費によって算定される控除額の範囲で課税を免除されなければならないことを意味するのではない。このような憲法上の基準をどのような方法で考慮するのかは立法者に委ねられている」[20]とも述べられている。このような点にかんがみると、最低生活費としてどの程度の金額を税法上で保障するのかは、原則立法者の裁量の範囲にあることになりそうである。しかしながら完全に立法裁量に委ねているわけではない。なぜなら、憲法裁判所は次のように述べているからである。すなわち、「課税上免除されるべき最低生活費の額は一般的経済事象および法共同体において認められた最低必要額（Mindestbedarf）に依拠する。……社会扶助法において、政府が社会国家の扶助の範囲内で社会給付を通じて資力のない国民に保障しなければならない最低必要額を、立法者が決めている場合、所

---

(17)　BVerfGE 87, 153. この判決に関しては、清永・前掲注（9）233 頁、三木・前掲注（4）33 頁、同「課税最低限と社会給付の統一」税 48 巻 3 号（1993 年）4 頁、伊藤・前掲注（5）「憲法論から見た課税最低限の再構成（二・完）」1 頁もあわせて参照されたい。

(18)　BVerfGE, a. O. (FN. 17), S. 169.

(19)　BVerfGE, a. a. O. (FN. 17), S. 169.

(20)　BVerfGE, a. a. O. (FN. 17), S. 169f..

得税を免除されるべき最低生活費は少なくともこの額を下回ってはならない」[21]。このように税法上の最低生活費の考慮に関する裁量は、社会法上のそれを下回ることが禁止されているという立法上の制限があることが理解できる。

そしてこの考えから、課税上の最低生活費は少なくとも社会扶助基準と一致する必要性があると考えられる。このことは法体系の統一という観点からも、生存権保障の要請が社会法と税法の双方において同一に扱われることになり、望ましいように思われる。

また、このような取扱いは平等原則の観点からも支持できる。すなわち、自身で所得を得ている者と社会保障を給付されている者との平等が保障されるということである。税法上の基礎控除が社会給付水準よりも低い場合、社会給付水準と同額の所得を得た者は課税され手取金額が減るのに対し、社会給付で同額を受給した者はそれが非課税扱いであれば全額を手もとに残すことになる。つまり、税法上保障される最低生活費が社会給付水準を下回る場合には、このような不平等が生じるのである[22]。そのため、社会法と税法の水準を統一することにより、このような不平等が回避されることになる。その点で、この基礎控除と社会給付とを同一水準で保障することは支持できると思われる[23]。

そしてこの「所得税法の最低生活費にかかる基準は、社会扶助法において常に認められる、一般にすべての困窮者に対して必要な生計のための扶助によって充足される最低必要額である」ことも確認されている。その上でこの「日常生活に必要な基本的な必要額を保障しなければならない（連邦社会扶助法11条1項）生計のための扶助には、次のようなものが含まれる」[24]と示されている。すなわち、その地域における基準割合（Regelsatz）、宿泊および暖房（Heizung）にかかる給付、ならびに、追加的な基本必要額を考慮する一時的な扶助である。さらに、稼得行為に結び付いた消費を保障し、自己扶助を

---

(21) BVerfGE, a. a. O. (FN. 17), S. 170f..

(22) D. Dziadkowski, Grundfreibetrag und Einkommensteuertarif, FR 1986, S. 504, 505.

(23) 清永・前掲注（9）244頁、伊藤・前掲注（5）「憲法論から見た課税最低限の再構成（二・完）」36頁。

(24) BVerfGE, a. a. O. (FN. 17), S.171.

170 第4章 所得税における基礎控除と担税力

支援する稼得行為にかかる超過必要額（Mehrbedarf）も含まれることになる。
こういった消費は、必要経費または事業支出によっては補われないものであ
るため、自助の意思をもつ国民には稼得行為を行う前提として保障されなけ
ればならないのである[25]。

　この憲法裁判所の示した金額によれば、自ら所得を得ようと努めている者
には、最低必要額に稼得行為のために必要な消費を加えた金額が、社会扶助
として保障されることになる。そうであれば、これは困窮者に限られず、む
しろはじめから自己の経済活動により所得を得ている者にも認められるべき
ものと考えるべきと思われる。すなわち、納税義務者自らが所得を得ている
ことを前提とする税法において、自ら経済活動を行う者の最低生活費を保障
する基礎控除は、最低必要額に加え、所得稼得行為のための費用も保障する
ものでなければならないことになる。このような基礎控除の保障は、社会給
付の水準を下回るものではなく、上述のさまざまな憲法上の要請にもかなっ
ているといえる。

　またこのような考え方は、その後の連邦憲法裁判所での税法上の最低生活
費をめぐる判例においても認められていると考えられる。例えば、子女の扶
養に係る控除について争われた1994年6月14日第1部判決[26]および1998
年11月10日第2部判決[27]でも、その保障根拠を1990年判決と同じ基本法
6条に求めているが、最低生活費については、税法上の基礎控除は社会給付
水準を下回ってはならないことが認められている[28]。そして、社会給付に

---

(25)　BVerfGE, a. a. O. (FN. 17), S.171.

(26)　BVerfGE 91, 93. 伊藤・前掲注(5)「憲法論から見た課税最低限の再構成（二・完）」24
　　　頁。

(27)　BVerfG-Beschluß, 2 BvL 42/93 10.11.1998, vgl. Pressemitteilung vom 19.01.1999（http://
　　　www.bundesverfassungsgericht.de/）. これに関連するものとして、伊藤嘉規「社会扶助
　　　と税の一致」富大経済論集49巻1号（2003年）37頁（41頁）、手塚和彰「ドイツ連邦憲
　　　法裁判所『児童扶養控除』違憲決定の波紋」ジュリスト1173号（2000年）11頁。また子
　　　女が3人以上いる官吏と裁判官に対する特定等級の俸給が低く、その違憲性が認められた
　　　ものとして同年11月24日第2法廷判決（BVerfG-Beschluß, 2 BvL 26/91 vom 24. 11.
　　　1998: http://www.bundesverfassungsgericht.de/）がある。これらについては、斎藤純子
　　　「子育て控除の拡大を求める連邦憲法裁判所判決」ジュリスト1154号（1999年）4頁を参
　　　照されたい。

(28)　BVerfGE a. a. O. (FN. 27), S. 111f.; Beschluß v. 10. 11. 1998（http://www.

第1節　控除金額　　171

ついては上述の超過必要額を認めている[29]。特に、1998年11月10日判決
はこの社会法上の金額との厳密な一致を要求している[30]。

　これらのことから考えると、ドイツの判例において求められている社会法
における最低生活費とは、この超過必要額を含めた水準として捉えられると
思われる。そして、憲法裁判所も稼得行為に結びついた消費に対する保障を
税法上の基礎控除に含めることを認めていると考えられる[31]。

　このようにドイツの憲法判例をもとに考えると、税法上最低生活費を保障
するためには、基礎控除として、生活のための最低必要額に加え稼得行為を
行うための必要額も考慮しなければならないと思われる。これに対し、わが
国の所得税法における最低生活費保障は、周知のとおり、きわめて低い水準
である[32]。そのような低い水準は、判例上どのように正当化されているで
あろうか。そこで以下では、わが国の判例において示されている、所得税法
における最低生活費保障の考え方についてみていくことにしよう。

2　日本における課税最低限をめぐる判例

　上述のように、ドイツの憲法判例においては、社会法における最低生活費
として、生活のための最低必要額に加え、稼得行為を行うための最低必要額
も、税法上の基礎控除として最低生活費を保障するために認められている。

　これに対し、わが国の基礎控除の金額は周知のように年間わずかに38万
円である（所得税法86条）。ドイツのそれと比べて明らかに低い水準である。
このような水準では生存権が充分に保障されるとは考えられない。そのた
め、この基礎控除の金額の違憲性（生存権侵害）が問題になると思われる。そ

---

　　bundesverfassungsgericht.de/）.
(29)　BVerfGE a. a. O.（FN. 27）, S.113f. .: Beschluß v. 10. 11. 1998（http://www.
　　bundesverfassungsgericht.de/）.
(30)　伊藤・前掲注（27）41頁参照。
(31)　伊藤・前掲注（5）「憲法論から見た課税最低限の再構成（二・完）」12頁。
(32)　ただし、わが国の生活保護法においても該当者に対しては、生活扶助に加え、住宅扶助、
　　教育扶助および生業扶助等が認められている（11条）。しかしながら、これらが所得税法
　　における基礎控除の金額に含まれているとは考えられないことは明らかである。また、こ
　　のうち生活扶助、住宅扶助および教育扶助をもって課税最低限を決めるべきであるといっ
　　た主張もある（水野正一・前掲注（8）104頁）。

172　第4章　所得税における基礎控除と担税力

こで以下では、この点について争った判例を中心に、わが国の所得税法における最低生活費保障の考え方についてみていこう。

　この点について争われた事例として、いわゆる総評サラリーマン訴訟（最高裁平成元年2月7日判決）[33]がある。周知のとおり本件は、給与所得者への不公平税制の是正を目的とする一連の訴訟のひとつである[34]。そのなかで最低生活費への課税に関する違憲性が争われた。

　本件において主張された最低生活費の水準は、日本労働組合総評議会（総評）によって算出されたものであった。その総評理論生計費に対して裁判所は、当該金額は総評に「とって望ましい生活水準ないし将来の目標達成に他ならず、これをもって『健康で文化的な最低限度の生活』ということはできない」と判示している。このように原告が独自に算出し最低生活費として主張した金額は退けられている。そしてその前提として税法における生存権保障については次のように述べている。すなわち、「憲法25条にいう『健康で文化的な最低限度の生活』なるものは、きわめて抽象的・相対的なものであって」、「その規定の趣旨にこたえて具体的にどのような立法措置を講ずるのかの選択決定は、立法府の広い裁量にゆだねられており、それが著しく合理性を欠き明らかに裁量の逸脱・濫用とみざるをえないような場合を除き、裁判所が審査するには適しない事柄である」と判示している。このように最低生活費を税法上どのように保障するのかということについては、広く立法裁量が認められると判断されているのである。

　このように立法裁量を広く認めることからすると、憲法25条の性質としては税法上もプログラム規定説と変わらない保障内容しか認められないように思われる[35]。しかしながらこの点について、本件第1審（東京地裁昭和55

---

(33)　判例時報1312号69頁、吉良実・民商法雑誌101巻2号（1989年）282頁、増井和男・ジュリスト939号（1989年）163頁、高野幸大・税研106号（2002年）22頁、畠山武道・租税判例百選（第三版）（1992年）14頁、倉持孝司・憲法判例百選Ⅱ（第四版）（2000年）296頁、吉村典久・ジュリスト983号（1991年）129頁、税務事例21巻4号（1989年）19頁等がある。また、三木・前掲注（4）36頁、佐々木・前掲注（5）「所得税法における課税最低限と最低生活費（一）」43頁、伊藤・前掲注（5）「憲法論から見た課税最低限の再構成（一）」5頁もあわせて参照されたい。

(34)　北野弘久『サラリーマン税金訴訟〔増補版〕』（税務経理協会、1990年）、畑中英明「所得税の基礎控除額と憲法25条」税務弘報35巻9号（1987年）136頁参照。

第 1 節　控除金額　　173

年 3 月 26 日）[36] および控訴審（東京高裁昭和 57 年 12 月 6 日）[37] において示されているように、税法上最低生活費を保障することは認められている[38]。そしてその根拠として生存権の自由権的側面および個人の尊厳（憲法 13 条）が挙げられている[39]。このように自由権としての生存権の機能が認められるため、次に社会権的側面の現れである生活保護基準を税法上の基準として用いるという、ドイツと同様の考え方はどのように評価されるのであろうかという問題が考えられる。

　この点について、いわゆる青木訴訟（東京地裁昭和 61 年 11 月 27 日判決）[40] において、生活保護水準を下回る基礎控除の違憲性が争われている。しかしながら本件の場合、原告の所得が生活保護の水準を大幅に上回っていたため、基礎控除額を当時の法律どおりに適用したとしても、「原告の健康で文化的な最低限度の生活が侵害されるということのないことは明らか」であった。そのために訴えは退けられている。

　そしてこの判決においても裁判所は、「立法府は、基礎控除額をいかにするかをその裁量判断により定めることができるというべきであ」ると述べ、基礎控除・生存権保障に対する広い立法裁量を認めている。

　これらの判決において認められているように、税法上の最低生活費に対する措置は広く立法裁量に基づいて行われることになる。そして生存権の保障は、生活保護などさまざまな措置を通じてなされれば違憲とはならないと考

---

(35)　この点については、いわゆる堀木訴訟（最高裁昭和 51 年 7 月 7 日判決、最高裁判所民事判例集 36 巻 7 号 1235 頁）との関連において、最高裁は判断を下している。前掲注（33）税務事例 21 巻 4 号 22 頁以下、増井・前掲注（33）163 頁、畠山・前掲注（5）29 頁等を参照。

(36)　判例時報 962 号 27 頁。清永敬次・税務事例 12 巻 11 号（1980 年）2 頁、北野弘久「総評税金訴訟判決の検討」税経新報 231 号（1980 年）55 頁。

(37)　判例時報 1062 号 25 頁。清永敬次・判例評論 293 号（1983 年）7 頁。

(38)　ただし、この点について最高裁では言及されていないため、問題が残るとも考えられる。

(39)　吉村・前掲注（33）130 頁も参照。

(40)　判例時報 1214 号 30 頁。安念潤司・ジュリスト 891 号（1987 年）135 頁、畑中・前掲注（34）136 頁、北野弘久「課税最低限—青木訴訟」時の法令 1297 号（1987 年）68 頁、清永敬次「所得税法上の課税最低限基準の算定方法と憲法 14 Ⅰ等」民商法雑誌 94 巻 6 号（1986 年）793 頁がある。また、佐々木・前掲注（5）「所得税法における課税最低限と最低生活費（一）」45 頁、伊藤・前掲注（5）「憲法論から見た課税最低限の再構成（一）」8 頁もあわせて参照されたい。

174　第4章　所得税における基礎控除と担税力

えられている[41]。これを税法に限ってみるならば、基礎控除のみならず、配偶者控除、配偶者特別控除、扶養控除といった人的控除のみならず、社会保険料控除などの各種所得控除に、給与所得者における給与所得控除までも計算に入れ、その上で生存権が保障されていれば憲法上問題がないといえることになると思われる[42]。すなわち、いわゆる「課税最低限」として生存権が保障されていればよい、ということになると考えられる。

3　小　括

　以上みてきたように、基礎控除をめぐる判例の理論にはドイツと日本との間に大きな差がある。ドイツでは基礎控除について生存に必要な最低額のみならず、稼得行為を行うための必要額を加えた社会給付水準を上回ることを憲法が要請していると考えられている。これに対しわが国では、いわゆる「課税最低限」全体として最低生活費を保障すれば憲法上の問題は生じないと判断されている。明らかにドイツのほうが手厚い保障をしているといえる。

　しかしながら、ドイツにおいてもわが国においても、憲法が生存権の保障を規定している点では同じである（基本法1条および20条、憲法25条）。そして、税法上それを保障することを必要と考えられる点でも違いはない。このことはドイツにおいて生存権保障の根拠に個人の尊厳を定めた1条が用いられることからも認められる。そして、わが国においても個人の尊厳は憲法上明確に規定されている（13条）ため、問題なく認められると思われる[43]。このような生存権の自由権的側面および個人の尊厳という考え方に加え、税法上はさらに応能負担原則の要請もある（憲法14条）。応能負担原則によれば、生存のために必要な所得部分には担税力がないため、課税されてはならないことになる。この点でもドイツとわが国での理解は一致していると考えられる。

　このようにドイツとわが国とで共通した基礎控除の趣旨からすれば、ドイ

---

(41)　伊藤・前掲注（5）「憲法論から見た課税最低限の再構成（一）」8頁。
(42)　安念・前掲注（40）136頁。
(43)　吉村・前掲注（33）130頁。

ツの基礎控除が当然に必要な範囲を保障している（あるいはそれに近いかたちで保障している）のに対し、わが国の課税上での最低生活費保障は不充分であるといわざるを得ない。このような考えによれば、生存権の自由権的側面および応能負担原則という観点から認められる、納税義務者本人の最低生活費非課税の原則を、わが国の所得税法においても実現する必要があるといえる。そしてそのための基準である基礎控除の金額は、ドイツの憲法判例で認められているように、生活に必要な最低額（生活保護基準・最低生活費）に稼得行為を行うための必要額を加えた社会給付水準における金額が少なくとも必要であると考えるべきであると思われる[44]。

第2節　控除段階

　上述のように、基礎控除として保障されなければならない金額は最低生活費のみならず、稼得行為のための必要額をも保障することが必要であると考えられる。このような社会給付水準を基礎控除として保障するという点で、ドイツの憲法判例は評価できるように思われる。しかしその理論に対して批判もある。それは、基礎控除を保障すべき段階に関するものである。

　この点について、ドイツでは所得税法32a条において税率を0％とすることで基礎控除を保障している。これは税額控除と同じ効果をもつといえる。これに対しわが国は、周知のとおり、基礎控除は所得控除として保障されている。このため、基礎控除は所得控除方式と税額控除方式という2つの方式で保障されることが考えられる。

　この所得控除方式と税額控除方式についての相違点は次のようにいわれている[45]。所得控除方式は、課税基準である所得金額から（税率適用前に）一定金額が控除される。そのため、税率適用前に納税義務の有無が判明することになり、手続的に簡素であるといわれる。しかしながら、税率適用前の控除

---

(44)　阿部・前掲注（4）、水野正一・前掲注（8）、清永・前掲注（9）、三木・前掲注（17）、同・前掲注（4）、佐々木・前掲注（5）、吉村・前掲注（33）、伊藤・前掲注（5）、同・前掲注（27）等が、同じように社会保障水準との一致の必要性を主張している。

(45)　三木義一『よくわかる税法入門〔第2版〕』（有斐閣、2003年）144頁、金子・前掲注（8）16頁、石島・前掲注（8）50頁。

176 第4章 所得税における基礎控除と担税力

であることから、適用される（最高の）税率によって軽減される税額に差が生じることになる。そのため、この制度は高所得者有利に作用するという点で批判されることがある。

これに対し税額控除方式は、算出税額から（税率適用後に）一定金額が控除されることになる。その結果、税率適用後に納税義務の有無が判明することになり、所得控除方式に比べ、手続的に煩雑であるといわれる。しかしながら、適用される税率に関係なく軽減税額は同じになるため、所得控除方式に比べ公平であり低所得者に有利であると評価される。ただし、一定税額以上の納税者にしか保障されないという点で、所得控除方式よりも全額が保障される可能性が低くなることも問題として挙げられる。

このようにどの段階で控除するのかということにより、効果面・手続面での相違が生じることになる。そのため、基礎控除を税額算定過程において考慮する場合、税額控除か所得控除かという選択肢があるといえる。では、基礎控除はどちらの段階で考慮することが税法上、応能負担原則との関係で望ましいのであろうか。この点について以下で検討していくことにしよう。

1 ドイツにおける議論

上述のように、基礎控除は、ドイツでは税額控除として、わが国では所得控除として保障されている。それでは、基礎控除はどちらの段階で控除されることが望ましいのであろうか。この点について以下で検討していこう。

この点については、上述の連邦憲法裁判所1992年9月25日第2部判決[46]において、次のように述べられている点に注意が必要と思われる。すなわち判旨において、「すべての納税義務者がはじめから最低生活費によって算定される控除額の範囲で課税を免除されなければならないことを意味するのではない。このような憲法上の基準をどのような方法で考慮するのかは立法者に委ねられている」[47]と述べられている点である。これは金額について立法裁量を認めたものであるように思われる。しかしながら、「どのような方法で考慮するのか」、つまり控除段階についても立法裁量が認められて

---

(46) BVerfGE, FN. 17.

(47) BVerfGE, a. a. O. (FN. 17), S. 169f..

いるとも解される。

　この点について同決定によれば、次のような問題があるが、立法裁量が認められることになる。その問題点とは、立法者が生存に必要な額を税率に組み込まれた基礎控除（税額控除）によって所得税を免除しようとしていることが、累進税率との関係において、すべての納税義務者に考慮されるべき、適切に認められた最低生活費の負担軽減効果を徐々に相殺するということである。しかしながら同決定は、「決定的なのは、納税義務者に最低生活費を超えた所得部分から適切な金額がそのつど残されることであり、低所得者と高所得者との関係において垂直的な平等を考慮しないで累進が〔次の段階に：筆者補足〕進むことはない」と述べ、現行制度（税額控除方式）を肯定しているように思われる。

　このような憲法裁判所の決定をさらに進め、積極的に税額控除方式を支持する見解がある[48]。これによれば、「実所得から最低生活費を控除することはこれまでの課税制度と矛盾する」ことになる。そして「基礎控除は限界税率による負担（Grenzsteuerbelastung）への考慮なく、すべての納税者に対して…水平に軽減効果をもつ」という税額控除方式の長所を主張している。そして、「このことは立法技術ではなく、立法者の価値判断である。なぜなら、最低生活費は共通して所得の多寡に関係なく必要だからである」と述べ、すべての納税義務者に必要な最低生活費の保障を実現するための立法者の価値判断として、税額控除方式を支持しているのである[49]。

　しかしながら、このような見解に対して、所得控除方式による基礎控除の保障が強く主張されている[50]。特に、1988年第57回ドイツ法曹大会税法部門での議決において、「自己の生存および家族の扶養にとって不可避的な消費は、課税を免除されなければならない。その後に算出される課税対象所得に税率が適用されなければならない」ということが認められている点からも、所得控除方式が支持されていると考えられる[51]。また同時に、所得控

---

(48)　J. Giloy, Ist der Grundfreibetrag im Einkommensteuertarif wirklich entbehrlich?, FR 1986, S. 56; ders., Das Existenzminimum im Einkommensteuerrecht, DStZ 1979, S. 123, 124.

(49)　A. a. O.（FN. 48）, Giloy.

(50)　K. Tipke/J. Lang, Steuerrecht 17. Aufl., Köln, §9 Rz. 87.

178　第4章　所得税における基礎控除と担税力

除方式が高所得者にとって有利に働くという点について、次のように議決されている。すなわち、「税額を減じる控除に関する逓減的な効果は、課税上の優遇措置ではなく、課税を根拠付ける流入に対する累進の制度上必然的な反対面である」[52]。このことから、所得控除の問題点として指摘される低所得者ほど税負担の軽減効果が少なくなることは累進税率の合理的効果として認めざるを得ないと考えられているように思われる[53]。

また上述の連邦憲法裁判所1990年5月29日第1部判決[54]においても、この点について、「国家は納税義務者にその者の所得を、人に値する存在にかかる最低要件が成立するために必要な範囲で、非課税にしなければならないという原則」[55]があることを指摘しており、最低生活費への税率の適用を認めていないようにも思われる[56]。すなわち、最低生活費が非課税であるならば、それは税率を適用されてはならないことになり、税額控除方式は認められないことになる[57]。また仮に税率の適用を受けることが認められるのであれば、この最低生活費部分によって累進税率が上がる場合に、最低生活費以外の所得部分に高い税率を適用することになり、問題であるという指摘もある[58]。

さらに、憲法裁判所の決定が要請する、納税義務者にその稼得物から所得

---

(51)　Verhandlungen des 57. Deutschen Juristentages in Mainz 1988, Sitzungsbericht N, S. 214. Vgl. K. Tipke, Steuerrechtsordnung II, 1993, Köln, S. 675f..

(52)　A. a, O. (FN. 51), Sitzungbericht N, S. 214; vgl. auch M. Lehner, Abzug des Grundfreibetrages von der Bemessungsgrundlage oder von der Steuerschuld?, Stu W 1986, S. 59.

(53)　A. a. O. (FN. 51), Tipke, S. 687f.; J. Lang, Die einfache und gerechte Einkommensteuer, 1987, Köln, S. 39f..

(54)　BVerfGE, a. a. O. (FN. 9), S. 60.

(55)　BVerfGE, a. a. O. (FN. 9), S. 85.

(56)　Vgl. H. Fichtelmann, Einkommensteuer-Tarif und Sozialstaatlichkeit, FR 1969, S. 483.

(57)　P. Kirchhof, Empfielt es sich, das Einkommensteuerrecht zur Beseitigung von Ungleichhandlungen und zur Vereinfachung neu zu ordnen?, Gutachten F für den 57. Deutsch Juritentag, S. 57; ders., Der Karlsruher Entwurf und seine Fortentwicklung zu einer vereinhaitlichen Ertragsteuer, Stu W 2002, S. 3, 16.

(58)　M. Lehner, Die Entscheidung des Bundesverfassungsgerichts zur Verfassungswidrigkeit des Grundfraibetrages in den Jahren 1978 bis 1984, 1986, 1988 und 1991, DStR 1992, S. 1642, 1643f..

税債務を履行した後に、その必要な生計費および—基本法6条1項の考慮の下—その家族の生計費のために必要な金額（最低生活費）を残さなければならない[59]という点についても批判がある。これによれば、納税後に納税義務者の手もとに最低生活費が残っていればよいことになる。そうであるならば、税額控除のほうが適切に納税義務者の手もとに一定金額を残すことが可能なようにも思われる。しかしながらこの点についても、「国家は納税義務者にその者の所得を、人に値する存在にかかる最低要件が成立するために必要な範囲で、非課税にしなければならない」[60]のであるから、やはり税率を適用すべきではないという結論が導かれている[61]。

　また平等原則の観点からも税額控除方式に対して批判が展開されている[62]。すなわち、税額控除方式によれば、基礎控除と社会扶助の水準が同一であったとしても、基礎控除が課税対象として、社会扶助給付は非課税所得として、それぞれ扱われることになる。基礎控除は税率を適用され、場合によっては累進税率の引上げにつながるのに対し、社会扶助給付は税率を適用されない。これらが同一の目的のために保障された制度であることからすれば、このような不平等な取扱いは認められないことになると思われる。

　以上みてきたように、ドイツにおいて法律上は基礎控除を税額控除として保障しているにもかかわらず、それを非課税にするべきという考えから、所得控除によるべきという考えが一般的に支持されている。

　これに対し、わが国の所得税法は基礎控除を所得控除により保障しているが、税額控除のほうが適切であるといった主張はなされていないのであろうか。そこで以下では、わが国における基礎控除の控除段階をめぐる議論についてみていくことにしよう。

---

(59)　BVerfGE, a. a. O. (FN. 17), S. 169.

(60)　BVerfGE, a. a. O. (FN. 9), S. 85.

(61)　A. a. O. (FN. 58), Lehner, S. 1643; H. v. Bockelberg, Der Anfang vom Ende der progressiven Besteuerung nach der Leistungsfähigkeit, BB 1971, S. 925.

(62)　O. Dziadkowski, Plädoyer für einen transparenten und realitätsbezogenen ("bürgernahen") Einkommensteuertarif, BB 1985, Beilage 15, S. 9.

180　第 4 章　所得税における基礎控除と担税力

2　日本における議論

　上述のようにドイツにおいて基礎控除は税額控除として制度化されている
が、理論上は所得控除が望ましいと考えられている。これに対しわが国にお
いては、周知のとおり、基礎控除は所得控除として規定されている。この点
では、ドイツの理論よりも進んでいると考えられるかもしれない。しかしな
がら上述の判例において、最低生活費の保障に関しては広く立法裁量が認め
られていることから考えると、税額控除として保障する可能性もあると思わ
れる。それでは、基礎控除は税額控除として保障すべきなのであろうか。あ
るいは、ドイツで考えられているように、所得控除のほうが基礎控除の性格
上適切だと考えられているのであろうか。そこで以下では、わが国における
基礎控除の控除段階に関する議論についてみていこう。

　この点についてみてみると、わが国においては基礎控除の控除段階につい
てはあまり大きく議論されていないように思われる。例えば上述した裁判例
についてみてみると、総評サラリーマン訴訟[63]においては、「憲法 25 条に
いう『健康で文化的な最低限度の生活』なるものは、きわめて抽象的・相対
的なものであって」、「その規定の趣旨にこたえて具体的にどのような立法措
置を講ずるのかの選択決定は、立法府の広い裁量にゆだねられており、それ
が著しく合理性を欠き明らかに裁量の逸脱・濫用とみざるをえないような場
合を除き、裁判所が審査するには適しない事柄である」と判示されている。
また青木訴訟[64]においても、「立法府は、基礎控除額をいかにするかをその
裁量判断により定めることができるというべきであ」ると述べられている。

　これらのことから考えるに、基礎控除・生存権の保障については、その金
額のみならず、それをどのようなかたちで保障するのかという点について
も、広い立法裁量が認められているように思われる。そして生存権の保障
は、生活保護などさまざまな措置を通じてなされれば違憲とはならないと考
えられている[65]ことからすれば、基礎控除をどの段階で保障しようとも、
最低生活費が何らかのかたちで保障されていれば憲法上問題がないとも考え

---

(63)　前掲注 (33)。
(64)　前掲注 (40)。
(65)　伊藤・前掲注 (5)「憲法論から見た課税最低限の再構成 (一)」8 頁。

られるのである。

　このように基礎控除の控除段階について立法者の広い裁量が認められ、最終的に最低生活費が保障されていれば問題がないと考えられているため、どの段階で控除すべきかということは判例上論じられていないと思われる。

　これに対し学説は、基礎控除に限定したかたちではなく、基礎的人的控除についてその控除段階をめぐる議論が若干みられる。例えば、課税最低限との関連において、高所得者にも一律に人的控除が認められることが問題であると捉え、人的控除について消失控除方式を採用しつつ、税額控除方式にすることが望ましいという見解がある[66]。この見解によれば、税額控除で控除しきれない金額について、いわゆる「負の所得税」のかたちで、還付または支給により、課税最低限を低所得者にも全額保障することになる[67]。さらに進めると、非課税の社会保障給付または「負の所得税」によって最低限の生活が維持されるのであれば、最低生活費を課税上保障する必要はないということにもなると思われる[68]。これにより、控除した結果としての税負担軽減に関する公平および最低生活費の保障における公平を実現できることになる考えられる[69]。

　また最低生活費には課税しないという税法上の考慮は、所得の多寡に関わらず、すべての納税者に等しく認められるべきであると考えられる。このように考えるならば、税額控除方式のほうが優れているといえるように思われる。さらに税額控除方式のほうが、わずかな財源での控除額の引上げ、すなわち課税最低限の引上げにつながるという点からも、所得控除に比べ優れているといわれている[70]。

　これに対し、最低生活費を所得控除方式で保障すべきという見解があ

---

(66)　石島・前掲注（8）53 頁。

(67)　石島・前掲注（8）51 頁、水野忠恒・植田卓・佐藤英明「基礎的人的控除の簡素化」税研 93 号（2000 年）75 頁〔植田〕。

(68)　岡村・前掲注（8）20 頁。また水野・植田・佐藤「基礎的人的控除の簡素化」税研 94 号（2000 年）60 頁〔佐藤〕によれば、基礎的人的控除について一部このような制度を認めてもよいと述べられている。

(69)　北野・前掲注（1）『税法学原論』169 頁、水野・植田・佐藤・前掲注（67）77 頁〔植田〕、佐々木・前掲注（5）「所得税法における課税最低限と最低生活費（一）」70 頁。

(70)　北野・前掲注（1）『税法学原論』169 頁。

182　第4章　所得税における基礎控除と担税力

る[71]。この見解は次のように税額控除方式論を批判している。たしかに所得控除方式であれば、その最終的な軽減額が、当該納税義務者に適用される最高の税率に依拠するため高所得者に有利に働くことになり、場合によっては低所得者に充分な最低生活費等が保障されなくなる。しかしながら、税引後に納税義務者の手もとに一定金額を保障することが所得税の役割ではない。むしろ公平な課税を実現することが所得税の基本的な役割であり、いわゆる「負の所得税」と結び付くなど、結果的な公平は本来所得税の目的ではないのである[72]。またそのような措置をとることは、社会法の補充性の原則（Subsidiaritätprinzip）との関係でも問題があるという指摘もある[73]。

　さらに納税者間での公平という点では、同じ金額がすべての納税者について（高所得者も低所得者も）所得から控除されることで、公平性は保障されていると考えられる[74]。そして控除後の累進性については税率を調整することで対応することが可能であるといわれている[75]。

　そしてなによりも、応能負担原則との関連においては、憲法25条において定められている「健康で文化的な最低限度の生活を営む権利」、生存権を課税上侵害しないために、最低生活費を課税対象から除外しなければならない。換言するならば、最低生活費には担税力が見出されないため、これを課税対象から除外することにより、生存権を税法上も保障しなければならないのである[76]。これらのことから、税率適用前の所得控除のほうが望ましいと考えられる。

---

(71)　水野・植田・佐藤・前掲注（68）64頁〔佐藤〕。

(72)　水野・植田・佐藤・前掲注（68）64頁〔佐藤〕。

(73)　伊藤・前掲注（5）「憲法論から見た課税最低限の再構成（一）」10頁。Vgl. auch a. a. O. (FN. 51), Sitzungsbericht N, S. 215; M. Lehner, Einkommensteuerrecht und Sozialhilferecht, 1993, S. 136.

(74)　佐々木・前掲注（5）「所得税法における課税最低限と最低生活費（一）」70頁。

(75)　水野・植田・佐藤・前掲注（68）63頁〔佐藤〕、佐々木・前掲注（5）「所得税法における課税最低限と最低生活費（一）」71頁。

(76)　金子・前掲注（1）192頁、北野・前掲注（1）『税法学原論』149頁、北野・前掲注（1）『現代税法講義』66頁〔三木〕、三木・前掲注（45）146頁。

第2節 控除段階 183

3 小 括

以上みてきたように、基礎控除の控除段階については、所得控除のほうが妥当であると思われる。それは、例えばドイツ連邦憲法裁判所でも述べられているように、「国家は納税義務者にその者の所得を、人に値する存在にかかる最低要件が成立するために必要な範囲で、非課税にしなければならない」[77]のであるから、やはり税率を適用すべきではないと考えられるからである[78]。

また平等原則の観点からも税額控除方式には問題があると考えられることも理由として挙げられる[79]。すなわち税額控除方式によれば、基礎控除と社会扶助の水準が同一であったとしても、基礎控除が税額控除において課税対象として、社会扶助給付は非課税所得として、それぞれ扱われることになる。基礎控除は税率を適用され、場合によっては累進税率の引上げにつながるのに対し、社会扶助給付は税率を適用されない。これらが同一の目的のために保障された制度であることからすれば、このような不平等な取扱いは認められないと考えられるためである。

たしかに税額控除によれば、控除を適用した結果としての税負担軽減に関する公平および最低生活費の保障における公平を実現できることになるといえる[80]。また最低生活費には課税しないという税法上の考慮は、所得の多寡に関わらず、すべての納税者に等しく認められるべきであると考えられる。このように考えるならば、税額控除方式のほうが優れているように思われる[81]。

しかしながら、納税者間での公平の点では、同じ金額をすべての納税者について（高所得者も低所得者も）所得から控除することにより、公平性が保障されるとも考えられる[82]。またなによりも最低生活費には課税しないとい

---

(77) BVerfGE, a. a. O. (FN. 9), S. 85.
(78) S. FN. 61.
(79) S. FN. 62.
(80) 北野・前掲注（1）『税法学原論』169頁、水野・植田・佐藤・前掲注（67）77頁〔植田〕、佐々木・前掲注（5）「所得税法における課税最低限と最低生活費（一）」70頁。
(81) 北野・前掲注（1）『税法学原論』169頁。
(82) 佐々木・前掲注（5）「所得税法における課税最低限と最低生活費（一）」70頁。

184 第4章 所得税における基礎控除と担税力

う生存権の自由権的側面にかんがみれば、税率を適用する課税対象としての
性格は否認すべきであると考えられる。以上のことから、基礎控除は所得控
除として保障されるべきであると考える。

第3節 基礎控除と担税力

　上述のように、最低生活費を保障するという基礎控除の趣旨によれば、そ
の保障は所得控除方式のほうが妥当であると思われる。すなわち、最低生活
費には担税力がないため、課税対象に含め税率を適用するのではなく、税率
適用前に控除すべきであると考えられる。

　しかしながら「最低生活費には担税力がない」ということは果たしていえ
るのであろうか。最低生活費を納税義務者に保障するという点に着目すれ
ば、やはり税引後に手もとに残し、その金額になお不足がある場合には還付
や社会保障給付で保障することのほうが妥当であるようにも思われる。

　基礎控除が所得控除として保障されなければならないといわれることの根
拠となる、「最低生活費には担税力がない」とはどのような理由から主張さ
れているのであろうか。このことを明らかにするため、以下では最低生活費
を保障する基礎控除について担税力、応能負担原則の観点から再度検討して
いくことにしよう。

1 基礎控除と主観的担税力

　基礎控除について応能負担原則との関連で考える場合、たしかに所得控除
方式であれば低所得者と比べ、高所得者のほうが税負担の軽減を大きく受け
ることになる。これに対し税額控除方式であれば同じ額を控除される結果、
税負担における軽減割合が大きくなる。そのため、税額控除方式のほうが応
能負担原則に適っているようにも思われる[83]。

　しかしながら上述のように、最低生活費には担税力が見出されないため、
これを課税対象から除外することにより、生存権を税法上も保障するという

---

(83)　三木・前掲注（45）144頁。

第3節 基礎控除と担税力 185

ことが基礎控除の趣旨である。そしてこれにより、低所得者の税負担を軽減することが目的であると考えられる。そうであるならば、最低生活費は担税力を減殺する要素として捉えられると思われる。そのため、課税対象に含めること、すなわち税率を適用すること、さらには税額控除方式を採用することは問題であると考えられる。

この点についてドイツでも、「最低生活費を超えた所得」に対してのみ課税ができるという見解が一般に認められている[84]。このような「最低生活費を超えた所得」[85]は、まさに租税支払いのための処分可能な所得であり、そのような可処分所得のみが課税対象として把握されることになるのである。このような考え方を主観的純額主義（subjektives Nettoprinzip）という[86]。

この主観的純額主義によれば、課税の公平は応能負担原則を実現することにより達成される。その際に、所得税は人税であるため、納税義務者の経済的能力に合わせた税負担を課すことになる。その税負担を算出する過程において、収入から必要経費を控除した純所得を求め（客観的純額主義（objektives Nettoprinzip）[87]）、個人が避けるのことのできない支出（unvermeidbare Privatausgaben）による担税力の減少をその純所得金額から減じなければならないのである。そういった私的な支出は、稼得領域外で生じるものであるた

---

(84) A. a. O. (FN. 51), Sitzungsbericht N, S. 214; a. a. O. (FN. 61), v. Bockelberg, S. 926; a. a. O. (FN. 62), Diziadkowski, S. 11ff.; a. a. O. (FN. 48), J. Giloy, S. 123.

(85) ただし、ここでいう「最低生活費」には、自己および家族のものが含まれることになる。

(86) J. Lang, Reformentwurf zu Grundvorschriften des Einkommensteuergesetzes, 1985, Köln, S. 68ff.; ders., Die Bemessungsgrundlage der Einkommensteuer, 1988, Köln, S. 71ff.; ders., a. a. O. (FN. 53), S. 19ff.; H. Söhn, Verfassungsrechtliche Aspekte der Besteuerung nach der subjektiven Leistungsfähigkeit im Einkommensteuerrecht: Zum persönlichen Existenzminimum, FA 1988, S. 154; M. Lehner, Einkommensteuerrecht und Sozialhilferecht, 1993, Tübingen, S. 136ff.; ders., a. a. O. (FN. 58), S. 1641; ders., a. a. O. (FN. 52), S. 59; a. a. O. (FN. 51), Tipke, S. 673ff.; Tipke/Lang, a. a. O. (FN. 50), §9 Rz. 74ff.; A. Uelner, Zur Konkretisierung des subjektiven Nettoprinzips im Einkommensteuerrecht, in: FS für Ludwig Schmidt zum 65. Geburtstag, 1993, S. 21; a. a. O. (FN. 57), Kirchhof, Stu W 2002, S. 2; D. Schneider, Leistungsfähigkeitsprinzip und Abzug von der Bemessungsgrundlage, Stu W 1984, S. 356. なお、この点に関する邦語文献として、吉村典久「所得控除と応能負担原則—所得税法における主観的担税力の考慮—」金子宏編『所得課税の研究』（有斐閣、1991 年）235 頁がある。

(87) Vgl. a. a. O. (FN. 86), Söhn, S. 154; a. a. O. (FN. 86), Uelner, S. 23ff..

め、純所得の算定上控除されることはない。しかしながら、それは納税義務者にとって自由にできない所得部分である。したがって、こういった不可避的な支出は課税標準の消極的要素として捉えられることになる。そしてこういった不可避的支出を課税標準から控除することにより、納税義務者の主観的担税力（subjektive Leistungsfähigkeit）が適切に把握されることになるのである。このようにして把握される、納税義務者にとって処分可能な所得のみが課税対象として理解されることになる[88]。

　このことは上述のドイツ法曹大会においても次のように認められている。すなわち、「納税義務者が処分できる稼得所得部分のみが所得税に服する。自己の生存および家族の扶養のための不可避的な支出は、それゆえ、課税の前に控除されなければならない。その控除の後に生じる課税対象所得にはじめて税率が適用される」[89]べきなのである。このように不可避的な支出を課税標準から控除することが要請されている。その結果、基礎控除は所得控除方式でなければならないということになる。

　このように基礎控除を所得控除で保障することは、応能負担原則から認められることになる。なぜなら、応能負担原則に基づくならば、課税標準は租税を支払うために処分可能な所得でなければならず、基礎控除を含む不可避的な支出はそのために処分できない所得部分だからである[90]。

　またこの主観的純額主義は、不可避的な支出を納税義務者が負担することを前提としている。すなわち、すべての納税義務者が自己および家族の最低生活費を自身で稼得することは所得税において重要な要素であると考えられている。このことは、国民の経済的な自己扶助およびそれを補充するための社会扶助を目標とする社会法においても同じであるといえる（補充性の原則）。したがって、これら2つの法領域における共通の目標として、国民（納税義務者）本人における最低生活費の稼得というものが考えられる。このことから、所得税法と社会法における最低生活費の水準の同一性が要請されていると思われる[91]。そしてこの金額は、担税力がないため、課税標準から控除

---

(88)　A. a. O. (FN. 86), Söhn, S. 155f.; a. a. O. (FN. 86), Uelner, S. 25ff..

(89)　A. a. O. (FN. 51), Sitzungsbericht N, S. 214.

(90)　A. a. O. (FN. 51), Tipke, S. 681f..

第3節　基礎控除と担税力　　187

される。すなわち所得控除として保障されることになるのである[92]。

　以上のようにドイツにおいては、応能負担原則を実現するため主観的純額主義に基づき、最低生活費（不可避的な支出）には主観的な担税力がないものとして扱われている。そして、その金額を所得税における課税標準から控除することが必要だと考えられている。その結果が、上述のドイツにおける所得控除化への議論といえると思われる。

　他方、わが国では生存権を保障する基礎控除には担税力がないと主張されている[93]。このことは、まさにドイツにおける主観的純額主義の議論と同じであると思われる。なぜなら、わが国においても憲法14条の平等原則から応能負担原則が税法において認められており、また生存権の自由権的側面として当該所得部分に課税すべきでないことが一般に認められているからである。

　このことから、生存権を保障するための基礎控除には（主観的な）担税力がなく、その金額を所得控除によって保障すべきであること、および、その金額は生活扶助のそれと同一水準であることが、要求されていると考えられる。

2　基礎控除と所得概念

　上述のように、主観的純額主義のもと、最低生活費には担税力がないと考えられ、それを保障するための基礎控除は所得控除によることが望ましいということが、応能負担原則からも認められると思われる。しかしながら、ここで「担税力」という場合、必ずしもその意義については明らかではない[94]。そのため、「担税力」の意義をどのように捉えるかによって、応能負担原則の意味内容も変わってしまうおそれがある。そのような場合には、上述の議論が必ずしも当てはまらないおそれも生じかねない。

　しかしながら、最低生活費に「担税力」が認められないということは一般

---

(91)　A. a. O. (FN. 73), Lehner, S. 136f.; a. a. O. (FN. 86), Lang, S. 68ff..

(92)　A. a. O. (FN. 52), Lehner, S. 59.

(93)　前掲注（2）。

(94)　岡村・前掲注（8）22頁。

188 第4章 所得税における基礎控除と担税力

に認められているように思われる。また所得税においては、「担税力」の指標が「所得」であることも一般に認められているところである。そこで「担税力」がないといわれる最低生活費について、「担税力」の指標である「所得」との関連でどのように捉えるべきなのであろうか。以下では、最低生活費の控除のあり方について所得概念との関連から検討していくことにしよう。

周知のように、「所得」の意義をめぐっては大きく2つの学説が対立している。純資産増加説（包括的所得概念）と所得源泉説（制限的所得概念）である[95]。純資産増加説によれば、「所得」は次のように定義される。すなわち「所得」とは、一定期間内における純資産の増加および消費ということになる。これに対し所得源泉説は、「所得」を何らかの所得源泉から反復・継続して生じる経済的利得として捉える。これらのうち、わが国では純資産増加説のほうが税負担の公平性という観点から優れていると考えられ、一般に支持されている。またこの点は、所得税法において譲渡所得（33条）、一時所得（34条）および雑所得（35条）といった偶発的、一時的な利得が課税対象として規定されていることからも認められる。しかしながらこの理論によれば、本来は課税対象になる未実現のキャピタル・ゲインなどが実際には課税されず、納税者の課税に対する予測可能性を保障する租税法律主義（憲法84条）の観点からも問題があると思われる。

そこで、「所得」を包括的にすべての純資産の増加と捉えるのではなく、納税義務者の営利目的をもった市場における経済活動を通じて得られた経済的利得に限定するという見解がある。これを市場所得説という[96][97]。この

---

(95) この点に関する代表的な研究として、金子宏「租税法における所得概念の構成」同著『所得概念の研究』1頁（有斐閣、1995年）、同「ボーリス・ビトカーの『包括的課税ベース』批判論の検討」同119頁、清永敬次「シャンツの純資産増加説（一）・（二）」税法学85号（1958年）7頁、86号（1958年）15頁、小林威「包括的所得課税標準の検討」経営と経済（長崎大）53巻4号（1973年）11頁等がある。

(96) 北野・前掲注（1）『現代税法講義』42頁〔三木〕参照。

(97) 木村弘之亮「ドイツ所得税法における所得概念—所得の人的帰属との関連において」波多野弘先生還暦祝賀論文集刊行委員会編『波多野弘先生還暦祝賀記念論文集』（同刊行委員会、1988年）125頁、同『租税法学』（税務経理研究会、1999年）182頁以下、210頁以下、谷口勢津夫「市場所得説と所得概念の憲法的構成—パウル・キルヒホフの諸説を中心

第3節　基礎控除と担税力　　189

見解は今日ドイツにおいて非常に注目を集め、通説的な立場にあるといえる[98]。

これらの見解のいずれによっても、「所得」は収入から必要経費を控除した純所得として理解される。すなわち、（客観的な）純額主義が認められている[99]。ここで必要経費を控除するのは、所得を得るために必要な支出、つまり投下資本への課税を回避することにある。すなわち、原資を維持しつつ（拡大）再生産を行うという資本主義経済の要請により認められるのである[100]。

これに対し、私的な目的の消費（家事費）およびそのような要素が混在し必要経費と区別が困難な消費（家事関連費）は、所得税法において控除が認められていない（45条）。なぜなら、所得税の納税義務者である自然人は、自己の生活のなかで生産活動（所得稼得行為）と消費活動の両方を行っているからである。そのため、個人が消費する支出は、収益を得るための消費、すなわち収益領域に属するもの（必要経費）と所得の処分として私的領域に属するもの（家事費）に区分されると考えられ、後者の控除が認められていないのである[101]。

このようなことから、特に純資産増加説は、「一定期間内における純資産の増加および消費」（資産の増加＋消費）というように「所得」を定義しているものと思われる。そのため、特に純資産増加説を採用するわが国においては、ここまで検討してきた最低生活費はまさに「消費」に該当し、本来所得税法上控除されないものであるようにも思われる。また所得源泉説においても「資産を減じることなく、自分のために消費する資産の総額」を「所得」の要素と捉えている[102]。そこで、この「消費」の意義が問題になってくる[103]。すなわち、このような「消費」に、納税義務者が避けることのでき

　　　　に―」碓井光明・小早川光郎・水野忠恒編『公法学の法と政策（上)』（有斐閣、2000年）465頁。
(98)　A. a. O. (FN. 50), Tipke/Lang, Steuerrecht, §4 Rz. 108f..
(99)　本書第2章。
(100)　金子・前掲注（1）244頁。
(101)　本書第3章151頁。
(102)　G. Schanz, Der Einkommensbegriff und die Einkommensteuergesetze, FA 1896, S. 1, 7, 12.

190 第4章 所得税における基礎控除と担税力

ない支出、つまり最低生活費が含まれないと考えなければ、当該支出は課税対象として把握されることになる[104]。その結果、基礎控除の保障は税額控除方式のほうが妥当であるとも考えられる。

しかしながら所得税においては、納税義務者本人が生存していることがそもそもの前提になっていると考えるべきであると思われる。なぜなら、納税義務者本人が生存していなければ、そもそも所得を得ることも不可能だからである。このように考えるならば、「消費」の意義について捉えるのではなく、その最低生活費は「純資産の増加」と考える段階ですでに控除されると考えるべきであるように思われる。すなわち、所得稼得者自らが生存することを前提として、「所得」は捉えられていると考えるほうが妥当なのであると考えられる。このように考えると、最低生活費は「所得」の構成要素ではない、つまり「担税力」がないということになる。このことは、所得概念論のいずれによっても同じであると考える。そして、最低生活費を超えた所得部分がはじめて課税対象として把握されることになるのである[105]。

また稼得行為に対する最低必要額についても同様のことがいえるように思われる。すなわち、生存を保障された納税義務者はさらに稼得行為をも保障されなければ、稼得物である「所得」に対する課税は成立し得ないと考えられる。

この点について、それぞれの所得概念論についてみると、例えば所得源泉説は、所得を得るための源泉、所得源泉（Einkunftsquellen）の存在を前提としている。所得を稼得するためには所得源泉を維持し、利用することが必要になる。そしてドイツ所得税法において、所得源泉説と結び付いた必要経費（Werbungskosten）[106]が「収入の獲得、保全および維持のための消費」（9条1項1文）であることとの関係から、所得源泉を利用して収入を得るための費用

---

(103) 中里実「所得控除制度の経済的意義」前掲注（8）『所得控除の研究』91頁（109頁）、岡村・前掲注（8）23頁。

(104) この点について、ヒューマン・キャピタルとの関係において生存を維持するコストとして費用性を認め所得控除が妥当とする見解（中里・前掲注（103）109頁）と、最低生活費は消費ではない（岡村・前掲注（8）24頁）という見解とがある。

(105) A. a. O. (FN. 51), Sitzungsbericht N, S. 214.

(106) 本書第2章86頁。

第3節　基礎控除と担税力　　191

が必要経費として客観的純額主義により考慮されることになると思われる。さらに、その前提となる所得源泉の維持のための費用は主観的純額主義によって考慮されると考えられる。

このようなことは、例えば所得が「消費された資産部分の補填およびその経済活動と結び付いた法的請求権を弁済した後、単なる資産の移転による資産増加を引いた後に、自己の消費のために残ったもの」であると所得源泉説において捉えられている点からも推測される。すなわち、ここでいう「消費された資産部分の補填」とは、まさに生活および稼得行為に最低限必要な金額を指すものと考えられるのである[107]。

また純資産増加説においてもこのことは妥当すると考えられる。なぜなら、純資産増加説においても、「それまでの資産自体を減じることなく」、ある人の処分できるかたちで、一定期間に流入した財産を「所得」として捉えているからである[108]。つまり、減じられた資産部分は補填されることになる。その減じられる部分が生活および稼得行為に最低限必要な金額であると考えられるからである。この結果、純資産増加説は、純所得を「生産費用の控除の後に残る、基幹財産（Stammvermögen）を減少することなく消費されうる部分である」と定義しているのである[109]。またドイツ所得税法において、純資産増加説と結び付く控除概念である事業支出（Betriebsausgaben）[110]が「事業に基因する支出」と規定されている（4条4項）ことからもこのことは考えられる。すなわち、この規定においては事業を行っていることが前提とされており、そのための費用は収入から控除されないことになる。つまりそのための費用は、その前段階において控除されなければならないのである。そしてその費用が主観的純額主義において控除されると考えられる。

さらに市場所得説においても同様のことがいえると思われる。市場所得説は、納税義務者が生存し市場に参加することを前提としている[111]。そして、市場における収益基盤（Erwerbsgrundlage）を利用することによって得られた

---

(107)　a. a. O. (FN. 102), Schanz, S. 10.

(108)　a. a. O. (FN. 102), Schanz, S. 22f..

(109)　a. a. O. (FN. 102), Schanz, S. 8.

(110)　本書第2章86頁。

(111)　A. a. O. (FN. 86), Lang, S. 237ff.; a. a. O. (FN. 57), Kirchhof, Gutachten F, S. 51ff..

192 第4章 所得税における基礎控除と担税力

利得を課税対象として捉えている[112]。所得を稼得するためにこの収益基盤を維持し利用することが必要になるのである。そして市場所得説によれば、基因原則と結び付いて必要経費の控除が認められる[113]ことから、このような費用は経費として控除されないことになる。そのため、当該金額はその前段階において控除されなければならないのである。

この点について市場所得説は、他の2説よりも明確に、生存権が国家の課税権に優先するため最低生活費が課税に優先して控除されること、そして所得に含まれないことを述べている[114]。そしてその金額について社会保障給付と同水準であることも要請している[115]。すなわち、市場所得説は明確に主観的純額主義を採用しているのである。このようなことからも、市場所得説においては、社会保障給付と同じ水準の最低生活費を、所得税法上保障されることが認められていると考えられる。

以上のことから、所得概念論のいずれによっても、所得稼得者自らが生存することを前提として「所得」は捉えられているといえる。そして、生活に最低限必要な額および稼得の根拠となる所得源泉・基幹財産・稼得基盤を保有・維持することが、収入を得るための行為の前提となっているのである。このことから、そのための費用が「所得」の構成要素として捉えられていないことが認められる。つまり、このような費用には「担税力」がないと捉えられ、そもそも「所得」という概念の範囲に含まれていないと考えられる。そしてその金額が、まさに上述の基礎控除の金額ということになる。

すなわち、所得稼得者である納税義務者自らが生存するための最低必要額（生活扶助給付と同じ水準）、および稼得の根拠となる所得源泉・基幹財産・稼得基盤を保有・維持するための稼得行為のために必要な最低額（超過必要額）が、所得税法の基礎控除として保障されなければならないのである。そして

---

(112) A. a. O. (FN. 57), Kirchhof, Gutachten F. S. 23ff..

(113) 本書第2章 121 頁。

(114) A. a. O. (FN. 57), Kirchhof, Gutachten F., S. 52f. u. 57f..

(115) A. a. O. (FN. 57), Kirchhof, Gutachten F., S. 58f.; a. a. O. (FN. 86), Lang, S. 87ff.. Vgl. auch J. P. Meincke, Empfielt es sich, das Einkommensteuerrecht zur Beseitigung von Ungleichbehandlungen und zur Vereinfachung neu zu ordnen?, DB 1988, S. 1869; D. Birk, Die verteilungsgerechte Einkommensteuer-Ideal oder Utopie?, JZ 1988, S. 820; J. Isensee, Referat in: a. a. O. (FN. 51), Sitzungsbericht N, S. 32.

このことは主観的純額主義において明確に示されていると考えられる。

またこの金額は所得控除によって保障されなければならない。それは、本来所得ではない基礎控除が総所得金額との関係において考慮されなければならないからである。したがって、このことを貫徹するためには、技術上、所得控除の段階でする以外にはあり得ないと思われる。

おわりに

以上みてきたように、ドイツの判例においては、基礎控除として社会法における最低生活費と同じ水準の保障が必要であると考えられている。またその金額には、稼得行為のための最低必要額も含まれるなど、最低生活費を超える必要額が認められている。これに対し、現在のわが国の所得税法86条において認められる基礎控除額は年間38万にすぎない。基礎控除が、納税義務者の生存権を保障するための制度であることからすれば、わが国の水準はきわめて低く、「健康で文化的な最低限度の生活」（憲法25条）を保障するものとはいえないことは明らかである。

この基礎控除が生存権を保障するものであり、その金額までは課税による侵害を禁止するという生存権の自由権的側面の現れであるという点にかんがみれば、その水準は生活に必要な最低額に稼得行為を行うための必要額を加えた社会給付水準における金額が少なくとも必要であると考えられる。

またこのことは平等原則（憲法14条）の観点からも認められる。すなわち、自ら所得を得ている者と社会保障を給付されている者との平等が保障されなければならないのである。例えば、税法上の基礎控除が社会給付水準よりも低い場合、社会給付水準と同額の所得を得た者は課税され手取金額が減るのに対し、社会給付で同額を受給した者はそれが非課税扱いであれば全額を手もとに残すことになる。このような不平等が生じるということである。このことを回避するためにも同じ目的をもつ両者の水準は同一でなければならないと考えられる。

さらにこの平等原則との関連において、応能負担原則の観点から、この基礎控除は所得控除方式によらなければならないと思われる。すなわち、応能

194　第4章　所得税における基礎控除と担税力

負担原則を実現するために、主観的純額主義に基づき、最低生活費には主観的な担税力がないものと理解される。そのため、その金額を課税対象に含むことは認められず、所得税における課税標準から控除することが必要となるのである。

　以上のことから考えるに、生存権を保障するための基礎控除には主観的な担税力がなく、その金額を所得控除によって保障すべきであること、および、その金額は社会法におけるそれと同一水準であることが、要求されているといえる。

　このように基礎控除について考える際に、最低生活費には「担税力」がないということが前提となる。そこで、「担税力」の指標である「所得」の意義との関係で、これらのことを理解すると、次のようなことがいえると思われる。そもそも所得税法における「所得」は、どの所得概念論によっても、納税義務者本人が生存し自ら稼得行為を行うことを前提としている。それゆえ、そのための金額ははじめから「所得」の構成要素としては捉えられていないのである。このことが、応能負担原則において主観的純額主義というかたちで現れていると考えられる。したがって、この金額は所得控除によって保障されなければならないのである。またその金額は、生存権の自由権的側面および平等原則との関係において、社会給付水準と同一でなければならない。

　このように、基礎控除のあり方を考える際には、それが「担税力」と密接に関わるものである以上、「担税力」の指標である所得概念との関連が重要なものとなってくる。特に市場所得説は、これまで述べてきた主観的純額主義および社会法との一致ということを明確に示しており、これらのことをより説得力をもって説明できるように思われる。

　以上の検討から、現行所得税法において基礎控除は極めて低い水準でしか保障されていないという点で問題があるといえる。しかしながら、その控除段階として所得控除方式を採用している点で評価できると思われる。そしてこのようなかたちで基礎控除のあり方を検討していく必要があると考える。そしてその基礎控除について考える際には、応能負担原則との関連が重要であり、特に主観的純額主義という原則が重要な役割を果たすと思われる。さ

らにこの原則を明確に示し、それに基づく所得概念を採用する市場所得説
は、わが国の基礎控除のあり方を考える際に大きな示唆を与えてくれるであ
ろうことを指摘しておきたい。

　＊　本稿は、平成15年度科学研究費補助金（「市場所得概念の研究」課題番号
　　　15730015）に基づく研究成果の一部である。

第5章 扶養にかかる人的控除と社会保険料負担
——2005年1月11日連邦憲法裁判所判決の検討——

はじめに

　税法において最も重要な意義をもつ憲法上の原理として租税法律主義（84条および30条）と平等原則（14条）が挙げられる。前者は、納税義務の根拠およびその実現に、民主的コントロールを及ぼすために、それらが国会による法律に基づくことを要請するものである。そして後者によれば、そのような法律に基づいて課される租税が、納税義務者の負担能力（担税力）に応じた公平なものでなければならないということが要請される（応能負担原則）。

　ここにいう担税力の指標として、一般には所得・資産・消費の3つが挙げられる。このうち、所得は、担税力の尺度として最も優れているといわれる。そして、その所得に対して課される所得税は、累進税率の適用が可能であること、および、基礎控除をはじめとする人的控除などの制度を通じて最低生活水準を保障できることから、この応能負担原則の要請に最も合致するといえる[1]。

　このうち、人的控除はさらに憲法25条と関連して重要な意味をもつ。なぜなら、この憲法25条が定める「健康で文化的な最低限の生活を営む権利」を税法上保障するために、いわゆる最低生活費は課税対象から除外されなければならないと考えられているためである。つまり、最低生活費には担税力が見出されないため、これを課税対象から除外することにより、生存権を税法上も保障しようと考えられているのである[2]。このような最低生活費保障

（1）　金子宏『租税法〔第10版〕』（弘文堂、2005年）88頁、北野弘久『税法学原論〔第5版〕』（青林書院、2003年）137頁、北野弘久編『現代税法講義〔4訂版〕』（法律文化社、1999年）19頁〔北野弘久〕等。

（2）　金子・前掲注（1）194頁、北野・前掲注（1）『税法学原論』149頁、北野・前掲注（1）『現代税法講義』70頁〔三木義一〕。また、このような人的控除の所得計算上の意義につ

を所得税法において具体化したものが、基礎控除（86条）、配偶者控除（83条）および扶養控除（84条）である。このうち基礎控除は、この最低生活費非課税の原則を納税義務者自身に関して実現しているといえる。そして、配偶者控除および扶養控除は、扶養を受ける者の最低生活費について、扶養している納税義務者において考慮している。

　これら人的控除は、これまでいわゆる「課税最低限」に含められたかたちで、最低生活費保障との関係からそのあり方、とりわけ金額について論じられてきたように思われる[3]。特に基礎控除は、ドイツの議論を参考にした社会法との一致の要請をはじめとして、その引上げの必要性が指摘されてきたといえる[4]。そして、そこで示されているような議論は、生存権保障という同じ趣旨に基づくため、配偶者控除および扶養控除にも当てはまると考えら

　　　　いては、佐藤英明「配偶者控除および配偶者特別控除の検討」金子宏『所得控除の研究』
　　　　日税研論集 52 号（2003 年）133 頁を参照されたい。

（3）　北野・前掲注（1）『税法学原論』149 頁（152 頁）、金子・前掲注（2）『所得控除の研究』
　　　　（とりわけ、金子「総説—所得税法における所得控除の研究」3 頁、水野忠恒「所得控除
　　　　と憲法問題」25 頁）、田中治「個人所得課税改革のあり方」（特集「税制改革のあり方—
　　　　税制調査会・経済財政諮問会議の基本方針を材に—」）税経通信 57 巻 12 号（2002 年）60
　　　　頁、岩田陽子「欧米主要国の人的控除と課税最低限」レファレンス 617 号（2002 年）71
　　　　頁、川端康之「所得税改革と課税最低限の引下げ」税経通信 53 巻 12 号（1998 年）27 頁、
　　　　岡村忠生「所得税改革と課税最低限」税経通信 54 巻 12 号（1999 年）17 頁、三木義一
　　　　「課税最低限—法的側面からの問題提起—」日本租税理論学会編『課税最低限』（谷沢書
　　　　房、1994 年）33 頁、佐々木潤子「所得税法における課税最低限と最低生活費—アメリカ
　　　　連邦所得税法における展開（1）（2・完）」民商法雑誌 117 巻 1 号（1997 年）35 頁、2 号
　　　　（1997 年）32 頁、阿部泰隆「個人所得税最低限制度のあり方」法律時報 59 巻 3 号（1987
　　　　年）56 頁、畠山武道「矛盾露呈した課税最低限」（特集「大型間接税と所得減税を衝く」）
　　　　エコノミスト 61 巻 9 号（1997 年）28 頁、跡田真澄「所得税性改革（2）—税率の緩和と
　　　　課税最低限」（特集「意見・税制改革の青写真」）税経通信 41 巻 2 号（1986 年）66 頁、水
　　　　野正一「所得税・住民税の課税最低限と生活保護基準」（特集「税制の抜本的改革 1」）税
　　　　経通信 40 巻 3 号（1985 年）102 頁、石島弘「低所得者と税制—課税最低限について—」
　　　　ジュリスト 757 号（1982 年）49 頁等を参照。また、これらの人的控除のあり方に関する
　　　　ものとして田中康男「所得控除の今日的意義—人的控除のあり方を中心として—」税大論
　　　　叢 48 号（2005 年）1 頁（http://www.ntc.nta.go.jp/kenkyu/ronsou/48/tanaka/hajimeni.
　　　　html）がある。

（4）　三木・前掲注（3）、同「課税最低限と社会給付の統一」税 48 巻 3 号（1995 年）4 頁、伊
　　　　藤嘉規「憲法論から見た課税最低限の再構成（1）（2・完）」六甲台論集 47 巻 2 号（2000
　　　　年）1 頁、48 巻 1 号（2001 年）1 頁、伊藤嘉規「社会扶助と税の一致」富大経済論集 49
　　　　巻 1 号（2003 年）37 頁、本書第 4 章 165 頁等を参照。

198　第5章　扶養にかかる人的控除と社会保険料負担

れる[5]。

　その他にも、特に配偶者控除がその制度の是非をめぐって議論されている

ことは周知のとおりである[6]。その根拠は、女性の社会進出という問題との

（5）　例えば、上述のドイツの議論に関して、連邦憲法裁判所の判決は子どもの扶養にかかる控
　　　除をめぐるもの（Beschuluss des Bundesverfassungsgerichts vom 29. 5. 1990.-1 BvL 20,
　　　26, 184 und 4/86-, BVerfGE 82, 60）があり、それに基づき、課税最低限のあり方が議論
　　　されている。なお、その連邦憲法裁判所判決については、清永敬次「独憲法裁判所の最近
　　　の租税関係判例」榎原猛・阿部照哉・佐藤幸治・初宿正典編著『国法学の諸問題　宮田豊
　　　先生古稀記念』（嵯峨野書院、1996年）223頁（241頁）、岩間昭道「所得に応じた児童手
　　　当の削減と最低生活費非課税の原則」ドイツ憲法判例研究会編『ドイツの最新憲法判例』
　　　（信山社、1999年）179頁、伊藤・前掲注（4）「憲法論から見た課税最低限の再構成（1）」
　　　17頁、21頁を参照。その他の扶養控除をめぐる憲法裁判所判決で、課税最低限に関連して
　　　議論されているものとして、1994年6月14日判決（Beschuluss des Bundesverfassungsgerichts
　　　vom 14. 6. 1994.-1 BvR 1022/88-, BVerfGE 91, 93; これに関する邦語文献として、伊藤・
　　　前掲注（4）「憲法論から見た課税最低限の再構成（2・完）」25頁）および1998年11月
　　　10日判決（Beschuluss des Bundesverfassungsgerichts vom 10. 11. 1998.-2 BvL 42/93-,
　　　http://www.bundesverfassungsgericht.de/; これに関する邦語文献として、手塚和彰「ド
　　　イツ連邦憲法裁判所『児童扶養控除』違憲決定の波紋」ジュリスト1173号（2000年）11
　　　頁、伊藤・前掲注（4）「社会扶助と税の一致」がある。なお、斎藤純子「子育て控除の拡
　　　大を求める連邦憲法裁判所判決」ジュリスト1154号（1999年）4頁もあわせて参照。
　　　　このほかにも納税義務者の基礎控除に関する判決として1992年9月25日判決
　　　（Beschuluss des Bundesverfassungsgerichts vom 25. 9. 1992. 2 BvF 4, 5/89, BVerfGE 87,
　　　153）、本判決については清永・前掲「独憲法裁判所の最近の租税関係判例」229頁、三
　　　木・前掲注（3）39頁、同・前掲注（4）、伊藤・前掲注（4）「憲法論から見た課税最低限
　　　の再構成（2・完）」12頁を参照。また、田中・前掲注（3）75頁もあわせて参照された
　　　い。

（6）　全国婦人税理士連盟編『配偶者控除なんかいらない!?―税制を変える、働き方を変える』
　　　（日本評論社、1994年）、市吉澄枝「配偶者特別控除の創設をめぐって」税経新報309号
　　　（1987年）10頁、高原須美子「女性の自立を妨げる所得税改正案―専業主婦と働く女性の
　　　不平等を考える」エコノミスト65巻9号（1987年）34頁、木元教子・広中和歌子「女性
　　　と税金〈対談〉」税経通信43巻3号（1988年）81頁、三木義一「全国婦人税理士連盟編
　　　『配偶者控除なんかいらない』―「いらない」なんて本当にいえるのか?〈BOOK
　　　REVIEW〉」法律時報66巻12号（1994年）120頁、本多淳亮「パート労働者と『100万
　　　円の壁』」大阪経済法科大学法学研究所紀要20号（1995年）1頁、杉井静子「パートタイ
　　　ムの配偶者控除と女性の自立」賃金と社会保障1036号（1990年）10頁、品川芳宣「租税
　　　理論からみた配偶者控除是非論の検証（上）（下）」税理40巻5号（1997年）10頁、6号
　　　（1997年）26頁、遠藤みち「配偶者控除を考える―高齢社会に向けて所得控除のあり方と
　　　ともに―（1）（2・完）」税経通信52巻8号（1997年）49頁、9号（1997年）50頁、大
　　　田弘子「女性と税制―配偶者控除等の検証」税研76号（1997年）9頁、杉井静子「女性
　　　の自立を妨げる税金・年金・健康保険制度」富岡恵美子・吉岡睦子編『現代日本の女性と

関係だけでなく、法的あるいは制度的な問題にあると考えられる。このうち例えば、いわゆる「103 万円の壁」問題、すなわち免税点方式という制度のあり方から派生する問題については、配偶者控除については配偶者特別控除（所得税法 83 条の 2）の導入により、少なくとも税法上は解消されていると評価できるように考えられる[7]。しかし、扶養控除については、この問題は残ったままということになると思われる。

　このように、配偶者控除と扶養控除は、どちらも同じ趣旨のものであり、同様の制度を採用しているということから考えれば、家族の扶養による担税力の減少を考慮する制度に関する問題点の指摘は配偶者控除だけに当てはまるものではないと思われる。そうであるならば、これら 2 つの制度は共通して、基礎控除と同様の最低生活費保障をめぐる議論のみならず、その制度のあり方について検討すべき問題点があると考えられる。それにもかかわらず、これまでは、家族の扶養のための控除という観点からの議論があまりなされていないように思われる[8]。そのため、配偶者控除と扶養控除という 2 つの扶養にかかる控除の制度のあり方について、検討する必要があると考えられる。そこで本章では、このような扶養にかかる控除の問題について、最

　　　　人権』（明石書店、2001 年）139 頁、碓井光明「女性の社会進出に対する税制の影響―配偶者控除等の廃止論をめぐって」ジュリスト 1238 号（2003 年）70 頁（74 頁）、田中・前掲注（3）「所得控除の今日的意義」86 頁。
（7）　水野忠恒『租税法〔第 2 版〕』（有斐閣、2005 年）267 頁、三木義一『よくわかる税法入門〔第 2 版〕』（有斐閣、2003 年）130 頁、北野・前掲注（1）『現代税法講義』70 頁〔三木〕、全国婦人税理士連盟前掲注（6）9 頁、市吉・前掲注（6）13 頁、高原・前掲注（6）37 頁、三木・前掲注（6）120 頁、杉井・前掲注（6）13 頁、遠藤・前掲注（6）「配偶者控除を考える（1）」53 頁、碓井・前掲注（6）70 頁。また、配偶者特別控除の問題については、藤田晴「所得税法の改正と問題点（特集第 108・109 回国会主張立法）」ジュリスト 896 号（1987 年）39 頁、同「配偶者特別控除の再検討」税経通信 42 巻 9 号（1987 年）2 頁もあわせて参照。
（8）　実際に、課税最低限を議論する際に参考にされるドイツの判例は扶養控除に関するものが中心である（前掲注（5）を参照）にもかかわらず、扶養控除にかかる研究は少ないように思われる。扶養控除にかかる研究として例えば、畠山武道「共働き世帯に対する課税のあり方―子女世話費控除をめぐって―」ジュリスト 757 号（1982 年）43 頁、田中治「扶養控除等の法的性格とその適用の可否」税務事例研究 23 号（1995 年）31 頁がある。また配偶者控除と扶養控除をあわせて検討するものとして、馬場義久「所得税制改革における控除制度の再検討」税務弘報 53 巻 5 号（2005 年）11 頁、田中・前掲注（3）がある。

200　第5章　扶養にかかる人的控除と社会保険料負担

低生活費保障に関する議論と同様にドイツの議論を参考に、とりわけドイツ連邦憲法裁判所がこの扶養にかかる控除のあり方について新たな判決[9]を出しているため、それを参考にみていくことにしよう。

第1節　これまでの議論

まず、わが国でこれまで配偶者控除および扶養控除について、どのような議論がなされてきたのかを概観しておこう。

1　配偶者控除を中心とする制度の是非

配偶者控除と扶養控除については、その趣旨が家族を扶養する、つまり家族の最低生活費を保障することによる担税力の減少を考慮することにあるという点では、異論がないと思われる。そうであれば、このような生存権を保障するための控除は、基本的人権の保障として必要なものであるということになるはずである。

しかしながら、配偶者控除に関しては、配偶者特別控除ともあわせ、その廃止論が存在している。これは、いわゆる「103万円の壁」問題によるものではないと思われる。なぜなら、上記のように、この問題は配偶者特別控除の創設により、少なくとも税法上は解決されていると評価できるからである。そのためこのような廃止論は、配偶者控除の創設過程や制度自体の問題と関わっているように考えられる。

例えば、配偶者者控除および配偶者特別控除の立法趣旨がともに、家事労働を行う配偶者に対する配慮、あるいは、いわゆる内助の功を評価するという配慮にあるという点が指摘される[10]。そして、このような立法趣旨に問

---

(9)　Beschuluss des Bundesverfassungsgerichts vom 11. 1. 2005.- BvR 167/02-: http://www.bverfg.de/entscheidungen/rs20050111_2bvr016702.html.

(10)　例えば配偶者特別控除について政府税制調査会は昭和61年4月に公表した第2特別部会の中間報告において、このような趣旨を記載している。大蔵省主税局総務課監修・税務経理協会編『税制の抜本改革―税制調査会第2・第3特別部会中間報告・関係資料集―』（税務経理協会、1986年）4頁参照。また所得控除の創設趣旨については、田中・前掲注(3) 16頁（特に配偶者特別控除については25頁）および86頁を参照。

題がある上、家事労働に関しては、その経済的評価を行い、税法上の控除によるのではなく、特に介護については直接手当を支給すべきだと主張されている[11]。

　また、内助の功に限らず家事労働は専業主婦（夫）だけに限られたものではない。そういった点からすれば、片稼ぎ夫婦の場合にはそれが配偶者控除というかたちで税法上評価されるのに対し、共稼ぎの場合には夫婦の双方ともに基礎控除しか認められないことになる。この点で、片稼ぎ夫婦に有利な制度であるという問題も指摘されている[12]。

　さらに、そもそも配偶者を扶養される対象であると捉えることにも批判がある[13]。専業主婦（夫）もその人個人の自由な選択である以上、扶養控除の対象と考えることを放棄しようというものである。これは、女性が家事労働をするという、かつての問題のある考え方（男性側の常識）を打ち破るということを前提に主張されていると考えられる。

　この他にも「二重の控除」といわれる問題がある[14]。これは所得が0円から38万円の配偶者がいる夫婦に生じる問題である。この夫婦に子どもがいない場合には、この夫婦に対して税法上保障される最低生活費は本来38万円の2倍である76万円になるはずである。しかしながら実際には、この配偶者が配偶者控除の控除対象配偶者になるため、他方配偶者において基礎控除38万円と配偶者控除38万円、合計76万円が控除される。さらに控除対象配偶者も自身の基礎控除が認められる、すなわち最低生活費の考慮が行われるということになる。このように、控除対象配偶者である場合には、自身の基礎控除と配偶者における配偶者控除という二重の控除を受けることができてしまうのである。この点で不公平が生じると考えられる。

　以上のような問題点の指摘から、配偶者控除に対する廃止論が主張されて

---

(11)　遠藤・前掲注（6）「配偶者控除を考える（2・完）」52頁。なお、そのような立法趣旨については遠藤・前掲注（6）「配偶者控除を考える（1）」51頁、品川・前掲注（6）「租税理論からみた配偶者控除是非論の検証（上）」12頁等を参照。

(12)　全国婦人税理士連盟・前掲注（6）38頁、冨田安信「女性の職場進出と税制」大阪府立大学経済研究39巻1号（1993年）203頁、三木・前掲注（6）121頁。

(13)　市吉・前掲注（6）18頁。

(14)　全国婦人税理士連盟・前掲注（6）40頁、遠藤・前掲注（6）「配偶者控除を考える（1）」53頁、三木・前掲注（6）121頁、碓井・前掲注（6）71頁、田中・前掲注（3）91頁。

202 第5章 扶養にかかる人的控除と社会保険料負担

いる。そして、配偶者控除および配偶者特別控除を廃止し、その財源で基礎控除を引上げるべきであると主張されている[15]。たしかに、基礎控除の引上げには異論はない[16]。しかしながら、これらの主張については以下のように考えることができ、そのほとんどに問題があるように思われる。

　たしかに、配偶者控除は創設当時、その立法趣旨が内助の功の評価や家事労働の評価ということが考慮されていたといわれている[17]。しかしながら、現在は憲法25条に基づく生存権保障がその趣旨であると考えられている。そうであるからこそ、基礎控除や扶養控除と同じ金額が定められているとも考えられる[18]。また、扶養控除に関する判例[19]においても「扶養控除は基礎控除、配偶者控除とともに人的控除と呼ばれるが、一般的な人的控除制度の制定の趣旨は、最低生活費、基準生計費ないしは標準生計費に対応する部分を課税外におき、担税力のない者には、課税最低限を設定することによって納税義務を免除しようとすることにある。すなわち、扶養控除についていえば、納税者の家族に扶養される親族がいる場合、その者の最低生計費、基準生計費ないし標準生計費に対応する部分を扶養に必要な費用として担税力を認めず、当該納税者に対する課税の対象外におこうとするものである」と指摘されている。

　さらに応能負担原則、特に主観的担税力の観点からも次のようなことがいえる[20]。すなわち、「納税者本人およびその扶養家族の最低生活（生存）の

---

(15) 全国婦人税理士連盟・前掲注(6) 152頁（第8章）、市吉・前掲注(6) 18頁、杉井・前掲注(6) 15頁、遠藤・前掲注(6)「配偶者控除を考える（2・完）」53頁。

(16) 本書第4章。

(17) 北野弘久「配偶者控除創設論の法思想的意義」同著『税法の基本原理（増補版）』（中央経済社、1962年）218頁（220頁）、碓井・前掲注(6) 73頁、田中・前掲注(3) 21頁。

(18) ただし、基礎控除と配偶者控除が同額であることの理由は乏しいという指摘が税制調査会答申においてもなされている（遠藤・前掲注(6)「配偶者控除を考える（2・完）」51頁）。

(19) 大阪高裁昭和56年6月26日判決（判例時報1029号68頁）、最高裁昭和60年12月17日判決（判例時報1187号59頁）。高裁判決については和田正明・租税判例百選（第2版）84頁（1983年）、最高裁判決については吉村典久・租税判例百選（第3版）44頁（1992年）、清永敬次・民商法雑誌94巻6号（1986年）793頁、税務事例18巻4号（1986年）22頁。

(20) 主観的担税力については、吉村典久「所得控除と応能負担原則」金子宏編『所得課税の研究』（有斐閣、1991年）235頁、田中・前掲注(3) 33頁、本書第4章184頁。

ため必要かつ不可避的な主観的担税力に即した課税を行おうとするものであり、所得税法における憲法13条の個人の尊重と憲法25条の生存権保障という基本権の所得税法における具体化である。すなわち、…納税者が扶養する義務を負っている親族が存在する場合、納税者の稼得した所得は納税者自身の最低生活費に充当され、次に法律上の扶養義務にしたがってその扶養親族の最低生活を維持するのに必要な費用に充当されねばならないため（民法877条等）、それにかかる納税者の所得部分は納税のため可処分ではない（つまり担税力を持たない）ことを考慮し」なければならないのである[21]。

　また家事労働に関しては、なぜ所得を生み出さないかという点に疑問は残るが、その経済的評価の問題もあり、家事労働による所得は発生しないと扱われている。そして民法においても夫婦別産制（762条）の下で、自ら稼得しなければ所得がないことになる。つまり、家事労働には経済的価値が見出されていないのである。そのため、専業主婦（夫）は基礎控除が認められないことになる。そこで、それを保障するための制度が配偶者控除である[22]。このような点からも、現在の配偶者控除には内助の功の評価という趣旨は捉え難くなっていると思われる。

　さらに、配偶者控除がこのような扶養による担税力の減少を考慮するものであることについて、「現行民法上夫に妻を扶養すべき義務はなく、妻によって夫に扶養されるべき権利はないのであり、したがって、配偶者控除が基礎控除に相当する控除とはいえても、『専業主婦自身の権利』とはいえないのではないか[23]」との見解がある。

　たしかに、民法752条により、夫婦が相互に扶助する義務を負うのであるから、専業主婦がいれば夫は扶養する義務を負うことになる。これは民法の規定を待つまでもなく、また「専業主婦」に限らず、当然のことといえる。専業主婦もそれを請求する権利は認められる。そうであるならば、これはまさに「専業主婦自身の権利」であると考えられる。たしかにこの権利を、請求を受ける他方配偶者の課税において考慮するという点を捉えれば、「専業

---

(21)　吉村・前掲注（19）。
(22)　三木・前掲注（6）121頁。
(23)　遠藤・前掲注（6）「配偶者控除を考える（2・完）」52頁。

主婦自身の権利」と評価することには問題があるようにも思われる[24]。しかしながら、この見解が否定する扶養義務は民法752条において認められるものである。したがって、「夫に妻を扶養する義務はない」とは考えられない。そして、そのような扶養義務による担税力の減少を税法上考慮することが配偶者控除の趣旨である。そのため、「専業主婦自身の権利」とはいえなくとも、それを廃止するという結論には問題があるように思われる。

このほかにも、そもそも配偶者を扶養される対象であると捉えることについては、上記民法752条の観点から、実際に扶養されている事実があるにもかかわらず、それを「その人個人の自由な選択」として、扶養にかかる控除の対象からはずしてしまうことには問題があるように思われる。なぜなら、実際に扶養という状況が生じているのであれば、それに対する生存権の保障をしなければならないし、それによる担税力の減少があれば、それを考慮しなければ応能負担原則の観点から問題が生じるからである。

また、そもそも配偶者控除を廃止し基礎控除を引き上げた場合、単身者や共稼ぎ夫婦が大きな優遇を受けることになる。それに対し、専業主婦（夫）は生存権がまったく無視されることになってしまうように思われる[25]。さらに、扶養による担税力の減少への考慮である配偶者控除を廃止した場合、同じ趣旨である扶養控除はどのように捉えるべきなのか、不明である。

加えて、配偶者控除が片稼ぎ夫婦に有利な制度であるという指摘については、給与所得控除も含めて考えた場合には、必ずしも妥当しないという指摘もある[26]。

このほかにも、配偶者控除と配偶者特別控除とを廃止し、その税負担の増加を育児や介護に対する社会保障給付を増額することで補てんすべきという考えもある[27]。しかしながら、この見解も上記の扶養を受けている者の生存権保障および担税力という観点から問題があるように思われる。なぜなら、最低生活費という担税力のない所得部分に課税することになる上、それ

---

(24) 田中治「課税単位の見直しの論点と課題」税経通信53巻10号（1998年）25頁（31頁）。
(25) 品川・前掲注（6）「租税理論からみた配偶者控除是非論の検証（下）」30頁。
(26) 三木・前掲注（6）121頁。
(27) 遠藤・前掲注（6）「配偶者控除を考える（2・完）」54頁。

により生存権を課税により積極的に侵害することになるためである。税引後に納税義務者の手もとに一定金額を保障することが所得税の役割ではないはずである。応能負担原則から、担税力のないところに課税することは憲法上認められないと考えるべきであると思われる。また、そのような措置をとることは、社会法の補充性の原則との関係でも問題があるという指摘もある[28]。

　以上のことから、配偶者控除および扶養控除は、生存権保障および応能負担原則の観点から廃止すべきではないと考えられる[29]。

　ただし「二重の控除」の問題については、たしかに、判例上も「扶養親族に所得基準額以下の所得があつてもこれを追求せず、所得がない場合と同様扶養控除を行うという措置が採用され、法律として制定されたが、右制度によると、扶養親族に所得基準額以下の所得があつても、これを課税外におくとともに、扶養親族のある者の所得から扶養控除額を差引くことになり、生計単位としてみると、扶養親族の所得と扶養控除額との合計額の控除を受けるのと同じ結果となる」と認めている[30]。また税制調査会の中期答申においても、「女性の就業に対する税制の中立性を損なうことになっている」という指摘もある[31]。このような「二重の控除」を受けることができるという点についての不公平は大きな問題であると思われる。これを解決するには、配偶者控除および扶養控除を消失控除化することがひとつの方法として考えられる[32]。

　このように、これらの制度のあり方をめぐっては、「二重の控除」が大きな問題であり、それについて検討しなければならないと思われる。また、最

---

(28)　伊藤・前掲注（4）「憲法論から見た課税最低限の再構成（1）」10頁。

(29)　三木・前掲注（6）、品川・前掲注6、碓井・前掲注（6）77頁、田中・前掲注（3）86頁を参照。

(30)　前掲注（19）大阪高裁判決。

(31)　遠藤・前掲注（6）「配偶者控除を考える（1）」53頁。

(32)　三木義一『現代税法と人権』（勁草書房、1992年）148頁。ここでは配偶者控除の消失控除化が提案されているが、厳密な配偶者控除の消失控除化ではなく、現行の配偶者特別控除のようなものであると思われる。また配偶者に対する基礎控除を消失控除方式により、納税者側に移転する「移転的基礎控除」制度の創設も主張されている（田中・前掲注（3）91頁）。

206　第 5 章　扶養にかかる人的控除と社会保険料負担

低生活費保障という観点からは、配偶者控除を廃止するのではなく、むしろ基礎控除と同様に、配偶者控除および扶養控除も引上げが必要になると考えられる。

2　基礎的な人的控除の税額控除化

　これまでみてきたように、配偶者控除および扶養控除は、扶養を受ける者の最低生活費を保障するという趣旨から廃止すべきではないと思われる。そこで、こういった最低生活費をどのように保障すべきかという問題が次に考えられる。方法としては、現行制度のような所得控除方式と税額控除方式とが挙げられる。

　この所得控除方式と税額控除方式についての相違点は次のようにいわれている[33]。所得控除方式は、課税標準である所得金額から（税率適用前に）一定金額が控除される。そのため、税率適用前に納税義務の有無が判明することになり、手続的に簡素であるといわれる。しかしながら、税率適用前の控除であることから、適用される（最高の）税率によって軽減される税額に差が生じることになる。そのため、この制度は高所得者有利に作用するという点で、批判される。

　これに対し税額控除方式は、算出税額から（税率適用後に）一定金額が控除されることになる。その結果、税率適用後に納税義務の有無が判明することになり、所得控除方式に比べ、手続的に煩雑であるといわれる。しかしながら、適用される税率に関係なく軽減税額は同じになるため、所得控除方式に比べ公平であり低所得者に有利であると評価される。ただし、一定税額以上の納税者にしか保障されないという点で、所得控除方式よりも全額が保障される可能性が低くなることが問題として挙げられる。

　このように、どのように控除するのかということにより、効果面・手続面での相違が生じることになる。そのため、配偶者控除および扶養控除は、基

---

　(33)　三木・前掲注（7）144 頁、金子・前掲注（3）16 頁、石島・前掲注（3）50 頁。なお、所得控除と税額控除の問題については、寄附金控除に関するものであるが、増井良啓「所得税法からみた日本の官と民―寄附金控除を素材として」江頭憲治郎／増井良啓編『融ける境超える法③市場と組織』（東京大学出版会、2005 年）33 頁もあわせて参照されたい。

第1節 これまでの議論　207

礎控除と同様に、税額算定過程において、税額控除か所得控除かという選択
肢がある。例えば、実際にドイツでは、所得税法 32a 条において税率を 0%
とすることで基礎控除を保障している。これは税額控除と同じ効果をもつと
考えられる。それに対し扶養控除は所得税法 31 条および 32 条によって非課
税とされていることから、所得控除方式を採用しているといえる。

　では、これら基礎的な人的控除はどちらの段階で考慮することが税法上、
応能負担原則との関係で望ましいのであろうか。この点についての議論を以
下でみていくことにしよう。

　この点について現行制度においては、周知のとおり、基礎控除は所得控除
として規定されている。そしてこれに関する裁判例をみてみると、上記の大
阪高裁判決においては、「扶養控除は基礎控除、配偶者控除とともに人的控
除と呼ばれるが、一般的な人的控除制度の制定の趣旨は、最低生活費、基準
生計費ないしは標準生計費に対応する部分を課税外におき、担税力のない者
には、課税最低限を設定することによつて納税義務を免除しようとすること
にある。すなわち、扶養控除についていえば、納税者の家族に扶養される親
族がいる場合、その者の最低生計費、基準生計費ないし標準生計費に対応す
る部分を扶養に必要な費用として担税力を認めず、当該納税者に対する課税
の対象外におこうとするものである」と指摘されている。これによれば、担
税力がない最低生活費は課税対象である所得に含まれないことになるため、
税率は適用されないと考えられる。すなわち、所得控除方式のほうが望まし
いと考えることができる。

　これに対し、同じ基礎的な人的控除である基礎控除については、例えばい
わゆる総評サラリーマン訴訟[34]において、「憲法 25 条にいう『健康で文化
的な最低限度の生活』なるものは、きわめて抽象的・相対的なものであっ

---

(34)　最高裁平成元年 2 月 7 日判決（判例時報 1312 号 69 頁）。吉良実・民商法雑誌 101 巻 2 号
　　　（1989 年）282 頁、増井良男・ジュリスト 939 号（1989 年）163 頁。高野幸大・税研 106
　　　号（2002 年）22 頁、首藤重幸・租税判例百選（第 4 版）20 頁（2005 年）、倉持孝司・憲
　　　法判例百選 II（第 4 版）296 頁（1994 年）、吉村典久・ジュリスト 983 号（1991 年）129
　　　頁、税務事例 21 巻 4 号（1989 年）19 頁がある。また、三木・前掲注（3）36 頁、佐々
　　　木・前掲注（3）「所得税法における課税最低限と最低生活費（1）」43 頁、伊藤・前掲注
　　　（4）「憲法論から見た課税最低限の再構成（1）」5 頁もあわせて参照されたい。

208 第5章　扶養にかかる人的控除と社会保険料負担

て」、「その規定の趣旨にこたえて具体的にどのような立法措置を講ずるのか
の選択決定は、立法府の広い裁量にゆだねられており、それが著しく合理性
を欠き明らかに裁量の逸脱・濫用とみざるをえないような場合を除き、裁判
所が審査するには適しない事柄である」と判示されている。またいわゆる青
木訴訟[35]においても、「立法府は、基礎控除額をいかにするかをその裁量判
断により定めることができるというべきであ」ると述べられている。

　これらのことから考えると、基礎控除、生存権の保障については、それを
どのようなかたちで保障するのかという点について、広い立法裁量が認めら
れているように思われる。そして生存権の保障は、生活保護などさまざまな
措置を通じてなされれば違憲とはならないと考えられている[36]ことからす
れば、基礎的な人的控除はどの方式で保障しようとも、最低生活費が何らか
のかたちで保障されていれば憲法上問題がないとも考えられる。

　これについて学説は、基礎控除に限定したかたちではなく、基礎的人的控
除についてその控除段階をめぐる議論が若干みられる。例えば、課税最低限
との関連において、高所得者にも一律に人的控除が認められることが問題で
あると捉え、人的控除について消失控除方式を採用しつつ、税額控除方式に
することが望ましいという見解がある[37]。この見解によれば、税額控除で
控除しきれない金額について、いわゆる「負の所得税」のかたちでの還付ま
たは給付により、課税最低限を低所得者にも全額保障することになる[38]。
また最低生活費には課税しないという税法上の考慮は、所得の多寡に関わら
ず、すべての納税者に等しく認められるべきであると考えられる。このよう

---

(35)　東京地裁昭和61年11月27日判決（判例時報1214号30頁）。安念潤司・ジュリスト891
　　　号（1987年）」35頁、畑中英明「所得税の基礎控除額と憲法25条」税務弘報35巻9号
　　　（1987年）136頁、北野弘久「課税最低限—青木訴訟」時の法令1297号（1987年）68頁
　　　がある。また、佐々木・前掲注（3）「所得税法における課税最低限と最低生活費（1）」45
　　　頁、伊藤・前掲注（4）「憲法論から見た課税最低限の再構成（1）」8頁もあわせて参照さ
　　　れたい。

(36)　伊藤・前掲注（4）「憲法論から見た課税最低限の再構成（1）」9頁。

(37)　石島・前掲注（3）53頁。なお、少子化問題との関係で扶養控除についての税額控除化を
　　　主張するものとして、菊谷正人「少子化と所得税減税—家族構成と所得税—」税経通信
　　　60巻15号（2005年）190頁がある。

(38)　石島・前掲注（3）51頁、水野忠恒・植田卓・佐藤英明「基礎的人的控除の簡素化」税研
　　　93号（2000年）75頁〔植田〕。

に考えるならば、税額控除方式のほうが優れているように思われる。さらに税額控除方式のほうが、わずかな財源での控除額の引上げ、すなわち課税最低限の引上げにつながるという点からも、所得控除に比べ優れているといわれる[39]。

これに対し、最低生活費を所得控除方式で保障すべきという見解がある[40]。この見解は次のように税額控除方式論を批判している。たしかに所得控除方式であれば、その最終的な軽減額が、当該納税義務者に適用される最高の税率に依拠するため高所得者に有利に働くことになり、場合によっては低所得者に充分な最低生活費等が保障されなくなる。しかしながら、上述のように、税引後に納税義務者の手もとに一定金額を保障することが所得税の役割ではないと考えられる。またこのような考えを進めてしまえば、上述の社会保障によって最低生活費を保障するという考えにつながることのほうがより公平になるように思われる。そのような制度のあり方は、上述のように、最低生活費保障および応能負担原則の観点から問題があると思われる。

以上のことから考えると、応能負担原則との関連においては、憲法25条において定められている「健康で文化的な最低限度の生活を営む権利」、生存権を課税上侵害しないために、最低生活費を課税対象から除外しなければならないということになる。換言するならば、最低生活費には担税力が見出されないため、これを課税対象から除外することにより、生存権を税法上も保障するということから、税率適用前の所得控除のほうが望ましいと考えられる[41][42]。

3　小　括

以上みてきたように、これまでの扶養にかかる控除については、配偶者控

---

(39)　北野・前掲注（1）『税法学原論』169頁、菊谷・前掲注（37）191頁。

(40)　水野・植田・佐藤・前掲注（38）64頁〔佐藤〕。

(41)　金子・前掲注（1）194頁、北野・前掲注（1）『税法学原論』149頁、北野・前掲注（1）『現代税法講義』70頁〔三木〕、三木・前掲注（7）146頁、水野・前掲注（7）268頁、碓井・前掲注（6）77頁。

(42)　この点に関するドイツの議論については、田中・前掲注（3）76頁、本書第4章176頁を参照。

除を中心に議論がなされてきた。特にそれは配偶者控除の是非に関するものであるといえる。この点については、配偶者控除、扶養控除ともに、扶養を受ける者の生存権保障のために、その最低生活費を扶養する者の課税において考慮するという趣旨から、廃止すべきではないと考えられる。このことは、応能負担原則、特に主観的担税力との関係からも認められると思われる。

　そして、それらを控除する方式としては、所得控除のほうが妥当であると思われる。それは、上記の大阪高裁判決でも述べられているように、「一般的な人的控除制度の制定の趣旨は、最低生活費、基準生計費ないしは標準生計費に対応する部分を課税外におき、担税力のない者には、課税最低限を設定することによつて納税義務を免除しようとすることにある」からである。人的控除制度のこのような趣旨にかんがみれば、扶養に関するものであっても最低生活費には担税力はなく、課税対象に含まれるべきではないため、やはり税率を適用すべきではないと考えられる。そのため、所得控除方式のほうが妥当であると思われる。

　このように、扶養にかかる配偶者控除および扶養控除について考えてみると、これらの制度の抱えている問題は、基礎控除と同様に最低生活費保障としての金額が不充分であるということ、および、「二重の控除」を生じるということで共通しているように思われる。

　このうち、最低生活費保障としての金額の不充分さを解消するために、例えば基礎控除に関して主張されるように、社会保障給付と同じ水準に引上げることが考えられる。その場合、扶養を受ける者に130万円以上の収入があれば、その者には独自に社会保険の加入義務が生じることになる。そうであれば、その負担が法的に強制されるものである以上、課税上も考慮されなければならないと考えられる。このような点についても、これらの制度の金額を引上げることとの関係で、検討しておく必要があるように思われる。

　他方、「二重の控除」の問題については、上述のように、消失控除方式をとることによって解消できるとも考えられる。また扶養控除にのみ関していえば、配偶者特別控除のような制度がないため、「手取りの逆転現象」が生じることになる。そこで、これら扶養にかかる控除について消失控除方式と

の関係から検討する必要があるように思われる。

そして、このような問題に関連して、ドイツでは連邦憲法裁判所がこの扶養控除のあり方について新たな判決[43]を出している。そこで、これらの問題について検討するために、このドイツ連邦憲法裁判所の判決を検討していくことにしよう。

第2節　扶養にかかる人的控除に関するドイツ連邦憲法裁判所の判決

上述のような問題が扶養にかかる控除について考えられる。ドイツにおいても、扶養控除は免税点方式が採用されている。また、周知のように、基礎控除が社会保障給付よりも高い水準で保障されている（所得税法32a条：§32a Einkommensteuergesetz（EStG））。そのため、実際に扶養を受け、子女控除（Kindefreibetrag: §32 Abs. 6 EStG）または児童手当（Kindergeld: §§62ff. EStG）の対象になっている子ども（§§31, 32 EStG）が収入を得ているために社会保険料の負担を強制される場合が生じる。そして実際に、そのような社会保険の負担を考慮しないまま収入（所得）金額が控除対象となる収入（所得）要件の金額を超えた場合、扶養による負担を考慮されなくなってしまうという問題が生じた。このような場合について、生存権保障および応能負担原則という観点から、どのように考えるべきであろうか。この問題について、ドイツ連邦憲法裁判所が判決を下しているため、以下でみていくことにしよう。

1　事実概要

本件の事実概要は次のようなものであった。

抗告申立人（Beschwerdeführerin）である納税義務者は、1997年12月まで1979年に生まれた息子に対して児童手当を受領していた。息子は1997年8月以来工業技術者の養成訓練を受けていた。係争年度である1998年において、被告（労働局―家族窓口―（Arbeitsamt － Familienkasse －））は息子の職業訓

---

(43)　A. a. O. (FN. 9), Beschuluss vom 11. 1. 2005.

212　第5章　扶養にかかる人的控除と社会保険料負担

練報酬（Ausbildungsvergütung）から被用者概算控除（Arbeitnehmerpauschalbetrag（2000DM））を控除した後、所得を12489DMと算出し、その金額を所得税法32条4項2文における子女控除および児童手当の基準額と確定した[44]。この算定された金額は控除の基準額（12360DM）を129DM超過していた。そのため、家族窓口は児童手当を1998年1月1日から0DMと確定した。

　ただし、この金額の算定に関しては、息子が係争年度において社会保険料3078.38DM（疾病保険1051.34DM、年金保険1535.38DM、失業保険491.66DM）を支払わなければならなかったことが考慮されていなかった。

　このような事実関係において抗告申立人は次のように主張した。すなわち、息子の最終的な所得は1998年においては13127DMであり、基準額を767DM超過することになる。そのため、年間2640DMという児童手当請求権は憲法上の理由から基準額を超えた金額767DMのみ減額され、児童手当請求権は1873DM残る。

　これに対し、ニーダーザクセン財政裁判所（Niedersächsisches Finanzgericht）は原告の訴えを退けた[45]。その理由として、子どもの最低生活費（Existenzminimum）は充分に非課税になっており、基準額をわずかに超過する場合に対する措置までも憲法上要請されていないということが指摘されている。そして、原告は連邦財政裁判所（Bundesfinanzhof：BFH）に上告した。

　しかしながら、BFHはその上告に対し、2001年12月11日判決をもって退けた[46]。その理由は以下のとおりである（vgl. die Begründung in BFHE 192, 316〈323ff.〉.）。

　まず、子女控除および児童手当の適用を受ける基準額については次のような判断を下している。すなわち、所得税法32条4項2文の目的は、親の経

---

(44)　所得税法32条4項2文は次のとおりである：
　　「1文1号および2号によれば子どもは、扶養の充足または職業訓練のために一定のまたは適切な所得および収入が暦年において12000DMを超えない場合にのみ考慮される…」。
　　なお、52条22a項2文によって、この金額は1998年の課税年度に関しては、12360DMに引上げられている。
(45)　EFG 1999, S. 713.
(46)　HFR 2002, S. 508f..

第 2 節　扶養にかかる人的控除に関するドイツ連邦憲法裁判所の判決　　213

済的負担能力の考慮である。子女控除または児童手当の保障を排除される親
は、その子どもが基準額を超えた所得および収入を自由に処分できる者であ
る。基準額を超えた所得および収入をもつ子どもは扶養の必要がなくなる。
そのため、親の扶養義務は消滅または減少することになる。この基準額は、
子どもの不可避的な特別支出—特に社会保険料—の控除後に、その生存に必
要な需要を保障できる程度になっていなければならない（vgl. BFHE 192, 316
〈328〉.）。しかし、最低生活費および不可避的な特別支出は、基準額において
概算で考慮されている（vgl. BFHE 192, 316〈329 und 330〉.）。

　子どもの最低生活費を算定する場合、自身で納税義務を負う者の最低生活
費（基礎控除（Grundfreibetrag: §32a Abs. 1 Satz2 Nr. 1 EStG）が基礎に置かれると
いうことは憲法上要請されていない。起点として、18 歳を超え職業訓練を
受けるために 1 人暮らしをしている子どもにかかる最低生活費は特に考慮さ
れなければならないことが挙げられる（vgl. BFHE 192, 316〈326〉.）。この最低
生活費には例えば、そのような子どもに認められる子女控除と職業訓練控除
とが含まれる。問題となっている所得税法 32 条 4 項 2 文の基準額に関して
は、憲法上要請される家族の最低生活費の非課税を充分に考慮している。

　そして、社会保険料の負担について、その理由付けは次のようなものであ
る。問題となっている所得税法 32 条 4 項 2 文の基準額に関連して、
12000DM という金額において、不可避的な特別支出—特に社会保険料—は
1997 年に 1400DM の「保険概算控除（Vorsorgepauschale）」によってのみ考慮
されている。この 1400DM という「保険概算控除」の評価に関して、BFH
は、旧所得税法 10c 条 2 項による給与収入に関する保険概算額に対応させて
いる。それによれば、法律上の基準額は「課税されない（unschädlich）」粗給
与額の 20％、1997 年に関しては 14000DM[47]の 20％、2800DM が認められ
る（1998 年においては 2872DM に相当する）。そして、所得税法 32 条 4 項 3 文に
よって考慮されるべき消費に関して BFH は、この旧所得税法 10c 条 2 項に
基づいて算定される金額全額ではなく、半分だけが評価されることで充分で

---

(47)　この金額は子女控除を認める場合の所得基準額 12000DM と、給与所得に係る 2000DM の
　　　必要経費概算控除の合計額である。そして、この 12000DM が 1998 年においては
　　　12360DM に引上げられているため、合計 14360DM となる。

214 第5章 扶養にかかる人的控除と社会保険料負担

あると判断した。

そして、この「保険概算控除」の半分の評価を、BFHは以下のように義務付けている（vgl. BFHE 192, 316〈329ff.〉.）。すなわち、連邦憲法裁判所第1部の職業訓練控除に関する判決（BVerfGE 89, 346.）は、子どもの職業訓練に対する親の費消は、立法者が半分だけに控除を認めることをよしとしているという説明を維持している。このことから、社会保険料の概算での考慮に関しても同様に認められるため、半分の保険概算控除だけが所得税法32条4項2文における基準額に算入されている。このように連邦憲法裁判所の判断に従ってBFHは判断を下していたのである。

以上のように、FGおよびBFHは納税義務者の主張を退けた。これに対し納税義務者は、次のような主張をしている。

まず、所得税法32条4項2文における基準額については、これが固定されているため、その基準額を1DM超えただけでも、ある年に支払われた児童手当を全額払い戻さなければならないことになる。そのため、これは平等に反した累進の上昇を生じることになる。

また、基準額の算定基準に息子が支払った3078.38DMの社会保険料が含まれてないことも問題である。この保険料は、強制的に義務付けられた息子の消費であり、控除されなければならない。さらに、社会保険を義務付けられる労働所得を得ている子どもと、そのほかの所得を得ている子どもとの不平等な取扱いを生じる。

このように所得税法32条4項2文における基準額には社会保険料の負担が考慮されていないこと、および、その基準額を超えたことにより児童手当を全額返還すること（扶養にかかる控除がすべて認められなくなる）ことは子どもの最低生活費を考慮しておらず、それによる親の担税力の減少を考慮していないと主張している。そしてこれらは憲法に違反するものであると考えられるため、この点についての憲法判断を求めたのである。

2　憲法裁判所の判断

このような主張に対して憲法裁判所は、BFHの決定が、抗告申立人の基本法（Grundgesetz：GG）3条1項（平等原則）による基本権を侵害していると

第 2 節　扶養にかかる人的控除に関するドイツ連邦憲法裁判所の判決　　215

判断した。そして所得税法 32 条 4 項 2 文の解釈は、家族の最低生活費の非課税ならびに子女控除および児童手当の保障による、充分な家族支援に関する法の憲法に合致した基本決定の一貫した形式の要請を正当に評価していないため、違憲であると指摘している。以下では、その理由についてみていくことにしよう。

　まず、平等原則違反については次のことを指摘している。すなわち、所得税法 32 条 4 項 2 文による年間基準額に関する算定基準に社会保険料を算入することは、社会保険義務を負う所得を基準額以上稼得する子どもに対して扶養義務を負う親を、そのほかの子どもに対して扶養義務を負う親に対して不利益に扱うことになる。つまり、本件で問題となっているような子どもの親と、所得および収入をもたない子どもや、稼得している所得または収入が基準額を下回る子ども、あるいは、基準額を超え社会保険を義務付けられた所得から社会保険料を控除した後にはじめて基準額を下回る子どもの親との間の不平等が問題になるのである。なぜなら、他の親はその扶養義務によって減少する財政的負担能力に関する調整を児童手当または子女控除の保障によって享受することができるのに対し、本件で問題となっているような子どもをもつ親に、そのような負担の調整は認められていないためである。そして結果として、本件で問題となっているような親は、自身の所得を子どもの継続的扶養に関する法律上の義務的負担の範囲で自らの意思と関係なくはじめから処分できない、つまり財政的負担能力の直接的な増加を実現し得ないにもかかわらず、それに対する負担調整を子どもの社会保険料に対する支払義務によって否定されることになってしまうのである。

　このような扶養義務を負う親を不利益に扱うことに関しては充分な根拠がない。それは家族支援のための児童手当の保障という目的によれば、不合理な差別であり、GG3 条 1 項の一般的平等原則に違反していることになる。

　そしてこれと関連して、連邦憲法裁判所は、BFH 判決は次の 2 点で問題があると指摘している。1 つは、連邦憲法裁判所第 1 部の判決に基づき、子どもの社会保険に対する法律上の強制的な保険料は、親の扶養負担の評価に関しては半分しか考慮されないという点であり、もう 1 つはこの半額の考慮が憲法上認められた方法ですでに概算的に年間基準額において考慮されてい

るという点である。

　このうち、子どもの社会保険に対する法律上の強制的な保険料が親の扶養負担の評価に関しては半分しか考慮されないということについては、次のように判断されている。すなわち、憲法上考慮されている所得税法32条4項2文による控除および児童手当に対する請求権を制限する目的は、子どもが保障されるべき最低生活費を超える所得および収入を得ている場合に、その親を控除および児童手当による財政的な軽減から排除することである。なぜなら、このような場合、親の扶養義務は消滅または減少することになるためである。

　つまり、児童手当および子女控除の保障および制限に関しては子どもの負担能力にかかっているため、子どもの稼得した金銭を基準額に組み入れることになる。そして、その子どもが稼得した金銭による負担軽減効果は、扶養義務を負う親において判断されることが要請されているのである。

　具体的には、職業訓練を受け1人暮らしをしている18歳から27歳までの子どもに関しては、原則すべての扶養義務を負う親に対して児童手当および子女控除が認められる。これによって、立法者は一定の負担軽減を図っている。そして、子どもの「課税されない」所得および収入という基準額によって、扶養義務者の財政的軽減が公的資金から追加的な軽減を排除するか、またそれはどの範囲においてかということが、決められることになる。

　しかしながら、このような請求権の制限が実質的に扶養義務を負う親の負担を軽減しない場合、扶養義務の負担を負う親は、国家による給付を充分な合理的理由なくして拒否されてしまう。そのため、所得税法32条4項2文の基準額に社会保険料が組み込まれる場合が問題となる。この雇用主によって徴収され被用者が処分できない社会保険料の範囲で、子どもの所得は、親の扶養負担を減少させず、扶養義務を負う親の負担能力も引上げもしないのである。これは、親の意思にも扶養権限をもつ子どもの意思にも関係なく生じる（vgl. BFHE 192, 316〈324ff.〉.）。それにもかかわらず、所得税法32条4項2文は、扶養義務者の一部に対してのみ請求権の制限を定めている。これは、子どもの社会保険料を含めた所得および収入によって軽減の必要性がなくなるという前提に立っていると考えられる。

第 2 節　扶養にかかる人的控除に関するドイツ連邦憲法裁判所の判決　217

　また本判決は、所得税法 32 条 4 項 2 文による年間基準額の範囲内で保険概算控除を半分しか考慮しないということが憲法上の要請を充足しているという BFH の判断についても問題があると指摘している。

　実際に支払わなければならず、処分できない社会保険料を概算で評価するということは、社会保険料の負担を義務付けられる所得を稼得しない場合とその義務のない所得を稼得する場合とを、負担を生じないというかたちで平等に取扱っている。同じことは、子どもがはじめから、扶養に対して一定のまたは適切な範囲でのみ収入をもつ場合にも妥当する。

　しかしながら、所得税法 32 条 4 項 2 文による年間基準額内における半分に減額した保険概算控除の評価は、社会保険料の実際の負担について、充分考慮していないことになる（vgl. BVerfGE 27, 142〈150〉; 39, 316〈329〉; 66, 214〈223〉; 68, 143〈153〉.）。このことは、社会保険義務を負う所得を得ている子どもに対して扶養義務を負う親の不利益につながる。そのため、家族支援という目的との関連においては、憲法上支持できないことになる。家族の最低生活費を非課税にする場合の不平等な取扱いを厳格に禁止するという要請から考えるならば、社会保険料を所得税法 32 条 4 項 2 文の年間基準額に組み入れることについては、GG3 条 1 項の一般的平等原則の要請が生じていると考えられる。

　以上のことから、抗告申立人の息子の場合、考慮されなければならない所得は 10048.52DM になるため、抗告申立人は 1998 年において児童手当を全額保障されなければならない。

3　小　括

　以上みてきたように、連邦憲法裁判所は納税義務者の主張を認める判決を下している。この判決は次のようにまとめることができる。すなわち、子女控除と児童手当はともに、子どもを扶養する親の担税力の減少を考慮するためのものである。そして、子どもが収入または所得を有する場合には、その範囲で扶養に対する負担は軽減される。そのため、親の子女控除および児童手当を、子どもの収入または所得の金額に基づいて制限することは認められる。しかしながら、子どもの収入または所得を基準額として求める場合、子

どもに強制的に生じる社会保険料などの負担は、子どもの負担能力を増加させるものではなく、親の扶養に対する負担を軽減するものでもないため、実際の負担にあわせ全額その基準額から除外されなければならない。

このような判決は、ドイツ税法においてどのように評価されるものであるのだろうか。また、この判決が示している憲法に基づく考え方およびその評価は、わが国の扶養にかかる控除との関係でどのように評価すべきであろうか。以下では、この点についてみていくことにしよう。

第3節　判決の検討

上述のような判決が連邦憲法裁判所において下されている。そのドイツにおける評価とそれをわが国の制度においてどのように評価すべきか、という点についてみていくことにしよう。

1　ドイツにおける評価

まずはドイツにおける評価をみていくことにしよう[48]。

上述のように、連邦憲法裁判所は、児童手当および子女控除の保障に関する基準と所得所得税法32条4項2文に基づく子どもの所得および収入の算定においては、子どもに扶養の充足または職業教育のために実際に残っている金額のみが影響することを決定している。すなわち、子どもの扶養の充足または教育という目的のために、自由に処分できないすべての費消が、その算定においては控除されなければならないのである。なぜなら、年間基準額に社会保険料を算入することは、社会保険義務を負う所得をもつ子どもに対して扶養義務を負う親を、所得を得ていない子ども、または、基準額を下回り不充分な社会保険義務しか有さない所得を得ている子どもに対し扶養義務を負う親に対して不利益に扱うことになるからである。

このような連邦憲法裁判所の決定は、主観的純額主義（subjektives

---

(48)　このような問題についてはこれまでもドイツで議論され、また多くの下級審および連邦財政裁判所での判決が下されている。Dazu Michael Balke, Mehr Eltern erhalten Kindergeld bzw. Kinderfreibeträge, NWB 2005, S. 2017, 2022ff..

Nettoprinzip）に対して、これまでよりも大きな考慮が払われなければならないということを明らかにしたと評価されている[49]。この判決によれば、納税義務者が職業上の理由から避けられない費消は、それが直接的に稼得の費消に帰属し得ない場合であっても、控除が認められる可能性が生じるということが指摘されている。すなわち、実際に費消したことによる担税力の減少を考慮することが厳格に要請される可能性が見出されているといえる。この考え方によれば、家事関連費も、それが不可避的なもので、子どもの扶養を充足する場合のように、生計充足のために自由に処分できない場合には、控除が認められることになる。したがって、本判決が示したように、子どもの所得および収入を算定する際に、扶養のために自由に処分できない費消すべてが控除されなければならないことになるのである[50]。

　さらにこの考え方によれば、教会税（Kirchensteuer）や、法律によって支払わなければならず、特別支出（Sonderausgaben: §10 EStG）として控除可能な強制的な費消が、子どもの所得および収入を算定する際に控除されることになると考えられている[51]。このほかにも例えば、身体障害によるような子どもの一定の異常負担（außergewöhnliche Belastung: §33 EStG）も所得および収入から減じなければならないといわれている。なぜなら、このような費消は扶養に関して自由に処分できないからである[52]。

　このように、本判決で示された、実際の負担を基準額の算定において控除することが、厳格に求められることになると指摘されている。この考え方に基づいた場合、実際に負担した金額が考慮されることになるという点で評価されていると考えられる[53]。しかしながらその反面で、実際に子どもが稼得した所得についての課税上の考慮については憲法裁判所も判断を示していないため、問題が残っているように思われる。

　この点について、原告が主張したように、この基準額を超えた限りで、児

---

(49)　Gerhard Geckle/Hans-Peter Schneider, Konsequenzen der Entscheidung des BVerfG zur Ermittlung der Einkünfte und Bezüge beim Kindergeld, INF 2005, S. 495.

(50)　A. a. O.（FN. 49）, Geckle/Schneider, 495: a. a. O.（FN. 48）, Balke, S. 2020, 2024f..

(51)　A. a. O.（FN. 48）, Balke, 2020, S. 2024f..

(52)　A. a. O.（FN. 49）, Geckle/Schneider, S. 495.

(53)　A. a. O.（FN. 48）, Balke, S. 2023.

童手当および子女控除の金額を減じるということは、現在のわが国での配偶者特別控除のような消失控除を厳格に求めるかたちになると思われる。このような消失控除方式を採用していない現行制度の違憲性を原告は主張していたが、この点について憲法裁判所は判断をしていない。なぜなら、憲法裁判所の判断によれば、原告の子どもは所得税法32条4項2文の基準額を超える所得を得ていないことになるからである。そのため、現行制度のままであれば、子どもの所得および収入を憲法裁判所の判断に適合するように算定したとしても、年間基準額の超過は1ユーロであっても、変わりなくすべての児童手当を消滅させることになると考えられる。この問題については判断が示されていないため、合憲性に関する問題が残っているといえる。

しかしながら、この問題については、連邦憲法裁判所が取組むのではなく、本判決を受けて立法者が自ら法律を修正するべきであると指摘されている[54]。なぜなら、所得および収入の算定に関しては統一的な規定が必要であり、実際に特別な扶養費消および教育に対する費消にはその負担を段階的に考慮する規定がある（§33a Abs. 1 und 2）ことから、立法者は所得税法32条4項に対しても同様の規定が必要であると考えられるためである。

以上のように、ドイツにおける本判決の評価としては、主観的純額主義との関係において次のことが指摘されている。すなわち、子どもが実際に負担する不可避的な費消は、親の子女控除および児童手当にかかる基準額となる、子どもの収入および所得金額から減じなければならない。また、この判決に基づき、この基準額を超える収入および所得を子どもが得た場合には、子女控除および児童手当を全額消滅させるのではなく、段階的に減少させるような立法上の措置が必要であることが指摘されている。

2 わが国の制度への当てはめ

本判決は、ドイツにおいて上述のように評価されている。このような本判決で示された原則を、わが国の制度においてはどのように評価すべきであろうか。以下では、この原則をわが国の制度に当てはめながら、現行制度の問

---

(54) A. a. O. (FN. 49), Geckle/Schneider, S. 496.

第3節　判決の検討　221

題点およびそのあり方について検討していくことにしよう。

　まず、主観的純額主義との関係において、子どもが実際に負担する不可避的な費消を、子どもの収入および所得金額から減じなければならないという点からみていこう。

　これは、最低生活費の保障という観点から、基礎控除、配偶者控除および扶養控除を引上げるという主張と関係してくる。なぜなら、基礎控除を引上げた場合には、現行制度によれば、控除対象配偶者等に該当するための基準となる所得金額も引上げられることになり、その結果、扶養にかかる控除の対象となる親族も社会保険料を負担することになると考えられるからである。そのような場合、本判決において示された原則を当てはめるならば、社会保険料負担を全額控除しなければならなくなると思われる。また、教育などのために負担を強いられる費消があれば、その負担も考慮されることになる。その結果、現在の制度におけるように総所得金額に基づいて控除対象となる親族かを判断されるのではなく、少なくとも社会保険料控除（所得税法74条）を認めたかたちで判断することになると考えられる。

　次に、基準額を超える収入および所得を子どもが得た場合に、子女控除および児童手当を全額消滅させるのではなく、段階的に減少させるような措置が必要であるという点についてみてみると、本件において原告が主張した方式は、上述のように、現在の配偶者特別控除における消失控除方式と同様であるといえる。これにより、控除の全額が消滅することはなく、段階的に消滅することになる。いわゆる、「手取りの逆転現象」は回避できる。

　これについて現在の制度では、配偶者控除にはこの方式を採用した配偶者特別控除があるが扶養控除にはない。そのため、扶養控除に関しては「手取りの逆転現象」が生じることになる。これは、どちらの制度も同じ趣旨であることから考えれば、平等原則（憲法14条）の観点から問題があると思われる。また「手取りの逆転現象」が生じるということは、応能負担原則の観点からも、問題が指摘されると考えられる。これらのことから、扶養控除にも消失控除方式による「手取りの逆転現象」を回避する措置が必要であるといえる。

　このように考えると、原告が主張している制度のあり方および判決で示さ

222　第 5 章　扶養にかかる人的控除と社会保険料負担

れている考え方は、わが国においても妥当性があるようにも思われる。しかしながら、そのようなかたちに制度が改まったとしても、「二重の控除」の問題は残ることになる。そこで、厳格な消失控除化が望ましいということになると思われる。また、そのような方式が主観的純額主義からも望ましいと考えられる。ただし、ドイツにおいては、この制度の改正については立法上の措置による対応ということになっているため、その改正によっては「二重の控除」を生じさせない厳格な消失控除化が実現する可能性も残っていると思われる。

3　小　括

　以上みてきたように、ドイツ連邦憲法裁判所の判決が求めている原則は、主観的純額主義という観点で応能負担原則を実現するものである。そして、それらをわが国の制度に当てはめてもその有益性は変わらないように思われる。

　本判決が示すように、被扶養者の実際の不可避的な負担を考慮して扶養控除の基準額を設定することは、被扶養者の最低生活費保障という趣旨に合致すると考えられる。また現在、配偶者控除にのみ認められている消失控除方式を扶養控除にも拡大するということは、応能負担原則および平等原則の観点から望ましいように思われる。ただし、これでもなお「二重の控除」という問題が残るため、厳格な消失控除化がより望ましいと考えられる。

おわりに

　これまでみたきたように、従来のわが国における扶養にかかる控除をめぐる議論は、配偶者控除の是非が中心であったと思われる。しかしながら、配偶者控除および扶養控除は、基礎控除と並び、憲法 25 条に定める生存権保障という趣旨に基づくものである。そして、その範囲では担税力がないため課税対象から除かれているのである。そのため、これらの制度は、応能負担原則の観点から、所得控除のかたちで維持しなければならないと考えられる。

そして、基礎控除と同様に、最低生活費保障という観点からみた場合、こ
れらの制度が保障する金額が不充分であることが指摘できる。そのため、基
礎控除と並んで、最低生活費保障に足りるような金額の引上げが必要になる
と考えられる。そして、その金額が引上げられた場合、現行制度を前提にす
ると、収入金額が130万円以上になると被扶養者にも独自の社会保険料の負
担が生じることになる。これを課税上どのように考慮すべきかという問題が
生じると考えられる。この点については、ドイツ連邦憲法裁判所判決におい
て示されているように、強制的な、不可避的な負担であるため、収入金額か
ら控除されなければならないと思われる。なぜなら、これらの負担を強制さ
れることにより、被扶養者自身の経済的な負担能力が減少している、すなわ
ち扶養の負担が減少していないと考えられるためである。

　さらにこのような負担は社会保険料に限定されるものではなく、そのほか
にも医療費など、被扶養者が自身の収入から負担することによりその担税力
を減少させる支出も含まれると考えられる。そしてそれらにかかる実際の負
担は、主観的担税力に基づく課税という観点から、すべて考慮されなければ
ならないと思われる。なぜなら、それらの負担の結果、最低生活が保障され
なくなることが避けられなければならないからである。つまり、そのような
納税義務者の主観的担税力を考慮するために、基礎的な人的控除が設けられ
ていると考えられるのである。その結果、現在の制度におけるように総所得
金額に基づいて控除対象となる親族かを判断されるのではなく、少なくとも
社会保険料控除を認めたかたちで判断することになると考えられる。

　しかしながら、このようなかたちで扶養にかかる控除を考えた場合にも、
「二重の控除」の問題が残る。そこで、この問題を解決するためには厳格な
消失控除制度が必要になると考えられる。

　以上のことをふまえると、わが国における扶養にかかる控除については、
主観的担税力に基づいた課税の実現という観点から、次のようなことが考え
られる。すなわち、控除対象となる被扶養者に収入がある場合、その収入金
額から被扶養者自身が負担しなければならない社会保険料や学費・医療費な
どの負担を課税上考慮する必要がある。そして、収入金額が一定金額を超え
ることにより控除が全額受けられなくなるという免税点方式は好ましくな

224　第5章　扶養にかかる人的控除と社会保険料負担

い。すなわち、消失控除方式が望ましいということになる。さらに、「二重の控除」の問題を解決するためには、この消失控除方式が厳格に求められるべきである。このことから、現在のような被扶養者の総所得金額で控除対象となる親族かを判断するのではなく、被扶養者自身の課税総所得金額で判断すべきであると考えられるのである。ただし、各種所得控除のうち、担税力の減少を考慮するための項目に限定したかたちで所得控除の適用を認めなければならないし、実際に被扶養者が負担した限りでのみ考慮することになる。

　これにより、被扶養者自身の主観的担税力が把握できると思われる。同時に、被扶養者自身の基礎控除が考慮されることになる。そして、この基礎控除までを控除した結果である課税総所得金額において、所得金額がマイナスである場合に、被扶養者の最低生活が課税上保障されていないと評価されると考えられる。したがって、その不足額について扶養義務を負う納税義務者の側で考慮する、つまり扶養にかかる控除として減額するということになるのである[55]。

　このように扶養にかかる控除の制度を改めることで、被扶養者および扶養者の主観的担税力を把握し、より厳密に応能負担原則を実現できるようになると思われる。また、最低生活保障のために金額が引上げられた場合における負担の考慮の問題、および、「二重の控除」の問題も解消されることになると考えられる。

　　＊　本稿は、平成17年度科学研究費補助金（「所得課税における人的控除と所得概念」課題番号17730019）に基づく研究成果の一部である。

（55）　このような方向性については「移転的基礎控除」制度（前掲注（32））を参照されたい。

はじめに　225

第6章　居宅介護サービスと医療費控除

はじめに

　所得税において、課税標準を算出する過程で総所得金額から一定の金額を控除する所得控除制度がある（所得税法72条以下）。この所得控除のうち、一定金額を超える医療費の負担は納税者の担税力を弱めるという考えに基づいて認められるものが医療費控除である（同法73条）[1]。つまり、医療費控除は応能負担原則という憲法の要請（憲法14条）に応えるために設けられた制度であると考えられる[2]。

　そこで、この医療費控除についてみてみると、所得税法73条は次のように規定している。

　第73条　住居者が、各年において、自己又は自己と生計を一にする配偶者その他の親族に係る医療費を支払つた場合において、その年中に支払つた当該医療費の金額（保険金、損害賠償金その他これらに類するものにより補てんされる部分の金額を除く。）の合計額がその居住者のその年分の総所得金額、退職所得金額及び山林所得金額の合計額の百分の五に相当する金額（当該金額が十万円を超える場合には、十万円）を超えるときは、その超える部分の金額（当該金額が二百万円を超える場合には、二百万円）を、その居住者のその年分の総所得金額、退職所得金額又は山林所得金額から控除する。

　2　前項に規定する医療費とは、医師又は歯科医師による診療又は治療、治療又は療養に必要な医薬品の購入その他医療又はこれに関連する人的役務の提供の対価のうち通常必要であると認められるものとして政令で定めるものをい

（1）　金子宏『租税法〔第12版〕』（弘文堂、2007年）168頁、北野弘久編『現代税法講義〔四訂版〕』（法律文化社、2005年）70頁〔三木義一〕。
（2）　吉村典久「所得控除と応能負担原則」金子宏編『所得課税の研究』（有斐閣、1991年）235頁参照。

226　　第 6 章　居宅介護サービスと医療費控除

う。

3　第 1 項の規定による控除は、医療費控除という。

　このうち、2 項において医療費の意義、すなわち医療費控除の対象が定められている。これによれば、医療費控除の対象は極めて限定的なものであるとも考えられる。そこで、ここで委任されている政令（所得税法施行令 207 条）をみてみると、次のようになっている。

　第 207 条　法第 73 条第 2 項（医療費の範囲）に規定する政令で定める対価は、次に掲げるものの対価のうち、その病状その他財務省令で定める状況に応じて一般的に支出される水準を著しく超えない部分の金額とする。

　一　医師又は歯科医師による診療又は治療

　二　治療又は療養に必要な医薬品の購入

　三　病院、診療所（これに準ずるものとして財務省令で定めるものを含む。）又は助
　　　産所〜収容されるための人的役務の提供

　四　あん摩マツサージ指圧師、はり師、きゆう師等に関する法律（昭和 22 年法律
　　　第 217 号）第 3 条の 2（名簿）に規定する施術者（同法第 12 条の 2 第 1 項（医
　　　業類似行為を業とすることができる者）の規定に該当する者を含む。）又は柔道整
　　　復師法（昭和 45 年法律第 19 号）第 2 条第 1 項（定義）に規定する柔道整復師
　　　による施術

　五　保健師、看護師又は准看護師による療養上の世話

　六　助産師による分べんの介助

　このように、施行令によってその範囲は拡大されているとはいえ、法令上は医療費控除の対象は限定的なものであるといえる。しかしながら、実際の取扱いにおいては、さまざまな通達によって、その範囲が拡大されている[3]。この点については、課税標準の侵食や租税法律主義との関係で問題が

――――――――――

（3）　このような要件を緩和する通達を緩和通達といい、この問題については、酒井克彦「医療
　　　費控除の解釈における素人判断の排除とデマケーション―所得税法に規定する医療費控除
　　　の意義と射程範囲―」国士舘法学 38 号（2006 年）33 頁、同「所得税法上の医療費控除の
　　　意義と射程範囲―先例的取扱いの重圧と緩和通達―（上）（下）」税務弘報 55 巻 8 号
　　　（2007 年）103 頁、55 巻 9 号（2007 年）90 頁、玉国文敏「医療費控除の範囲と限界―通
　　　達課税の一側面―」成田頼明・園部逸夫・金子宏・塩野宏・小早川光郎編『行政法の諸問
　　　題（下）』（有斐閣、1990 年）655 頁を参照。

ないわけではない[(4)]。しかしながら、そういった問題に加え、医療費控除の取扱いの大部分が通達に基づいて行われていることから、必ずしもその趣旨に適合しているとは言い難い場面も少なくないように思われる。そこで本章では、実際に問題になった具体的事例をもとに医療費控除の運用における問題点について検討していくことにしよう[(5)]。

第1節　具体的事例

1　事実概要

具体的に問題になったのは次のような事例である[(6)]。

請求人と生計を一にする配偶者Bは、平成14年8月28日、甲町から介護保険法第19条《市町村の認定》第1項に規定する要介護認定を受けた。

指定居宅介護事業者であるA社会福祉法人は、Bに関する居宅サービス計画書を作成した。この居宅サービス計画書で定められた援助内容は、①通所介護、②福祉用具の貸与および③福祉用具のレンタル（以下、①から③までを総称して「通所介護等」という。）であった。

なお、上記居宅サービス計画書には、①訪問看護、②訪問リハビリテーション、③居宅療養管理指導、④通所リハビリテーションおよび⑤短期入所療養介護（以下、①から⑤までを総称して「医療系サービス」という。）は、計画されていない。

請求人は、A社会福祉法人に対し、居宅サービス等の対価として、15万3,951円（以下「本件利用料」という。）を平成15年分として支払った。そして、当該金額を平成15年分の所得税確定申告において医療費控除の対象として記載した。これに対し原処分庁はそれを否認した。

（4）　酒井・前掲注（3）「医療費控除の解釈における素人判断の排除とデマケーション」、玉国・前掲注（3）681頁参照。

（5）　このような運用上の問題に関する実務的観点からの検討として、「特集／医療費控除を巡る諸問題」税務事例39巻2号（2007年）9頁がある。

（6）　平成17年6月9日裁決（裁決事例集69号145頁）。なお、本件の評釈として、安部勝一「居宅サービス計画に医療サービスが伴わない場合の居宅サービスの対価は医療費控除の対象とならないとした事例」税務事例39巻2号（2007年）16頁がある。

228 第6章 居宅介護サービスと医療費控除

具体的には、請求人は次のように主張している。すなわち、BがA社会福祉法人で受けている通所介護等が治療上有用であることは、担当医師もこれを認めていることから、所得税基本通達73-6《保健師等以外の者から受ける療養上の世話》にいう「療養上の世話を受けるために特に依頼したものから受ける療養上の世話」に該当するので、本件利用料は医療費控除の対象となる。

これに対して原処分庁の主張は次のようなものである。すなわち、平成12年6月8日付課所4-11「介護保険制度下での居宅サービスの対価に係る医療費控除の取扱いについて」（法令解釈通達）（以下「本件法令解釈通達」という。）は、介護保険制度の下での居宅サービスのうち医療系サービスと併せて受ける居宅サービス利用料についてのみ「療養上の世話の対価」に該当する旨定めているが、Bに係る居宅サービス計画書には、医療系サービスが計画されていないことから、本件利用料を医療費控除の対象とすることはできない。

2 裁 決

このようなそれぞれの主張を踏まえ、審判所が下した判断は以下のとおりである。

(1)　医療費控除の対象となる医療費について、所得税法第73条第2項は、医師又は歯科医師の診療又は治療、治療又は療養に必要な医薬品の購入その他医療又はこれに関連する人的役務の提供の対価のうち、通常必要であると認められるものとして政令で定めるものをいう旨規定し、これを受けて、所得税法施行令第207条《医療費の範囲》は、この対価は、①医師又は歯科医師による診察又は治療、②治療又は療養に必要な薬品の購入、③病院、診療所又は助産所へ収容されるための人的役務の提供、④あん摩マッサージ指圧師、はり師、きゅう師、柔道整復師による施術、⑤保健師、看護師又は准看護師による療養上の世話及び⑥助産婦による分べんの介助の対価のうち、その症状に応じて一般的に支出される水準を著しく超えない部分の金額とする旨規定している。

そして、所得税基本通達73-6は、上記「保健師、看護師又は准看護師による療養上の世話」には、保健師、看護師又は准看護師以外の者で療養上

第1節　具体的事例　　229

の世話を受けるために特に依頼したものから受ける療養上の世話も含まれる旨定め、本件法令解釈通達は、居宅サービス計画に医療系サービスのいずれかが位置づけられている者を対象とし、当該対象者が支出した①訪問介護、②訪問入浴介護、③通所介護及び④短期入所生活介護（以下、①から④までを総称して「対象居宅サービス」という。）に要する費用に係る利用者負担額（介護保険対象分）を「療養上の世話を受けるために特に依頼した者による療養上の世話の対価」として医療費控除の対象とする旨定めているところ、これらの各通達は、医療の対価と評価できるものについて、これを医療費控除の対象としている法の趣旨に照らし相当であると認められる。

(2)　これを本件についてみると、別表2の「通所介護」欄の支払額は、その支出に係る居宅サービス計画上、医療系サービスが計画されていない対象居宅サービスに係る支出であることから、療養上の世話を受けるために特に依頼したものから受ける療養上の世話の対価とは認められず、また、「福祉用具の貸与」欄及び「食事代」欄に記載された支出額は、対象居宅サービスにも該当しない日常生活に関する支出と認められることから、いずれの支払額も医療費控除の対象とすることはできない。

　したがって、請求人の主張には無理がない。

このように、請求人の主張は退けられている。

3　小　　括

　本件の争点は、請求人の配偶者が受けた居宅介護サービスについて、その実施主体が指定居宅介護事業者であるA社会福祉法人であり、居宅サービス計画書もきちんと作成したのであるが、その居宅サービス計画書には、「医療系サービス」が計画されていないということをもって、その利用料を医療費控除の対象にすることを否認することの是非である。この点について、現在の取扱いは「医療系サービス」を伴うということで、所得税基本通達73-6における「保健師、看護師又は准看護師による療養上の世話」に該当すると判断していることになる。これについて、同通達は、「保健師助産師看護師法第2条《保健師》、第5条《看護師》又は第6条《准看護師》に規定する保健師、看護師又は准看護師がこれらの規定に規定する業務として行う療養上の世話をいうのであるが、これらの者以外の者で療養上の世話を

230　第6章　居宅介護サービスと医療費控除

受けるために特に依頼したものから受ける療養上の世話も、これに含まれる」と規定している。

このことから考えるに、居宅サービスにおいて「医療系サービス」が計画されていないことをもって、「療養上の世話を受けるために特に依頼したものから受ける療養上の世話」に該当しないことになる。そのため、この「医療系サービス」がなければ本当に医療費控除の対象とすべきではないのか、つまり「療養上の世話を受けるために特に依頼したものから受ける療養上の世話」とは何かという点が問題になるように思われる。

そこで以下では、この「療養上の世話を受けるために特に依頼したものから受ける療養上の世話」の意義について、医療費控除制度の趣旨や現在の取扱いをもとに考えていくことにしよう。

第2節　「医療費」の範囲

1　医療費控除の趣旨と「医療費」の意義

まずは、本件で問題となっている医療費控除（所得税法73条）の趣旨・目的について再度確認しておこう。

周知のとおり、医療費控除は、所得税法が認める所得控除の一つである。医療に係る支出は、本来的には所得の費消であり、投下資本の回収部分への課税を回避するという目的をもつ必要経費の控除と区別され、家事費として控除が認められないと考えられている（所得税法45条1項1号）。しかしながら、国民が「健康で文化的な最低限度の生活を営む」（憲法25条）ために、納税者あるいはその扶養する家族が病気や怪我をした場合には、そのような医療費に対する支出を回避することは不可能であると考えられる。そこで、シャウプ勧告に基づき、医療費の負担が多額で異常な（臨時的な）支出となる場合には、それを負担した納税者における税を負担する財政的能力、担税力が減殺されていると捉え、それを考慮し調整するという目的で設けられたのが、医療費控除なのである[7]。つまり、医療費控除は、憲法25条によっ

（7）　玉国・前掲注（3）653頁、酒井・前掲注（3）「医療費控除の解釈における素人判断の排除とデマケーション」35頁参照。

て保障される国民の生存権、とりわけそのいわゆる自由権的側面からの要請から認められる制度であると考えられる。

　他方で、医療費控除が所得控除として規定されていること、および、これが担税力の減殺を考慮するというものであることは、所得税制度の最も基本的な性格と密接に関連している。すなわち、所得控除は納税義務者の個人的事情を考慮してその（主観的）担税力に即応した所得税負担とするために課税標準から控除されるものである[8]。所得税が納税義務者の個人的事情を考慮するという人税としての性格から、このことが認められる。また所得税が累進税率（所得税法89条）を採用し、水平的公平のみならず、垂直的公平をも考慮し、応能負担原則を実現する制度であるという、所得税制度の最も重要な原則との関係から、担税力の減殺を考慮することが要請されているのである。このようなことから、医療費控除は国民の担税力に応じた課税、いわゆる応能負担原則という憲法14条によって要請される課税における実質的平等を実現するための制度として設けられていると考えられている。

　以上のように、医療費控除は所得税の人税としての性格、憲法に定められた基本的人権の生存権保障、および、税制の最も基本的な原理である応能負担原則を実現するために極めて重要な制度であると考えられるのである。

　このように医療費控除の趣旨を考えると、その考慮の対象となる「医療費」の負担は納税者の担税力を減殺するものになると考えられる。しかしながら、上述のように、ここで問題となる「医療費」について、法令上は限定的に列挙しているにすぎない。それにもかかわらず、上述のように、実務上はいわゆる緩和通達によって医療費控除が認められるという取扱いがなされている。そこで、次にこの点について確認していくことにしよう。

　上述のように、所得税法73条2項は、「医師又は歯科医師による診療又は治療、治療又は診療に必要な医薬品の購入その他医療又はこれに関連する人的役務の提供の対価のうち通常必要であると認められるもの」であると定めている。そしてこれを受けて、所得税法施行令207条が各号において具体的

（8）　主観的純額主義については吉村・前掲注（2）248頁、田中康男「所得控除の今日的意義―人的控除のあり方を中心として―」税大論叢48号（2005年）（http://www.ntc.nta.go.jp/kenkyu/ronsou/48/tanaka/hajimeni.html）、第4章及び第5章参照。

232   第6章　居宅介護サービスと医療費控除

に「医療費」となるものを列挙しているのである。

　そもそもこの医療費控除は、その制度創設当初、医療費性の明確なものに
その適用対象の範囲を限定されていた。それが、まさにこのような法令にお
ける限定列挙につながっていると考えられる[9]。しかしながら、その後の社
会保障制度の充実や医療技術の進歩などに伴い、法令に定めるものよりも
「医療費」の範囲を拡大した税務行政上の執行の必要性が高まってきていた
と考えられる。すなわち、法令に列挙されている費用より、それに付随また
は関連する費用の負担が重くなってきたという状況を受けてのことだと考え
られるのである[10]。そして、税務行政上では具体的に、所得税基本通達73-
3をもって医療費の範囲を拡大し、医療費控除制度の趣旨を執行面に反映し
たと解されている

　この点について、例えば裁判例では次のような指摘がある[11]。

　「医療費控除制度は、当初は医療費性が明確でかつ控除の対象とすること
に問題のない医師等に対する診療等の対価に医療費の範囲が限定された（施
行令207条）が、その後の社会保険制度の充実や医療技術の進歩に伴つて右
規定による医療費よりもこれに付随ないし関連する費用の負担の方が重くな
つている状況となつたことから、基本通達73-3（控除の対象となる医療費の範
囲）をもつて右医療費の範囲を拡大して、多額の医療費の支出に伴う担税力
の減殺を調整するという医療費控除制度の趣旨を税務の執行面に反映させる
こととしたものと解される」。

　このように、裁判例においても、医療費控除の趣旨は多額の医療費支出に

（9）　玉国・前掲注（3）653頁。

（10）　伊川正樹「知的障害者施設についての児童福祉施設負担金が所得税法73条の医療費控除
　　の対象にならないとされた事例」Lexis判例速報20号（2007年）139頁、玉国・前掲注
　　（3）681頁。

（11）　横浜地裁平成元年6月28日判決・行政事件裁判例集40巻7号814頁。本件は、眼鏡・コ
　　ンタクトレンズの購入費用が医療費控除の対象となるかが争われた事案である。評釈とし
　　て、岩﨑政明・ジュリスト967号（1990年）102頁、星野英敏・訟務月報35巻10号
　　（1989年）154頁、藤宗和香・税務弘報38巻6号（1990年）114頁、北野弘久・社会保障
　　判例百選〈第2版〉（1991年）78頁がある。また本件については玉国・前掲注（3）659
　　頁もあわせて参照。なお、この判決において示されている医療費控除の趣旨と所得税基本
　　通達73-3の意義については、この事案の最高裁判決（最高裁平成3年4月2日判決・税
　　務訴訟資料183号16頁）においても認められている。

第 2 節 「医療費」の範囲　　233

伴う担税力の減殺を考慮するためのものであるが、その制度が社会状況の変化に充分に対応していないため、通達によって執行面を対応させていると捉えられている[12]。

　そして、その所得税基本通達 73-3 は次のような費用を医療費控除の対象としている。

　　次に掲げるもののように、医師、歯科医師、令第 207 条第 4 号《医療費の範囲》に規定する施術者又は同条第 6 号に規定する助産師（以下この項においてこれらを「医師等」という。）による診療、治療、施術又は分べんの介助（以下この項においてこれらを「診療等」という。）を受けるため直接必要な費用は、医療費に含まれるものとする。（平 11 課所 4-25、平 14 課個 2-22、課資 3-5、課法 8-10、課審 3-197 改正）
　(1)　医師等による診療等を受けるための通院費若しくは医師等の送迎費、入院若しくは入所の対価として支払う部屋代、食事代等の費用又は医療費器具等の購入、賃借若しくは使用のための費用で、通常必要なもの
　(2)　自己の日常最低限の用をたすために供される義手、義足、松葉づえ、補聴器、義歯等の購入のための費用
　(3)　身体障害者福祉法第 38 条《費用の負担命令及び徴収》、知的障害者福祉法第 27 条《費用の徴収》若しくは児童福祉法第 56 条《費用の徴収、負担》又はこれらに類する法律の規定により都道府県知事又は市町村長に納付する費用のうち、医師等による診療等の費用に相当するもの並びに (1) 及び (2) の費用に相当するもの

　このように所得税基本通達においては、医療費控除の対象となる医療費について例示し、このような診療等を受けるために必要な費用を医療費に含めると解している。このような、いわゆる緩和通達によって医療費控除はその適用範囲を拡大されてきたといえる。このことは、法令において限定列挙されたと解されている「医療費」の範囲について、医療費控除の趣旨という観点から、税務行政において社会的実情を反映した対応がとられてきたことの

---

(12)　この事例以外にも、自然医食品の購入費用、自然医食レストランでの食事代などの医療費該当性が争われた福島地裁平成 11 年 6 月 22 日判決（税務訴訟資料 243 号 703 頁）でも、この点が示されている。

234　第6章　居宅介護サービスと医療費控除

現れであると評価できる。

　そこで、医療費控除の対象となる「医療費」の意義について確認すると、所得税法73条2項において、「医療費とは、医師又は歯科医師による診療又は治療、治療又は療養に必要な医薬品の購入その他医療又はこれに関連する人的役務の提供の対価のうち通常必要であると認められるもの」と基本的には捉えられている。このうち、本件で問題となっているのは、「その他医療又はこれに関連する人的役務の提供の対価のうち通常必要であると認められるもの」ということになる。つまり、居宅サービスは「医療又はこれに関連する人的役務の提供の対価」といえるのか、および、それは「通常必要であると認められるもの」かという点が問題となるのである。

　このうち前者については、所得税法施行令207条5号において「保健師、看護師又は准看護師による療養上の世話」が列挙されている。しかしながら、上述のように、この範囲については、所得税基本通達で社会的実情を反映するために拡大されている（所得税基本通達73-6）。それは次のように規定している。

　　令第207条第5号に掲げる「保健師、看護師又は准看護師による療養上の世話」とは、保健師助産師看護師法第2条《保健師》、第5条《看護師》又は第6条《准看護師》に規定する保健師、看護師又は准看護師がこれらの規定に規定する業務として行う療養上の世話をいうのであるが、これらの者以外の者で療養上の世話を受けるために特に依頼したものから受ける療養上の世話も、これに含まれるものとする。（平14課個2-22、課資3-5、課法8-10、課審3-197改正）

　このように、「保健師、看護師又は准看護師」以外の者による役務提供であっても、「療養上の世話を受けるために特に依頼したものから受ける療養上の世話」であれば、医療費控除の対象として認められることになる。

　では、この「療養上の世話を受けるために特に依頼したものから受ける療養上の世話」に居宅サービスは該当するのであろうか。この「療養上の世話を受けるために特に依頼したものから受ける療養上の世話」の意義についてみていくことにしよう。

第2節 「医療費」の範囲 235

2 「療養上の世話を受けるために特に依頼したものから受ける療養上の世話」

　この点について、この通達の趣旨から、いわゆる寝たきりなどの状態で介護を必要とする者に対してなされる世話や付添いを、保健師、看護師または准看護師以外の者、つまりそれらの資格を有さない者に頼み、それに対して対価を支払った場合や老人ホームへの入寮費などを医療費の範囲に含む余地があるという指摘がある[13]。そして、実際にもいわゆる老人ホームである老人保健施設については、その入所費が医療費控除の対象になっている。

　それに対して、近時の裁判例においては、特別養護老人ホームの措置費徴収金については医療費控除の対象と認められていない。例えば、大阪地裁平成9年10月31日判決[14]では、このような取扱いの根拠について次のように述べられている。すなわち、「特別養護老人ホームは、右のような者〔筆者注:「65歳以上の者であって、身体上又は精神上著しい障害があるために常時の介護を必要とし、かつ、居宅においてこれを受けることが困難なもの」〕に入浴、排せつ、食事等日常生活を営むために必要な介護を家庭における家族あるいは扶養義務者に代わって行う施設として福祉法上位置付けられているのであって、入所者に対し医療行為を行うことを目的とするものではない」。つまり、特別養護老人ホームでは医療行為が行われていないことが根拠となっているのである。

　また、「措置費徴収金については、入所者が特別養護老人ホームにおいて受けるサービスの内容とは直接には関係なく、入所者又はその扶養義務者の負担能力に応じて定められるいわゆる応能負担の原則が採られている。これは、老人ホームの入所者及びその扶養義務者は一般的に負担能力を有していること、老人ホームに入所すれば日常生活に必要なほとんどのサービスが受

---

(13)　玉国・前掲注（3）672頁。

(14)　判例時報1644号102頁、評釈として渋谷雅弘「医療費控除における『対価』の意義（平成9.10.31大阪地判）」租税法研究27号（1999年）165頁。本件の控訴審である大阪高裁平成10年7月31日判決（税務訴訟資料237号971頁）も原判決を引用している。そのほか、大阪地裁平成10年4月21日判決（税務訴訟資料231号700頁）、その控訴審である大阪高裁平成11年1月14日判決（税務訴訟資料240号1頁）、大阪地裁平成11年11月24日判決（税務訴訟資料245号341頁）も同様の判決内容を示している。

けられることから、在宅の要介護老人と負担の均衡を図る必要があること、入所者の主体的な利用意識を高めることなどの理由から政策的に定められたものである。このように、措置費徴収金は、入所者が特別養護老人ホームにおいて受けるサービスの内容とは直接に関係がなく、個々の入所者が受けるサービスの対価とみることはできない」と指摘されている。つまり、対価性も認められていないのである。このように、医療行為がなく、また対価としても認められないということが、医療費控除の対象とならないことの根拠であって、「療養上の世話」については判断されていないといえる。

　しかしながら、同様の事案[15]において、特別養護老人ホームで行われる措置について次のように述べられている。すなわち、「同ホームの入所条件及び施設設置目的並びにＦを含めた入所者が同ホームで…措置を受けていることから、同ホームの入所者個々の受ける介護、介助等の程度に多少差があつたとしても、Ｆが被措置者として福祉施設である同ホームで受けた措置は、日常生活の世話の範囲内であるとみるのが相当である」。つまり、特別養護老人ホームでは「療養上の世話」が行われていないということである。

　このような認定の根拠として考えられるのは、「福祉法に基づき、65歳以上の者で身体上又は精神上著しい障害があるために常時の介護を必要とし、かつ、居宅においてこれを受けることが困難なものを家族に代わって介護、介助するために設置された福祉施設である」という指摘である。このことから、この判断は「療養上の世話」を行う主体に着目をしているものと考えられる[16]。

　そして、このような「療養上の世話」を行う主体について「本来『直接人々に接触して診療、治療、調剤、看護、助産、保健指導、施術等を行い又はこれらの補助をなすことによって、人々の健康の回復ないし増進に努める』ため、各種の免許制度の下でその資格が法的に定められている、いわゆる『医療関係者』に限る趣旨であったのではないだろうか」という指摘があ

---

(15)　平成8年3月1日裁決・裁決事例集51号187頁（国税不服審判所HP http://www.kfs.go.jp/service/JP/51/12/index.htm）。なお、この事例については酒井・前掲注（3）「医療費控除の解釈における素人判断の排除とデマケーション」60頁もあわせて参照。

(16)　酒井・前掲注（3）「医療費控除の解釈における素人判断の排除とデマケーション」60頁。

る[17]。しかしながら、「療養上の世話」の主体をそのような「医療関係者」に限定して解することには必ずしも合理的な根拠がないように思われる。なぜなら、通達の趣旨から、いわゆる寝たきりなどの状態で介護を必要とする者に対してなされる世話や付添いは、「療養上の世話」に該当するものであると考えられ、さらにこれらの行為は医療関係者でない者でも充分に行い得るからである。

　このように考えると、「療養上の世話」については、たしかに所得税法施行令207条5号によれば医療関係者による行為に限定されるといえる。しかし、その範囲を緩和通達が「療養上の世話を受けるために特に依頼したものから受ける療養上の世話」に拡大していると考えられる。この通達によって拡大された範囲には、医療関係者以外の者が行う行為が含まれることになる。そうであれば、そのような者が行う行為は医療行為ではなく、むしろ治療などに伴う「日常生活の世話」の範囲内に該当するような行為になると考えられる。具体的には、いわゆる寝たきりなどの状態で介護を必要とする者に対してなされる世話や付添いというものが想定されているように思われる。つまり、介護に関する費用は緩和通達によって医療費控除の対象に含まれると解されるのである。

　これと関連して、指定介護老人福祉施設での措置を医療費控除の対象と認めるかに関する通達（「介護保険制度下での指定介護老人福祉施設の施設サービスの対価に係る医療費控除の取扱いについて」（法令解釈通達）平成12年6月8日課所4-9）がある。これによれば、指定介護老人福祉施設とは、「〔筆者注：介護保険〕法第7条第21項〔筆者注：旧法の規定であり、現行法では8条27項がこれに該当すると思われる。〕の規定により、『要介護者に対し、施設サービス計画に基づいて、入浴、排せつ、食事等の介護その他の日常生活上の世話、機能訓練、健康管理及び療養上の世話を行うことを目的とする施設』」（介護保険法48条1項1号参照）をいう。そして、「指定介護老人福祉施設で提供されるサービスのうち療養上の世話等に相当する部分については、所得税法施行令（昭和40年政令第96号）第207条及び所得税法施行規則（昭和40年大蔵省令第11

---

(17)　玉国・前掲注（3）673頁。

238 第6章 居宅介護サービスと医療費控除

号）第40条の3の規定に照らし、医療費控除の対象となる医療費に該当する」と扱われている。つまり、指定介護老人福祉施設では、「日常生活上の世話」と「療養上の世話」とが行われており、そのうち後者に係る負担のみが医療費控除の対象となると解されているのである[18]。

　しかしながら、この両者を区別することは困難であり、妥当ではないように思われる。なぜなら、介護保険「法第2条第2項において、介護保険サービスは、『医療との連携に十分配慮して行わなければならない』とされている」のであるから、このような施設で行われる措置は「日常生活上の世話」に関する介護も「療養上の世話」に関する介護も、密接に結び付いていると考えられるからである[19]。

　実際に介護保険法によれば、「指定介護老人福祉施設では、それぞれの施設に配置された介護支援専門員等が、医師を始めとする施設職員との連携の下、入所者個人ごとに、『施設サービス計画』を作成し、これに基づいて介護等のサービスが提供」されなければならないのである[20]。

　このようなことから、介護に関する費用を、この通達のように区分するのではなく、医療費控除の対象として認めるべきであると考えられる。また、そのように解することは、上述の緩和通達に関する考え方からも認められると思われる。

　さらに、本件で問題となっている居宅サービスについても通達（「介護保険制度下での居宅サービスの対価に係る医療費控除の取扱いについて」（法令解釈通達）平成12年6月8日課所4-11）が出されている。それによれば、居宅サービスは、「これまで、傷病により寝たきり等の状態にある者が、在宅療養を行うため、医師の継続的な診療を受けており、かつ、一定の在宅介護サービスの供給主体が、その医師と適切な連携をとって在宅介護サービスを提供した場合の、その在宅介護サービスを受けるために要する費用については、『療養上の世話を受けるために特に依頼した者による療養上の世話の対価』として医療費

---

(18)　酒井・前掲注（3）「医療費控除の解釈における素人判断の排除とデマケーション」63頁。

(19)　佐々木潤子「医療費控除の対象となる医療費の判断基準―アメリカを素材として―」税法学541号（1999年）86頁。

(20)　本通達に関する厚生省老人保健福祉局長の照会文参照。

第2節　「医療費」の範囲　239

控除の対象とされてきた」。そして、「介護保険制度の下で提供される居宅サービスのうち、『療養上の世話を受けるために特に依頼した者による療養上の世話の対価』として、一の対象者について、二の対象となる居宅サービスに係る三の対象費用の額が、『療養上の世話を受けるために特に依頼した者による療養上の世話の対価』として医療費控除の対象となる金額と解される」ことになる。

　具体的な要件は次のように定められている。

　一　対象者
次の（一）及び（二）のいずれの要件も満たす者
（一）　法第7条第18項に規定する居宅サービス計画（介護保険法施行規則（平成11年厚生省令第36号。以下「規則」という。）第64条第1号ハ（第85条において準用される場合を含む。以下同じ。）に規定する「指定居宅サービスの利用に係る計画」（同号ハの市町村への届出が受理されているものに限る。）を含む。以下「居宅サービス計画」という。）に基づいて、居宅サービスを利用すること。
（二）　（一）の居宅サービス計画に次に掲げる居宅サービスのいずれかが位置付けられること。
　イ　法第7条第8項に規定する訪問看護
　ロ　法第7条第9項に規定する訪問リハビリテーション
　ハ　法第7条第10項に規定する居宅療養管理指導
　ニ　法第7条第12項に規定する通所リハビリテーション
　ホ　法第7条第14項に規定する短期入所療養介護
（注）　イについては、老人保健法及び医療保険各法の訪問看護療養費の支給に係る訪問看護を含む。
　二　対象となる居宅サービス
一の（二）に掲げる居宅サービスと併せて利用する次に掲げる居宅サービス
（一）　法第7条第6項に規定する訪問介護
ただし、指定居宅サービスに要する費用の額の算定に関する基準（平成12年厚生省告示第19号）別表指定居宅サービス給付費単位表一訪問介護費ロに掲げる家事援助が中心である場合を除く。
（二）　法第7条第7項に規定する訪問入浴介護
（三）　法第7条第11項に規定する通所介護

240　第6章　居宅介護サービスと医療費控除

（四）　法第7条第13項に規定する短期入所生活介護

（注）　一の（二）のイからホに掲げる居宅サービスに係る費用については、一の
　　　　対象者の要件を満たすか否かに関係なく、利用者の自己負担額全額が医療
　　　　費控除の対象となる。

　つまり、居宅サービス計画に、訪問看護、訪問リハビリテーション、居宅
療養管理指導または通所リハビリテーションを盛り込み、それとあわせて、
訪問介護、訪問入浴介護、通所介護、または短期入所生活介護が行われる場
合に、それに対する対価が医療費控除の対象となるということである。

　この要件をみれば、居宅サービス計画にあわせて行われる行為は、「療養
上の世話」ではなく、むしろ「日常生活上の世話」であると考えられる。こ
れらを単独としては医療費控除の対象としないが、「医療系サービス」を伴
う場合には医療費控除の対象として認めるということである。このことか
ら、介護における「療養上の世話」と「日常生活上の世話」が密接に関連し
ていることを前提としていると考えられる。また、「居宅サービスについて
は、通常、指定居宅介護支援事業者が、保健医療サービスとの連携や必要に
応じて利用者の主治の医師の意見を踏まえて、利用者個人ごとに、『居宅サ
ービス計画』（法第7条第18項に規定する『居宅サービス計画』をいう。）を作成し、
これに基づいて、各種の居宅サービスが提供される」のであるから、医療と
の関連は密接なものであるといえる。このことは、介護保険「法第2条第2
項において、介護保険サービスは、『医療との連携に十分配慮して行わなけ
ればならない』とされ」ていることや、「居宅サービス計画の策定過程等を
通じて医療や保健との連携が図られる」ことになっていることからも認めら
れる[21]。

3　小　括

　以上のように、介護に関しては通達によって医療費控除の対象に係る要件
が緩和されてきていることから考えると、医療費控除の対象として認めるべ
きものが多いように思われる。しかしながら、上記裁判例などからも分かる

（21）　本通達に関する厚生省老人保健福祉局長の照会文参照。

ように、そのような取扱いが充分になされていないのが現状であるといえる。

第3節　介護費用と医療費控除

1　「介護」に関連する費用と医療費控除

　これまでみたような介護に関する費用を医療費控除の対象として認める取扱いは、このほかの通達においても認められていると考えられる。そうであるならば、そういった取扱いとの均衡が問題になる可能性もある。そこで、次にそのような取扱いの実例についてみていこう。

　上述したように、緩和通達による対応が医療費控除の対象拡大を示していながら、必ずしも充分なものではないように思われる。その一方で別の通達では、医療に直接関連しない費用であると考えられるものであっても、医療費控除の対象として取り扱われているものがある。具体的には、「医師の証明」などによる「介護」用品の購入などの費用である。これらの取扱いはまさに、医療費控除の趣旨から執行面に社会的実情を反映したものであると考えられる。そこで、その実例をみてみよう。

　そのような対応として、例えば昭和62年の「おむつに係る費用の医療費控除の取扱いについて」（直所3-12）がある。これによれば、いわゆる寝たきり老人や傷病により寝たきりとなった者の治療を継続的に行っている医師が、その治療上おむつを使用することが必要であることを認め、傷病によりおおむね6か月以上にわたり寝たきり状態にあると認められる者、または、当該傷病について医師による治療を継続して行う必要があり、おむつの使用が必要と認められる者を対象として、医師の証明書を発行した場合のそのおむつに係る費用（紙おむつの購入費用及び貸おむつの賃借料）は、医師の治療を受けるため直接必要な費用と認められ、医療費控除の対象として取り扱われている。

　また、平成13年の「おむつに係る費用の医療費控除の取扱い（『おむつ使用証明書』の様式の変更等）について」（課個2-15）、および、平成14年の「おむつに係る費用の医療費控除の取扱い（『おむつ使用証明書』に代えた簡易な証明手

242　第6章　居宅介護サービスと医療費控除

続等）について」（課個2-11）において、介護を要する者が使用するおむつについて、医師がその必要性を証明している場合には、そのための費用を医療費控除の対象とすることが認められている。

　このように、「おむつ」という医療行為と関係のない、療養上の行為でもないものに対する費用が医療費控除の対象となっている。この「おむつ」はむしろ「日常生活上の世話」の範囲内の支出であると考えられる。しかしながら、その必要性について医師等の証明があれば、医療費控除の対象として取り扱われることになる。

　そのほかにも、このような取扱いの例として、昭和63年の「B型ワクチン接種費用の医療費控除の取扱いについて」（直所3-23）では、患者の介護をする家族に対してB型肝炎ワクチンを接種するための費用を医師による継続的治療を要する旨の記載のある医師の診断書の添付をもってB型肝炎の患者が医師の治療を受けるために直接必要な費用と認め、医療費控除の対象としている。また、平成元年の「ストマ用装具に係る費用の医療費控除の取扱いについて」（直所3-12）でも、適切なストマ用装具を消耗品として使用することが必要不可欠であると医師が認め、証明書を発行した者について、日常生活の中で使用するストマ用装具に係る費用は医療費控除の対象となっている。さらに平成2年の「温泉利用型健康増進施設の利用料金の医療費控除の取扱いについて」（直所3-2）でも、健康増進を目的とした施設のうち、設備、人員および運営面で所定の基準を満たした施設については治療のために患者に認定施設を利用した温泉療養を行わせたあるいは行わせている旨の記載のある医師の証明書があれば、その費用が医療費控除の対象になっている。このほか、平成4年の「指定運動療法施設の利用料金に係る医療費控除の取扱いについて」（課所4-6）においても医師の証明書によって医療費控除の対象として認めている。

　これらは、担税力の減殺を考慮するという医療費控除の趣旨から、所得税基本通達73-3に示されている「医師等による診療等を受けるため直接必要な費用」に含まれるものと解されているものである[22]。このような税務行

---

(22)　玉国・前掲注（3）673頁では、このような取扱いを「政策的判断」によって、医療費控除が運用されていることの例であると指摘している。

政の対応から判断すると、介護に必要なものであっても、医師等の判断でその必要性が指摘され、そのことが証明されるものについては、医療費控除の対象となると考えられる。すなわち、これらの費用について医師等によりその必要性が認められるものは「診療等を受けるため直接必要な費用」として医療費控除の対象とすることが、社会的実情に合致すると税務行政において示されていることの現れであると考えられるのである。また、そのように対応することが医療費控除の趣旨であることをこれまでの税務行政が認めてきているものであると考えられる。

　このように、医療費控除の対象は介護に関連する費用についても拡大してきていると考えられるのである。

2　本件について

　これまで述べてきたような税務行政での対応を踏まえ、本件において問題となっている支出について考えていこう。

　本件において問題となっている支出は通所介護に係る費用である。その点から考えれば、「日常生活上の世話」に関する負担であり、医療費控除の対象とならないようにも思われる。

　しかしながら、その介護については、一般的に考えて、自身の判断ではなく、医師などに必要という指導を受けたからこそのものであると思われる。そうであれば、「保健師、看護師又は准看護師」以外の者による、具体的には介護福祉士などによる役務提供であっても、特に依頼した者による役務提供であるといえると考えられる。

　また、本件において請求人の妻が受けた居宅サービスについて医療系サービスとの併用がないことのみをもって、医療費控除の適用を否定していることは合理性を欠くものと考えられる。なぜなら、上述のように、「日常生活上の世話」に関する介護も「療養上の世話」に関する介護も、密接に結び付いており、それらを区分することは不可能であると考えられるからである。

　この点について、請求人の妻について医師からその介護の必要性を証明されており、それに基づき居宅サービスがなされているのであれば、医師がいわばその治療上必要なサービスとして認めていると考えられる。そうであれ

ば、「療養上の世話」に該当し、医療費控除の対象として認められるものであると考えることになると思われる。つまり、その点について医師による証明があれば、それは本件における通所介護と医療との関連性を証明するものといえ、上記の税務行政の対応の中で、「診療等を受けるため直接必要な費用」として認められるための要件となっていると考えられる。

　そうであるならば、治療行為への直接的な対価としての性格を有さない支出であっても、介護において必要なものであり、その介護について医師による必要性の証明がなされているのであれば、上記「おむつ」の取扱いと異なるところはなく、医療費控除の対象となると考えるべきであると思われる。

　たしかに、本来の医療費控除の範囲については、そのような解釈に基づき、医療系サービスへの対価と認められないものは医療費に該当しないといえるように思われる。しかしながら、上記のとおり、これまでの税務行政において直接的な医療サービスに対する支出でなくとも医療費控除の対象となるといった取扱いが実際になされてきている。すなわち、医療費控除の趣旨に社会的実情を反映させるための措置として、課税庁において医療関連のサービス以外の支出についても、医療費控除の対象として認めてきているのである。その最も典型的なものが、上記の介護用おむつであるといえる。当該「おむつ」の必要性を医師が証明しているだけであり、「おむつ」によって医療関連の措置がなされるものではなく、それが「日常生活上の世話」に該当することは社会通念上明らかであるにもかかわらず、そのような支出についても医師の証明により医療費控除の対象として認めているのである。

　このような税務執行面での取扱いにかんがみれば、本件における居宅サービスとしての通所介護等の対価に係る支出と介護用のおむつに係る支出とを別に取り扱うことの合理的根拠は乏しいと思われる。

　またこの点については、自閉症の子どものリハビリに関して療養費として作業療法士などしかいない（医師のいない）施設に支払った対価について、医師の診断書や証明書などから、施設と医療機関との一体性を認め、その一部を医療費控除の対象と認めた事例（平成9年1月20日裁決）[23]もあり、必ずし

_____

　(23)　三木義一編著『逆転裁決例精選50』（ぎょうせい、1998年）203頁〔中根治美〕。

第3節　介護費用と医療費控除　245

も医師によるリハビリなどの行為を必要とするのではなく、医師等によるその必要性に関する証明書があれば、「診療等を受けるため直接必要な費用」として医療費控除の対象として扱うことが確認されてきている。つまり、医療系サービスでなくとも、リハビリという「日常生活上の世話」の範囲でのサービスについて、医師との連絡によりそのサービスがなされているのであれば、医療機関との一体性が認められ、医療費控除の対象として認められているのである。

　このようなことから考えても、本件において居宅サービスを受けることについては、医師がその必要性を証明しているのであれば、緩和通達によって税務行政が反映させようとしている社会的実情に合わせた医療費控除制度を実現するという観点からは、医療費控除の対象になるものと解することが合理的であると考える。また、そのように解することは、医療費控除の趣旨からも認められるべきであるといえる。

　そして、この点については、介護保険法が「指定介護老人福祉施設では、それぞれの施設に配置された介護支援専門員等が、医師を始めとする施設職員との連携の下、入所者個人ごとに、『施設サービス計画』を作成し、これに基づいて介護等のサービスが提供」されなければならないと定めていることから、専門員が医師との連携に基づいてサービスを行っているものと考えることが合理的であると思われる。そのため、医療費控除の対象とすべきものであると考えられるのである。

3　小　括

　以上のことから、次のように考えられる。

　今日の社会状況において、高齢者の介護に係る費用は、高齢者が「健康で文化的な最低限度の生活を営む」ために不可避的なものであるといえる。そのため、そのような支出の負担が多額で異常な（臨時的な）ものとなる場合には、その者またはその者を扶養する納税者の担税力を減少させる支出として考慮されなければならない。このような担税力の減殺を考慮することが、まさに医療費控除の趣旨なのである。そうであるからこそ、社会的実情を反映すべく、「医療費」の範囲が緩和通達を通じて拡大され、医療行為に係る

246　第6章　居宅介護サービスと医療費控除

対価のみならず、医師等によるその必要性に関する証明書があれば、「診療等を受けるため直接必要な費用」と解されるようになってきているのである。

　また、医療費控除の対象となる支出は、必ずしも医療関係者の役務に対する対価でなくともよいと考えられる。なぜなら、上述のように、通達において「保健師、看護師又は准看護師以外の者」となっていることから、そのような医療関係者を除外していると考えられるからである。また、そういった者に「療養上の世話を受けるために特に依頼し」て「受ける療養上の世話」は、療養に関連して必要になる日常生活上の世話、すなわち様々な介護であると考えられるのである。このように解することが、医療費控除の趣旨に合致した、社会的実情に適合した運用であると思われる。

　そして、このような税務執行面での取扱いがこれまでもなされてきていることは明らかな事実である。具体的には、介護用おむつ等は医療行為がなくとも医師等がその使用の必要性を証明していれば、医療費控除の対象とされている。つまり、介護に関する支出は、医師の診断書や証明書などから、施設と医療機関との一体性が認められれば、それを医療費控除の対象と認めるという対応が、緩和通達等によりとられてきたのである。このことから、医療費控除については、社会的実情を反映すべく、法令に限定列挙されているものに限らず、医師等の証明などにより、税務執行面では柔軟な対応がとられていると考えられる。

　本件において、請求人が負担し医療費控除の対象として主張している支出は、居宅サービスに対する対価である。そのため、本件において、請求人の妻に対する居宅サービスなどについては、その必要性について医師の証明があれば、医療費控除の対象として認めるべきであると考える。そして、介護保険法が、指定介護老人福祉施設においては、介護支援専門員等が医師をはじめとする施設職員との連携の下で、入所者個人ごとに、「施設サービス計画」を作成し、これに基づいて介護等のサービスを提供しなければならないことになっているのであるから、本件においても介護施設と医療機関との連絡は認められ、一体性があると判断できるはずである。そして、それらに係る支出は医療費控除の対象とされなければならないということになる。

そうでなければ、介護用おむつ等のように緩和通達により医師等の証明により医療費控除の対象となっている支出と、本件において問題となっている居宅サービスに係る支出とを別に取り扱うことになる。しかしながら、そのような異なる取扱いについては、税務行政の公平性という観点および医療費控除の趣旨にかんがみれば、合理的根拠がないと考えられるのである。

おわりに

以上みてきたように、医療費控除は法令の改正のないまま、緩和通達によって、その適用範囲が拡大されてきている。つまり、法律は社会的実情に適合しない状況があり、それに対して緩和通達によって対応しているのである。しかし、そのような緩和通達による対応も必ずしも充分なものではないように思われる。それが本件のような場合である。本件のような場合においては、通達に形式的に依拠するのではなく、そのような通達が生じてきた経緯、これまでの税務行政の取扱いとそれに対する納税者の信頼、そしてその制度の趣旨から考え、公正・妥当な判断が下されるべきであると考えられる。そうでなければ、医療費などの異常な（臨時的な）負担による担税力の減殺を考慮するという医療費控除の趣旨が達成されず、ひいては税法の基本原理である応能負担原則も実現されないということになってしまうと思われる。そうならないためにも、緩和通達での対応をその趣旨に適合するように修正すべきであるし、本来的には所得税法73条や同法施行令207条といった法令を、社会的実情に適合するように改正すべきであると考える。

※　本稿は、平成19年度科学研究費補助金（「応能負担原則における主観的担税力と所得概念の研究」課題番号19730022）に基づく研究成果の一部である。

第Ⅲ部
その他の担税力をめぐる問題

はじめに　　251

第7章　課税の負担と上限
──ドイツ連邦憲法裁判所2006年1月18日決定を
手がかりとして──

はじめに

　租税とは、一般に「国家が、特別の給付に対する反対給付としてではな
く、公共サービスを提供するための資金を調達する目的で、法律の定めに基
づいて私人に課する金銭給付である」と定義されている[1]。この定義によれ
ば、租税は一方的・権力的課徴金としての性質をもつことになる。つまり、
租税は国民の財産の一部を強制的に国家の手に移すための手段であり、国民
の財産権への侵害という性質をもつのである[2]。

　この点について、これまで憲法論上では、課税は財産権の内在的制約の1
つと考えられ、憲法29条によって保障される財産権の範囲外と考えられて
きたといわれている。すなわち、課税は憲法29条2項における「公共の福
祉」の範囲で認められるものであり、無制限に行われると捉えられてきたと
考えられる[3]。

　しかしながら、課税は国民（納税者）の財産に対する国家の強制的な介入
であるという課税の侵害的側面に着目すると、課税を財産権の内在的制約と
して捉えることには問題があるといえる。なぜなら、具体的な税負担によっ
て、納税者の財産権の存在自体が脅かされることも考えられるからである。
つまり、課税を無制限に認めることにより、財産権を保障する意味が失われ
るおそれがあると考えられるのである[4]。

　この点について示した裁判例として、例えば大阪地裁平成7年10月17日

---

(1)　金子宏『租税法第〔12版〕』（弘文堂、2007年）7頁。
(2)　金子・前掲注（1）　10頁。
(3)　三木義一『よくわかる税法入門第3版補訂』（有斐閣、2007年）61頁。
(4)　三木・前掲注（3）　62頁。

判決[5]がある。本件においては、租税特別措置法に基づく財産評価のために相続財産以上の相続税債務が生じた。このような場合、相続財産すべてを課税で奪うことになるだけでなく、他の財産にまで租税介入が行われることになる。その結果、財産権保障と衝突すると考えられる。そのため本判決でも、この特別措置は「違憲の疑いが極めて強い」という判断が下されている。このことから、憲法29条との関係で、課税に上限があるということが示されていると考えられる。

　このように、財産権保障との関係から、課税は無制限に認められるものではないといえる。そして、租税債務の履行後に、納税者の手もとに自由に処分可能な財産が残っていなければならないということになる。この点について、わが国の判例は明確に違憲となるという判断は下していないが、何らかの上限があると考えているように解される[6]。では、どの程度までの課税が憲法上許容されるのであろうか。

　この点について、例えばドイツでは連邦憲法裁判所が1995年に、一般論としておよそ半分までは課税することができるという、いわゆる五公五民原則を示したことで注目を集めた[7]。しかしながら、この五公五民原則は、同じく連邦憲法裁判所の2006年1月18日決定[8]において、財産保有によって

（5）　判例時報1569号39頁。評釈として愛敬浩二・憲法判例百選〔1〕〈第4版〉（2000年）212頁、岡田幸人・平成8年度主要民事判例解説〔判例タイムズ臨時増刊945〕（1997年）324頁、高津吉忠・租税法研究24号（1996年）200頁、同・税理39巻3号296頁、高野幸大・判例評論457号（判例時報1588号（1997年））、191頁、渋谷雅弘・ジュリスト1090号（1996年）99頁、増井良啓・法学教室184号（1996年）104頁、品川芳宣・TKC税研情報5巻5号（1996年）3頁、同・税研65号（1996年）73頁がある。

（6）　課税の限界について、職業の自由との関係から論じたものとして、伊藤嘉規「課税の限界としての職業の自由」富大経済論集52巻2号（2006年）1頁。また、木村弘之亮『租税法総則』（成文堂、1998年）121頁もあわせて参照されたい。

（7）　BVerfG Beschluß v. 22. 6. 1995-2 BvL 37/91, BVerfGE 93, 121 (Vermögensteuer); v. 22. 6. 1995-2 BvR 552/91-, BVerfGE 93, 165 (Erbschaftsteuer). なお、本件に関する邦語文献として、中島茂樹・三木義一「所有権の保障と課税権の限界―ドイツ連邦憲法裁判所の財産税・相続税違憲決定」法律時報69巻9号（1996年）47頁、ドイツ憲法判例研究会編『ドイツの最新憲法判例』（信山社、1999年）289頁〔中島茂樹〕、谷口勢津夫「財産評価の不平等に関するドイツ連邦憲法裁判所の2つの違憲決定」税法学535号（1996年）153頁がある。

（8）　BVerfG Beschluß v. 18. 1. 2006-2 BvR 2194/99-, FR 2006, S. 635, DStR 2006, S. 555.

期待される収益を課税標準として課される財産税に限って妥当するものであると示された。この結果、課税一般に関する上限があることは認められながらも、その具体的な上限については明確な基準がなくなったと考えられる。

　このように、課税は無制限に許されるものではなく、財産権の本質を損なうような課税は憲法上認められないと考えられるが、その具体的な基準は明確には示されていない状況にある。しかしながら、これまでのドイツの連邦憲法裁判所は、一度は五公五民原則というかたちで明確な基準を示している。それはどのような論拠に基づいていたのであろうか。また、それと訣別した新たな判決は、なぜ、そしてどのような論拠でそれを実質的に破棄したのであろうか。この判決を受けて、ドイツでは課税の限界についてどのように捉えられるようになっているのだろうか。このように、ドイツの議論を中心に課税の限界についてはいくつかの検討すべき問題が新たに登場してきているように思われる。そこで本稿では、これらの課税の限界のあり方をめぐる問題について、連邦憲法裁判所の違憲決定とそれをめぐる議論を中心にみていくことにしよう。

第1節　五公五民原則

　まずは、課税の限界の明確な基準としていわゆる五公五民原則を示した、違憲決定についてみていこう。

1　2つの違憲決定

　五公五民原則を示した違憲決定は、相続税に関するものと財産税に関するものという2つの事件に関して同日に同じ部によって示されたものである。これら2つの決定の争点は基本的には同じものであるため、まとめてみていくことにしよう。

　2つの事件の争点は、相続税法や財産税法において課税基準を算定する際に、土地などの財産については統一価格（Einheitswert）で評価するのに対

(http://www.bundesverfassungsgericht.de/entscheidungen/rs20060118_2bvr219499.html).

254 第7章 課税の負担と上限

し、そのほかの財産については取引価格など統一価格で評価されないにもかかわらず、同じ税率によって課税されることになっていたという点について、平等原則（基本法（Grundgesetz：GG）3条1項）に違反するかというものであった。本来、相続税や財産税については、課税対象となる財産は評価法に基づいて評価されることになっている（相続税法12条、財産税法4条）。そして評価法では、経済的単位（wirtschaftliche Einheit）と財産全体を形成する経済財ごとに統一価格によって評価することになっているのである（2条）。

この統一価格は、1964年における価格に依拠し、その後の価格変動に適応させるために6年毎に価格評価の確定が要求されていた（基本確定（Hauptfeststellung）、評価法21条1項1号）。しかし、これは1964年以降一度も行われていなかった。それに加え、1970年の評価法改正によって、この基本確定に関しては特別の法律によるべきと規定した（2条1項3文）が、その法律も定められないままであった。そこで、1974年の財産税法の改正において、評価法121a条によって、土地などの不動産に関しては統一価格の140％に価格を適用することが定められていた。

これに対して、その他の統一価格によって評価されない財産、具体的には農林業用財産は収益価格（Ertragswert）で（36条）、建物付不動産については収益価格（78条以下）または現物価格（Sachwert: 83条以下）といった特別の定めがあり、そのほかにも部分価格（Teilwert: 10条）、相場価格（Kurswert: 11条）、買収価格（Rücknahmepreis: 11条4項）、額面価格（Nennwert: 12条）および元本価格（Kapitalwert: 13条から16条）といった通常価格（gemeiner Wert）によって評価されることになっていた。

このように、いわば現在の価格に近いかたちで評価された、すなわち統一価格に基づいて評価されない財産と、現在価値と離れた1964年の価格に依拠する統一価格に基づいて評価される財産との2つが同じ税率で課税されることになっていたのである。判決において具体的数値は示されていないが、この評価方法の差による価格の差には大きなものがあったと推測される。そこでこのような取扱いの差が不平等であるという点が争われ、この2つの決定では違憲という判断が下されている。

具体的には、財産税決定[9]において次のように判断されている。すなわち

まずこのような評価の差の平等原則違反については、「立法者がすべての課税対象財産に対して統一的な税率を定める場合、個々の評価される経済単位という課税標準においてのみ、公平な課税は保障されうる。したがって課税標準は、経済的単位の収益力に合理的に関連し、その価格はその関連において現実適合的に形成されなければならない。課税上重要な評価を経済単位の一定のグループに対して明らかに異なって展開させた場合、立法者はそれを放置してはならない」[10]と述べている。つまり、統一的な税率を適用する場合には、課税標準の算定段階において公平な課税が実現できるよう、現実に適合した公平な評価をすべきであると指摘されている。

またこの前提として、「財産取得、財産保有および財産使用への課税の租税負担は、負担の公平が保障され、過剰な負担を回避するという点で、立法者にとって互いに調整されなければならない。この場合……、租税立法者も任意に私的財産に介入することはできず、権利者はむしろ憲法に基づき、稼得物の私的利用および創出した財産価値ある法的立場の処分の核心を保有することへの請求権をもつ」[11]と述べ、財産権の保障に関する要請が平等原則から導かれている。

そして「財産税は、保有する―通例は既に課税された所得から形成される―資産に対する反復的課税として形成されている。これは財産の処分権限および利用権限に認められる一般的な行為の自由（GG2条1項）、すなわち財産法領域における私的所有としてのその具体化（GG14条）への介入である。これが意味するのは、保護された自由権は、納税義務者に経済領域における自己の活動成果の核心部分を稼得物の原則的私的利用および創出された財産価値ある法的立場にかかる原則的処分権限の現れとして保有する限りでのみ制限されるということである」[12]と、財産税の課税根拠について述べている。そして、「財産は既に所得および収益に課税されており、具体的な財産対象は、通常は間接税によっても負担を課されているという前提の下で、このよ

---

(9)　A. a. O. (FN. 7), Beschluß (Vermögensteuer). 中島・三木・前掲注（7）48頁、ドイツ憲法判例研究会・前掲注（7）289頁〔中島〕。

(10)　A. a. O. (FN. 7), Beschluß (Vermögensteuer), S. 136.

(11)　A. a. O. (FN. 7), Beschluß (Vermögensteuer), S. 134f..

(12)　A. a. O. (FN. 7), Beschluß (Vermögensteuer), S 137.

256 第7章 課税の負担と上限

うな何重にも課税された財産への補完的課税として憲法に基づき狭い余地が残されているに過ぎない。財産税は、その他の税負担との総合効果において、財産の本質、財産の根幹部分を残し、通常期待可能な収益によって支払われ得るという範囲でのみ算定されなければならない。そうでなければ、財産税は結果的に、漸進的没収へとつながり、納税義務者にそれによる過剰な負担を生じその財産関係を根本的に侵害することになってしまう」[13]と述べている。つまり、財産税は保有税であり、所得課税および収益課税を補完する範囲でしか課税できないということ、そしてそれは期待収益によって支払われる範囲に限定されるということが指摘されている。その上で、「財産の根幹部分の保有は別として、財産収益も個人の自由の根拠として財産評価される法的立場の保護を受ける。GG14条2項によれば、財産消費は同時に私的な利用と公共の福祉に役立たなければならない。したがって財産収益は、一方では課税という公共の負担になじみやすいが、他方で私的な収益利用を権利者に残さなければならない。それゆえ、その他の収益に対する課税に加えて財産税が認められるのは、期待収益への課税上の総負担が収入から控除可能な消費およびその他の軽減を典型化して考慮する場合に、私人と公共とにおよそ半分ずつ残り、その際平等原則によって要請される財政的負担能力という基準による負担の配分に反する負担結果をも回避できる範囲のみである」[14]と述べている。このうちの「私人と公共とにおよそ半分ずつ」という配分から、課税の上限にかかる基準として、いわゆる五公五民原則を憲法裁判所が示されたといわれている。

　また相続税決定においては次のように判断している。すなわち、「相続権の憲法上の保障（GG14条1項1文）は、租税立法者が、相続の場合に相続人に生じる財産増加およびそれによって仲介される財政的負担能力に課される相続税を予定することを認めている。立法者は、課税対象財産の特別な評価に関して決定する場合、一度行った負担決定を矛盾なく変更し、納税義務者に――憲法上認められる区分は関係なく――公平に課税しなければならない」[15]

---

(13)　A. a. O. (FN. 7), Beschluß (Vermögensteuer), S. 137.

(14)　A. a. O. (FN. 7), Beschluß (Vermögensteuer), S. 138.

(15)　A. a. O. (FN. 7), Beschluß (Erbschaftsteuer), S. 172.

と述べて、財産税判決と同様に負担の公平を求めている。そして、「納税義務者の公平な課税は、個々人の相続に属する経済的単位および経済財に関して、その価格を合理的に形成する課税標準を見つけることにかかっている」と示し、評価における平等の実現を要請している。

　また課税の上限との関連では、「相続課税は、少なくとも納税義務者に関しその相続財産の価値を減じるものである。相続税の形成と算定は相続権保障の根本的内容を保障しなければならない。それには、遺言の自由と血縁者相続権の原則が属する。この原則は、法制度と個人的基本権としての相続権の意義と機能を否定または価値のないものにしてはならない」[16]と述べ、財産権保障の一環としての相続権の保障を要請している。また、「死亡による財産取得への租税介入の余地は、納税義務が取得者に過剰な負担を課し、その者の増加する財産価値を根本的に侵害するという点にその限界を見出す」[17]と述べている。このように財産税判決のように、「およそ半分」という明確な基準ではないが、財産価値を根本的に侵害しないという限界が課税にあることを示している。

　以上のように、2つの違憲決定において、課税の総負担には上限があり、それは財産の期待収益から求められる課税標準の「およそ半分」という基準が示されたのである。しかしながら、この財産税決定においては少数意見が付されており、それは財産税を期待収益に対する課税としてみることに反対している[18]。このような立場から考えると、決定で示されたような課税の上限の前提が変わってくることになり、五公五民原則自体にも反対していると考えることもできる。また、この違憲決定に対しては、学説上もさまざまな意見が出されている。そこで次に、決定における少数意見を含め、五公五民原則に対する議論についてみていくことにしよう。

---

(16)　A. a. O. (FN. 7), Beschluß (Erbschaftsteuer), S. 173.

(17)　A. a. O. (FN. 7), Beschluß (Erbschaftsteuer), S. 172.

(18)　A. a. O. (FN. 7), Beschluß (Vermögensteuer), S. 149ff.. 中島・三木・前掲注（7）49頁、ドイツ憲法判例研究会・前掲注（7）291頁〔中島〕。

258　第7章　課税の負担と上限

2　五公五民原則をめぐる議論

　上記2つの違憲決定のうち、財産税決定においては、上述のように少数意見が付されている。そこでまずは、その少数意見についてみていくことにしよう。

　上述のように、少数意見は財産税を期待収益に対する課税であると性格付けた点で、多数意見に反対している。それは次のようなものである。すなわち、「多数意見の根拠における決定的なポイントは、（期待）収益課税として財産税を憲法上評価した点である。多数意見によれば、財産の収益力に租税介入が限定される。……多数意見は、財産税の正当化と基準として、財産所有による負担能力ではなく、その―事実上または潜在的な―収益の担税力のみを認識している。財産税は客観的には根幹部分への課税としては認められず、『期待収益税という考えに基づき』、その全体の基準から（擬制的）収益への課税に制限されなければならない。そのため多数意見は、財産税の上限算定について、一方では財産からの収益のみに着目し他の所得を無視しているのに対し、他方で他の租税の負担を合算している」[19]。このように、期待収益にのみ課税対象を限定して財産税を捉える考え方の矛盾を指摘している。

　そして「この説明は、憲法上一度稼得され稼得について課税に服した財産は租税立法者の介入に新たにさらされないという基本テーゼに基づいている。多数意見は、このような一度課税された財産（konsolidiertes Vermögen）に関して―実際のまたは潜在的な―収益にのみ介入を許容している。これに関する憲法上の基準に関する慎重な定式にもかかわらず、その根拠となっているのは、このような財産への課税は所有者という立場の根幹への認められない介入であるという推定である（GG14条）。……この見解は、私の考えによれば、不適切であり、これまでの連邦憲法裁判所の判例と一致しない。その対象は、一度課税された財産である租税も含めた、租税債務者にその財産においてのみ限界を生じさせる一般的な金銭給付である。これは、GG14条によって保護される一定の所有権という立場を奪うのではなく、任意の収入源

---

　(19)　A. a. O. (FN. 7), Beschluß (Vermögensteuer), S. 152f..

泉、例えば労働所得や売却代金からも金銭の支払いを受ける一般的な金銭給付義務である。しかし、このような介入に対してGG14条は、裁判所の一貫した判例に基づけば、保護されるものではない。むしろ金銭給付義務を課すことについて基本法上の所有権保障は原則として触れていない。1つの例外として裁判所は—これまで実行されていない—ある場合を認めている。それは、納税義務が義務者に過剰な負担を課し、その財産関係を根本的に侵害する場合である」[20]と述べ、所有権保障との関係で、財産の根幹を侵害する場合には課税の限界を超えると判断している。

　また五公五民原則については、「財産所有者に収益のおよそ半分まで課税するという基準の根拠も、GG14条1項または基本法の他の規定において認められない。この点でも多数意見は、絞殺的効果を及ぼす場合をはじめて金銭給付義務の上限として形成するという、これまでの基準を離れている。……このような点で立法者を不当に制限している。……計算可能な基準の数値については、それが存在する可能性もなく、憲法においても含まれていない。憲法はむしろ、そのつどの状況にあわせ、または経済的社会政策的な信念に基づき、有益な基準を見つけることを政治的に責任を負った租税政策に委ねている」[21]と述べている。つまり、五公五民原則までの明確な基準は、その根拠がなく憲法にも認められないというのである。むしろ、そういった基準については政策的な裁量に委ねられているということである。

　このような少数意見における反対以外にも、その後の財政裁判所[22]および連邦財政裁判所[23]の判決において、この五公五民原則は拒絶されている。その理由の主たるものは、なぜ「およそ半分」という上限が認められるのか、という点にある[24]。

　たしかにドイツにおいては、いわゆる過剰負担の禁止（Verbot der Überbelastung）または絞殺的課税の禁止（Verbot der Erdrosselungssteuer）とし

---

(20)　A. a. O. (FN. 7), Beschluß (Vermögensteuer), S. 153ff..

(21)　A. a. O. (FN. 7), Beschluß (Vermögensteuer), S. 157ff..

(22)　FG Düsseldorf, EFG 1998, 378; FG Rheinland-Pfalz, EFG 1997, 367, 369; 1997, 903, 904; BFH FR 1998, 896.

(23)　BFH Urteil vom 11. 8. 1999, BStBl. II 1999, 771.

(24)　Vgl. Klaus Tipke/Joachim Lang, Steuerrecht, Köln, 18. Aufl., §4 Rz. 223 [Lang].

260 第7章 課税の負担と上限

て、財産権を根本的に侵害するような課税は禁止されるということは1980年ごろから議論され認められてきたところである[25]。しかし、この段階ではどの程度までの税負担が「過剰な負担」あるいは「絞殺的」と評価されるのか不明確であった。そして、この2つの違憲決定はこの基準を「およそ半分」と示した。この点について積極的な評価がないわけではない。この決定を「課税と所有権の転換点」とか、「革命的」であるとか、「暗闇への光明」であると評価する見解もある一方で、「邪道」であるとか、あまりに「冒険的」であるといった評価もあるといわれる[26]。

そこで、この「およそ半分」という基準の根拠についてみてみると、違憲決定を下した連邦憲法裁判所第2部の裁判官であったPaul Kirchhofの理論が非常に大きな影響を与えているといわれている[27]。その理論[28]によれば、「およそ半分」という基準はGG14条2項の「所有権は私的利益と公共の福祉に同時に役立つ」という規定のうち、「同時に（zugleich）」という文言に依拠することになる[29]。つまり、GG14条2項における「公共の福祉に同時に役立つ」という文言から、所得税に関しては、所得の稼得と同時に、その稼得部分について私的部分としての所有財産と公的部分としての租税介入が認められるというのである。この公共の福祉に課税根拠を見出していることになる。そしてこの課税根拠をさらに進め次のような考えが示されている。す

---

(25) A. a. O. (FN. 24), Tipke/Lang, Rz. 213 ff., [Lang.] ; J. Lang, Vom Verbot der Erdrosselungssteuer zum Halbtailungsgrundsatz, in: Staaten und Stteuerun,. FS für Klaus Vogel, Heidelberg 2000, S. 173.

(26) Dazu Roman Seer, Verfassungsrechrliche Grenzen der Gesamtbelastung von Unternehmen, DStJG Band 23, Köln 2000, S. 87.

(27) A. a. O. (FN. 24), Tipke/Lang, Rz213ff [Lang.] : a. a. O. (FN. 25), Lang, S. 173; a. a. O. (FN. 26), Seer, S. 173; Ute Sacksofsky, Halbteilungsgrundsatz ade-Scheiden tut nicht weh, NVwZ 2006, S. 661. この点については、谷口・前掲注（7）156頁もあわせて参照されたい。

(28) Kirchhofの理論については、谷口勢津夫「税法における自由と平等―ドイツ税法学における実質的法治国家論の展開―」税法学546号（2001年）203頁（210頁）を参照。

(29) Paul Kirchhof, Besteuerung und Eigentum, VVDStRL Heft 39, S. 215, 242; ders., Steuergerechtigkeit und sozialstaatliche Geldleistungen, JZ 1982, S. 305, 307f.; ders., Empfiehlt es sich, das Einkommensteuerrecht zur Beseitigung von Ungleichbehandlungen und zur Vereinfachung neu zu ordnen?, Gutachten F für des 57. Deutschen Juristentag, F14f..

第1節　五公五民原則　　261

なわち、「GG14条は上限について租税介入全体の大きさを制限している。納税義務者には、稼得物およびその財産的価値ある法的地位の中核が残されなければならない。このことから、財産根幹の存続保護が導かれ、それによれば、現在の財産の事前負担（課税後の所得）という条件の下でその期待収益能力までの課税しか認められないことになる。さらにGG14条2項は、所有権の使用によって稼得可能な財産収益に関して、この『私的利益と公共の福祉に同時に役立た』なければならないということを定めている。したがって財産収益は、一方で租税という共同の負担を認めるが、他方で私的な収益利用がその権利者に残らなければならない。それゆえ、期待収益の税負担全体は収入、控除可能な費消およびその他の軽減を典型化した上で考慮して、『私人と国家におよそ半分ずつ』残らなければなら」ないと主張しているのである[30]。

　以上のことから考えると、五公五民原則は、GG14条2項における「同時に（zugleich）」という文言を「同じに（gleich）」に読み替えていると思われる。すなわち、このように解することで、「およそ半分」という課税の限界を導き出したと考えられるのである[31]。そして、この点で強く批判を受けている。つまり、なぜそのように解されるのか、「同時に」を「同じに」と解することに対して多くの批判があるのである[32]。

3　小　括

　このように、連邦憲法裁判所は財産評価の平等性に関する判決において五公五民原則を示した。ただし、これは傍論的に示された内容に過ぎないものである。しかしながら、課税の上限という点について明確な基準を示したという点で注目を集めた。この点では積極的な評価がないわけではない。しかし、その「およそ半分」という基準については、GG14条2項における「同時に」という文言から「同じに」という解釈を導き出していると考えられ、

---

(30)　P. Kirchhof, Besteuerung im Verfassungsstaat, Tübingen 2000, S. 57ff. なお、この点については谷口・前掲注（28）212頁もあわせて参照されたい。

(31)　Vgl. a. a. O. (FN. 25), Lang, S 180f..

(32)　A. a. O. (FN. 25), Lang, S. 173 u. 181; a. a. O. (FN. 27), Sacksofsky, S. 661; a. a. O. (FN. 24), Tipke/Lang, Rz. 223.

262　第7章　課税の負担と上限

そのような解釈自体には批判がなされてきた。

第2節　五公五民原則との訣別
── 2006年1月18日決定

　このような憲法裁判所の判決および議論を踏まえて、2006年1月18日に、連邦憲法裁判所は五公五民原則を財産税に限定するかたちで、五公五民原則と訣別した判決を下している。以下では、この判決についてみていくことにしよう。

1　事実概要

　まずは事実の概要を確認しておこう。抗告申立人は係争年度1994年の所得税について合算申告をしている。その総所得金額（所得税法2条3項: §2 Abs. 3 EStG）は648,595DMであった。営業所得の算定（§15 EStG）に関して、営業税資出113,170DMを事業支出として控除した。その他の控除の後、課税総所得金額（§2 Abs. 5 EStG）は622,878DMになった。営業所得に対する軽減額（§32c EStG a. F.）24,156DMの考慮後、Kempen税務署は1996年1月11日付の決定により抗告申立人の1994年分の所得税を260,262DMと確定した。

　1994年分の所得税決定に対して抗告申立人は、所得に対する負担総額が50％を超えるために、所得税と営業税の負担総額が連邦憲法裁判所第2部によって1995年6月22日決定において示された「五公五民原則」に反すると主張して異議申立てをした。すなわち、抗告申立人の計算によれば、所得税260,262DMと営業税113,170DMという負担総額は、総所得金額（648,595DM）の57.58％に達するため、五公五民原則に反するという主張であった。しかし、この異議申立ては退けられた。

　そして、抗告申立人は所得税を187,731DMに減額することを求め訴えを提起した。Düsseldorf財政裁判所は1997年11月5日の裁判所決定-8 K 4409/97 E-（EFG 1998. S. 378）によって、その訴えを退けた。

　連邦財政裁判所（Bundesfinanzhof：BFH）は、上告を1999年8月11日の判

決 -XIR77/97- (BStBl II 1999 S. 771 = BFHE 189, 413) によって却下した。それによれば次のようなことがいわれている。

　所得税および営業税に関して、1995年6月22日判決 (BVerfGE 93, 121) の原則への拘束は排除される。同決定の拘束力は、法的効力において生じる決定の定式が財産税に関してのみ意義をもつものである。

　GG14条1項は、義務者に過剰な負担を課し、その財産関係を根本的に侵害する納税義務者の負担に関してはじめて違反していると評価される。これは上告人の収益税の負担に関しては、57.58％という総所得金額との関係、または、59.95％という課税総所得金額との関係においては問題にならない。このことは、GG14条2項によっても変わらない。所有権の社会的義務からは具体的かつ定量化可能な条件は導かれない。つまり、「およそ半分」の配分という要請は認められないのである。「同時に」という文言は、その語義によっても、一般的な語用によっても、単なる目的上、計算上の要素に対してではなく、計算上同じ配分 (50％) という配分の意味においては認められない。

　このような BFH 判決に対して、抗告申立人は、GG14条、12条、19条4項および2条1項、それと関連する29条3項による基本権を侵害されたと主張し、連邦憲法裁判所へ訴えを提起したのである。その理由は次のとおりである。

　GG14条は、所得税および営業税によるその負担総額59.95％が課税総所得金額との関係で過剰であるため、違反されている。「同時に」(GG14条2項2文) という文言から、連邦憲法裁判所第2部が1995年6月22日判決 (BVerfGE 93, 121 〈138〉) においてすでに決定した、およそ半分の配分という負担の上限 (「五公五民原則」) が導かれている。上限の算定に関して、少なくとも所得税と営業税は考慮されなければならない。このような許容範囲の考慮のもと、50％という限度をわずかに超えることは、個別事例においては憲法違反といい難い。しかしながら、抗告申立人の総負担は、大きめに認めた許容範囲をも超えている。「五公五民原則」の効力は、個別事例において、税負担全体を明確に定量化することが困難であるということと矛盾しない。

　このように、納税義務者は五公五民原則に基づき、課税総所得の50％を超える税負担は違憲であると主張している。それに対して、BFH は五公五

民原則は財産税に関してのみ拘束力をもつものであると判断し、その訴えを退けたのである。このような五公五民原則の射程範囲をどのように捉えるべきなのであろうか。この点について、連邦憲法裁判所はどのような判断を下したのであろうか。以下でみていくことにしよう。

2 判 旨

上記のような問題について、連邦憲法裁判所は次のような判決を下している。

「BFH は抗告申立人の負担に関して、連邦憲法裁判所の部の決定の拘束力という点で、GG2 条 1 項とそれに関連する 20 条 3 項または 19 条 4 項に違反していない。むしろ BFH は適切に、1995 年 6 月 22 日の連邦憲法裁判所第 2 部の判決（BVerfGE 93, 121）には連邦憲法裁判所法 31 条に従った所得税と営業税の負担総額にかかる拘束力のある憲法上の上限は認められないということを認めている。1995 年 6 月 22 日判決（BVerfGE 93, 121〈136ff.〉）は内容上、所得税と営業税の負担総額に関する憲法上の上限を対象としていない。これに関して、いわゆる五公五民原則の実現に対する憲法上の拘束力は連邦憲法裁判所法 31 条によって認められていない」。

このように、BFH 判決と同様に、五公五民原則の拘束力は財産税だけに及ぶものであるということを示している。その理由として、「適切に、用いられている概念（『財産基幹』、『財産の根本』、『財産収益』、『期待収益』）は所得税法や営業税法の概念には結びつか」ないことを挙げている。そして、「このような財産税と他の税目との重複に『五公五民原則』が負担の上限として関係する」のであって、「そこから認められる負担の効果は、所得税と営業税による、または所得税だけによる負担効果と比較できない」と示されている。

このように五公五民原則を財産税の負担に限定した上で次のように判断している。すなわち、「所得税と営業税の負担総額は、抗告申立人の GG14 条による所有権について侵害していない。税負担は所有権保障の保護領域において生じる。しかしながら介入は GG14 条 1 項 2 文、2 項の基準に従っても正当化されている」と本件における税負担は財産権を侵害していないと示さ

れている。

　そして財産権については次のように述べている。「所有権保障（GG14条1項）は基本権全体において、基本権の担い手に財産権の領域において自由裁量を保障させ、それにより自己責任で生活を形成することが可能になるという責務を認めている（stRspr, vgl. BVerfGE 24, 367〈389〉; 104, 1〈8f.〉m.w.N.）。このような保護は原則として、権利者に法規範によって、それと結び付いた自己責任の決定に基づく使用が私的利用のために行使されるという方法で帰属するすべての財産価値のある権利に関わる（vgl. BVerfGE 112, 93〈107〉m. w.N.）。したがって所有権保障は、物権的なまたはその他すべての人に対して効力をもつ法的立場だけでなく、債務法上の請求権も保護する（vgl. BVerfGE 83, 201〈208〉m.w.N.）。GG14条1項は保護された財産価値のある権利を保持、利用、管理および自由に処分する権利を保障する（vgl. BVerfGE 97, 350〈370〉; 105, 17〈30〉）」。

　このような財産権保障は、「納税義務者が─所得税法や営業税法におけるように─所有物のさらなる稼得に結び付いている場合にも関係する」ものである。すなわち、「所有権保障の意味が財産価値のある法的立場の私的な保有および利用を保護するということであるならば、正当化を必要とする内容および制限規定（GG14条1項2文）としての税法も、租税介入が要件上財産価値のある法的立場の保持に結び付き、稼得された法的立場の私的利用を公益に有利になるように制限する場合、所有権保障の保護領域に介入する」のである。この点については、GG14条2項を課税根拠とする五公五民原則の背景にある理論を認めている。

　しかしながら、「GG14条が財産を全体として保護するかという別の問題は、所得税および営業税の評価に関して関係ない」と述べている。つまり、五公五民原則について、抗告申立人の主張のようなGG14条が財産権全体を保護するものであり所得税および営業税についてもその拘束力が及ぶという見解に対して、本決定は五公五民原則を示した決定の理論はあくまでも財産税に関するものであり、その限りでGG14条に関する解釈も認められると示しているのである。

　そして所得税について次のように述べている。「所得税法の意味における

所得—利益または余剰—は、納税義務者が1年のうちに稼得したものである。GG14条は稼得物ではなく、新たな稼得の在高を保護する。これは、例えば営業上の利益に関しては、保護された法的財産または事業者の処分領域における権利である帳簿上の経済財の増加である。そのほかの所得分類においても、金銭評価される対象および物権的または債務上の権利の増加が課税上捕捉される。このことは、―個別事例において控除の評価および考慮によって―算定される納税義務と結び付く。GG14条の意味における課税期間内において生じた所有物の新たな稼得は、所得税法および営業税法が課税されるべき法的効果の帰属に関する構成要件上の前提条件である。納税義務者は、その負担能力が所有物の稼得によって増加しているため、そしてその限りで支払わなければならない。自身に認められた国家の租税債権の支払義務を納税義務者がどのような方法によって履行するかということについて選択することは、新たな稼得物が課税される法的効果の要件上の結合点であるということを変更するものではない。自身に認められた金銭給付義務の履行は所有権保障には原則として関係ない（vgl. BVerfGE 14, 221〈241〉; stRspr）」。つまり、所得の場合は新たに稼得されたものであって、財産税のように既に保有している財産にかかる期待収益という将来に対するものとは異なるため、財産税とは異なる財産権保障があるということになる。そして、このことを前提として次のように述べている。

　「GG14条1項1文によって保護される所有への介入は憲法上正当化されている。抗告申立人の所得税と営業税による負担総額は、内容および制限規定（GG14条1項2文）としてこの負担を正当化する、所得税法と営業税法の関連規定の憲法上認められていない適用に基づくものである。

　所有権の課税上の制限規定は、他の制限関係と同様に、一般的な介入限度に服する。この場合、合理性に関する充分な基準（侵害の適切性および必要性）ならびに当事者の個人的重要性と公益性の間の調整に関する均衡にかかる要請によって、比例原則に特別な意義が認められる。このような考慮は、所有権保護に関して、GG14条1項の保障内容と並んで本質的にGG14条2項の指導原則によっても形成されている。それによれば、財産価値のある権利の原則的な私的利用（個人的重要性）が保護される。同様に、所有は義務を負う

ということがいえる。消費も同時に公共の福祉に有益である。財産価値のある法的立場への租税介入に関して、財産価値のある法的立場の利用は一方で課税という共通負担になじみやすいということが認められる。他方で、権利者は私的利用を残されなければならない（vgl. BVerfGE 93, 121〈138〉）」。

　このように、財産権保護のために課税に何らかの限界があるということは否定されていない。ただし、「このような GG14 条 1 項 1 文および 2 項 2 文において明らかにされている考慮の範囲だけを示した基準から、一般的に拘束される、およそ半分の配分という絶対的な負担上限（『五公五民原則』）は導かれない」と述べて、五公五民原則を否定しているのである。つまり、「GG14 条 2 項 2 文の文言（『同時に』）は GG14 条 2 項 2 文の意味および目的ならびに発生史と一致する、およそ半分の配分という最高限度を導き出す根拠には不充分である」ということである。換言するならば、「租税の法的な考慮に関しても、GG14 条 2 項 2 文は、『同時に』という副詞によって、厳格に、現行規定の時間と状況に関係なく、原則として所有者と国家の半分ずつの配分と解」すことはできないことになる。

　このように五公五民原則は否定されたが、課税の上限があることは認められている。そこで、その課税の上限については次のように述べている。「立法者の形成の自由は、財産価値のある法的立場と結び付いた税負担の考慮による制限規定に関しても、一般的な比例原則によって制限される。個別事例において財産価値のある法的立場が関係しない場合、相当性のコントロールの範囲において自由侵害の程度および正当化された公的利益の程度に関する充分な裁量を認める、GG2 条 1 項の侵害の正当化に関する同じ基準が妥当する（vgl. BVerfGE 105, 17〈32〉）。いずれにせよ、どの範囲で公的権力が個人から公共団体の資金調達のために徴収できるか、何が稼得された経済的成果として認められるか、そして何が負担を免れなければならないかということが問題になる。

　しかしながら租税の負担は、比例原則において維持されている適切性と必要性の要請において限界に関する適切な起点をほとんど提供していない。『絞殺的』なということは、概念上は租税としてほとんど認められ得ない（vgl. BVerfGE 16, 147〈161〉; 3, 61〈80f.〉）、税源が自身を根絶させるような負担

268 第7章 課税の負担と上限

と対立する、国家の財政需要を賄うための収入を得るという目的をもった租税は、その目的に原則として常に適切かつ必要でなければならない（Birk, Das Leistungsfähigkeitsprinzip als Maßstab der Steuernormen, 1983, S. 189; Papier, Besteuerung und Eigentum, BVBl 1980, S. 787〈793〉）。税負担の適切性と要求可能性に関する全体での考慮の範囲での狭い意味での比例性のみから、税負担に関する上限が導かれる」。このように、財産権との関係では、税負担の限界について比例原則を基準として判断するということを示している。

　このような課税の上限に関する原則を述べた上で、本件に関しては、所得税と営業税による要求可能な負担の憲法上の上限について、抗告申立人の算定に基づいても超えているとは認められなかった。また抗告申立人は、その稼得経済活動に重要な収益が残っているため、その基本権を侵害されていないとも判断されている。

3　小　括

　以上みてきたように、納税義務者は五公五民原則に基づき、所得税と営業税の負担が課税総所得の50％を超える部分を憲法違反であると考え訴えを提起したが、BFH および連邦憲法裁判所はその訴えを退けている。その理由は、五公五民原則が財産税にのみ妥当するものであり、その法的拘束力が所得税や営業税といった他の税目に及ばないということが挙げられている。また、本決定においては憲法上、課税の上限については具体的な基準はなく、むしろ比例原則との関係で、課税の相当性と必要性によって判断されるものであるということも示している。

第3節　課税の上限

　上述のように、2006年1月18日の連邦憲法裁判所の決定は、五公五民原則の射程範囲を財産税に限定している。これにより、五公五民原則は実質的には法的な効力をほぼ失ったことになるといえる。そのため、本決定によって、連邦憲法裁判所は五公五民原則と訣別したと捉えられるのである。このような「訣別」は、どのような意味をもっているのであろうか。ドイツでは

どのように評価されているのであろうか。また、その結果、課税の上限について、ドイツではどのような議論が起きてきているのであろうか。以下ではこれらの点についてみていくことにしよう。

1　2006年決定をめぐる議論

　まずは、五公五民原則と訣別した本決定の評価についてみていくことにしよう。

　本決定は、その結論においては支持を集めているように思われる。なぜなら、五公五民原則が、本来は平等原則に関する争いであったはずの事例において示された、いわば傍論の内容であったこと、そして、GG14条2項における「同時に」という副詞を「同じに」と解して導き出されている課税の上限は、運用が不可能であり[33]、いわば「邪道」であった[34]と解されているからである。ただし、それまでの議論において五公五民原則は、租税国家が憲法上課税上の上限を予定していることを明確にしたということで評価されていたことも事実である[35]。しかしながら、その「およそ半分」という基準については、その根拠が不明確であったといえる。そのため、この基準は認められなかったと考えられる。したがって、この基準を放棄したという点で本決定が評価されているのである。

　しかしながら、本決定にも問題があることは指摘されている。それは、五公五民原則が所得税と営業税の負担だけが問題となる場合には拘束力をもたないと示した点である。すなわち、本決定において五公五民原則は「財産税負担に共同で帰する負担のみ」に関連すると限定したことが問題になるのである。これによれば、所得税、営業税、そして財産税という組み合わせによって生じる70％という負担はGG14条に違反するのに対し、所得税と営業税だけの80％の負担は違反しないという結果になってしまうことになると指摘されている[36]。このような結果が生じる根拠を、本決定は、財産税が

---

(33)　Rainer Wernsrmann, Die Steuer als Eigentums-beeinträchtigung?, NJW 2006, S. 1169, 1174.

(34)　A. a. O.（FN. 27）, Sacksofsky, S. 662.

(35)　Vgl. Heinz-Jürgen Pezzer, Der Halbteilungsgrundsatz ist tot, und nun?, DB 2006, S. 912.

(36)　A. a. O.（FN. 35）, Pezzer, S. 912.

270 第7章 課税の負担と上限

「財産評価された法的地位に毎年繰り返し実際の収益に関係なく」課される
のに対し、所得税と営業税が「実際の稼得に一度だけその発生した年におい
て」捕捉されるものであるという点に認めていると指摘されている[37]。

しかしながら、そのような税目ごとでの考え方の違いから、その組み合わ
せによって上限の捉え方を変えるということは首肯し難いことになると考え
られる。なぜなら、このような考えに基づくのであれば次のような問題が検
討されなければならなくなるからである。すなわち、①課税の上限は実際に
正確に定めることができるのか、②どの税目に対して五公五民原則は認めら
れるのか、③また五公五民原則は直接税のみか、間接税に対しても認められ
るのか、④租税の負担のみが考慮されるのか、同じように強制的に課されて
いる社会保険料の負担は考慮されるのかという問題である[38]。

このように、本決定は、五公五民原則において問題になっていなかった、
負担の上限に関するさまざまな問題を具体的に浮かび上がらせたことにな
る。そうであるならば、本決定の意義は、五公五民原則を限定し、それと訣
別したということに限られ、その内容については多くの問題を具体化したも
のであり、積極的な評価はできない、ということになるとも考えられる。し
かしながら、そうではなく、本決定を積極的に評価する見解もある。

それによれば、納税者の財産権保障は本決定により強化されたということ
になる。なぜなら、五公五民原則が裁判の対象となっておらず、むしろ直接
税による財産への介入に対してはGG14条の保障が及ぶということが明示さ
れたからである[39]。つまり、課税の上限に関する議論を明確にしたという
点で評価できることになる。換言するならば、本決定により、少なくとも負
担の上限に関する問題の1つは明確に答えが出たという点で議論を進歩さ
せ、財産権保障の範囲を明確にしたということになるのである。なぜなら、
連邦憲法裁判所は、五公五民原則は「租税介入が要件上財産的価値のある法
的地位の所有者に結び付き、稼得された法的地位の私的な利用を公共のため
に制限される場合」に問題となるということを示しているからである。この

---

(37) A. a. O. (FN. 35), Pezzer, S. 912.
(38) Vgl. a. a. O. (FN. 35), Pezzer, S. 912.
(39) A. a. O. (FN. 35), Pezzer, S. 913.

ような定式化によれば、所有権保障への税法の適用領域の制限は、常に直接税に対して生じるのに対し、間接税に対しては認められないことになる。なぜなら、間接税は財産的価値のある法的地位の所有者（金銭財産または物的財産）に結び付いていないからである。すなわち、最終的な消費者が実際の負担をするとはいえ、直接税のように国民の財産に直接的に結び付いていないため、租税介入の対象ではないと考えられているのである。

このように、本決定をめぐっては、五公五民原則と訣別したという、その結論を支持することについては大きく争いはないように思われる。しかしながら、その内容についてはいくつかの問題があると考えられる。とりわけ、なぜ五公五民原則が財産税に関連する場合に限定されるのか、という点は大きな問題があるように思われる。なぜなら、財産税が関係する場合には「およそ半分」を超える負担があれば違憲となるにもかかわらず、所得税と営業税だけの負担のように、財産税が関わらなくなれば80％の負担でも合憲であると解することになるからである。すなわち、上述のように、本決定により、五公五民原則は直接税に対して適用されるということが明確になったことから考えると、所得税も営業税も直接税であり、五公五民原則が適用されなければならないはずである。それにもかかわらず、財産税が加算されないというだけで、その負担が「およそ半分」という負担を超えていても財産権の侵害にならないということに対する合理的根拠はないように思われる。

たしかに、財産税が「財産評価された法的地位に毎年繰り返し実際の収益に関係なく」課されるのに対し、所得税と営業税が「実際の稼得に一度だけその発生した年において」捕捉されるということは、資産保有に対する課税と収益課税とを区別することの根拠にはなり得るといえる。しかし、五公五民原則が直接税を対象とするのであれば、財産税と所得税および営業税とを区別するための根拠が必要となる。それにもかかわらず、この定式はその根拠を示していないと考えられるのである。

以上のようなことから、本決定により、課税の上限としての五公五民原則と訣別したために、課税の上限については新たな問題が生じてきたと考えられる。そのため、本決定によって、ドイツにおいても課税の上限については再び議論が生じてきている。そこで次に、そのドイツにおける課税の上限を

272 第7章 課税の負担と上限

めぐる議論をみていくことにしよう。

2 課税の上限

　本決定により、連邦憲法裁判所は実質的に五公五民原則と訣別したといえる。しかしそれは同時に、課税の上限について明確な基準を失ったことにもなる。そこで、本決定を受けてドイツでは課税の上限についてどのように議論されているのであろうか。この点について、課税の目的・効果という観点から検討を加える見解がある[40]。そこで以下では、その見解をもとに課税の上限について検討していくことにしよう。

　この見解によれば[41]、GG14条1項の保護領域は、所得税と営業税の負担による侵害にも関わりをもつことになる。なぜなら、租税介入は事実上、財産価値のある法的立場の所有に「結び付いている」からである。GG14条1項は、債務法上の請求権（債権）も、その請求権を所有、利用、管理およびそれを処分する権利をも保護している。そのため、新たな稼得物の現在高と結び付いている租税である、所得税や営業税もGG14条の保護領域と関わりをもつことになるのである。

　しかしながら、これまで連邦憲法裁判所は、GG14条1項は財産を全体として保護するものではないと述べてきている。そのため、金銭給付義務は原則として、GG12条1項について「のみ」測定され、GG14条1項については測定されてこなかった。つまり、金銭給付義務の負担というのは経済活動であり、そのような活動は経済的自由権、一般的な行為の自由を保護したGG12条1項によってのみ問題となるのに対し、GG14条においては財産の所有にかかる法的立場の保護を問題としており、具体的な財産やその使用などの経済活動は問題にならないと考えられてきたのである。しかし、課税は具体的な法的立場を「奪う」ことになるため、GG14条1項の保護領域は租税にまで及ぶと考えられる。そして、その保護は所得税や営業税においても問題になることになる。

　ただし、ここで注意が必要なことは、所有物の獲得はGG14条1項によっ

---

(40)　A. a. O. (FN. 33), Wernsmann, S. 1169.

(41)　A. a. O. (FN. 33), Wernsmann, S. 1170.

ては保護されないという点である。つまり、GG14条1項は稼得物および収益物を保護するのであって、稼得（行為）を保護するのではない。これは職業活動によるものであり、他の基本権、GG12条1項が保護していると考えられている。

そして連邦憲法裁判所は、GG14条1項は稼得ではなく、「新たな稼得物の現在高」を保護していると述べている。この点について、この見解は、その理由は確固たるものには思われないと指摘している。つまり、「現在高」だけが保護の対象になっていることを疑問視しているのである。具体的には、租税の支払義務にかかる因果関係について、次のように3つの構成要素を区別して捉えなければならないと述べている。

①納税義務者が、自身のGG14条1項または12条1項といった経済的自由にかかる基本権を利用し、経済活動を行っている。そして、②その活動から、その者は民法上賃料支払い、報酬などの請求権を獲得することになる。この請求権は所有権上GG14条1項によって保護される。そして、そのような活動によって、その者が稼得した所得は所得税の課税標準に算入される。その結果、③その者は所得税を支払わなければならず、通説によればGG14条1項では保護されない財産から、金銭給付義務の負担をGG12条1項について「のみ」測定しなければならないということになるのである。

このような3つの段階（経済的活動—活動の経済的成果に基づく租税の算定—財産からの租税支払い）が、経済活動の税負担の連鎖として考えられている。そして、この3つの段階は厳格に区分して考慮されなければならないと述べられている。さらに、その区分の結果として次のような2つの課税の効果が示されている。

その2つの基本権上重要な課税の効果[42]とは、財産利用および／またはそれに対する行動影響という効果である。具体的には、課税要件が実現される場合に生じる金銭の剥奪という効果（負担効果（Belastungswirkungen））である。もう1つは、間接的に行為に影響する効果であり、それは一定の場合に課税される（あるいは課税上優遇される）という理由から、一定の行為を放棄す

---

(42)　A. a. O. (FN. 33), Wernsmann, S. 1171.

274　第7章　課税の負担と上限

る（あるいは、支援された行為を選択する）場合に生じる、形成効果（Gestaltungswirkungen）である[43][44]。財産の剥奪は、伝統的に考えられてきた租税介入であり、特に一般的な平等な取扱いの要請（GG3条1項）を充たさなければならないと指摘されている。これに対し形成効果（個人の行為変更）は国庫的な介入だけに理由がある。つまり、誰も行為を変更することを「強制」されていないため、負担をする者の行為の変更はその個人の優先的な決定に基づくものであり、決定した行為は「課税」されることをその者も承知して当該行為を選択しているのであるから、財産への介入として平等の問題について考える必要がないということになる。

　このような形成効果は、納税義務者が課税上不利益な行為を控える（および課税要件の実現を回避する）ことによって生じることになる。課税を逃れるためにその行為を変更しない場合、負担効果も生じるのはいうまでもない。すべての潜在的納税義務者が課税を理由としてその行為を変更した場合、納税義務を生じさせる行為を放棄することになり、形成効果のみが生じることになる。この場合、行為に影響する効果はいわゆる事実上の介入として正当化が必要となると示されている。

　多くの場合は、納税義務者の一部がその行為を変更せず、課税要件を実現し、その他の納税義務者が課税の「脅威」のために課税される行為の全部または一部を放棄するということになる。例えばタバコ税の引上げの場合、一部の者はそのまま多く喫煙し、一部は禁煙し、さらに一部の者はタバコの消費を抑えることが考えられる。このような行為変更の効果が形成効果ということになる。

　これに対し、課税のための行為変更がない、つまり誰も課税を理由として行為を変更しない場合、負担効果だけが生じることになる。つまり、この場合には形成効果はないのである。そのため、自由権に対する国家の侵害がなく、正当化の必要性はないと考えられる。

――――――――――――

(43)　このような効果をもつ租税について嚮導課税（Lenkungsteuer）という言葉が用いられることもある。この点については、伊藤・前掲注（6）2頁、木村前掲注（6）72頁を参照。

(44)　このような区分について、伊藤・前掲注（6）8頁、木村・前掲注（6）71頁では、税収目的と嚮導目的という目的に着目した区分がなされていると思われる。また、このような区分を財政税と規制税として行っている場合もある（金子・前掲注（1）17頁）。

このように考えると、連邦憲法裁判所が示しているように、財産の現在高だけが問題となる場合、所有者の行為の自由は課税によって影響を受けないことになる。つまり、すべての者が税負担を考慮せずにそれまでと同様に行動すると考えられるのである。したがってここで問題になるのは、上記①の段階であり、行為自由のレベルでは基本権侵害がないと考えられる。さらに、②の段階である民法上の請求権についても問題にならないと考えられている。なぜなら、所得獲得のために所有物を使用することと、それに対して課税されることとが区分されなければならないからである。すなわち、所得獲得のために用いられ、GG14条1項によって保護される法的な立場は、その現在高に課税されることによって、課税されない場合よりも評価を下げることになる。しかしながら、そのような相場または価格などの評価上の損失は、所有権上、国家の租税介入の間接的な効果である場合であっても、課税上は捕捉されないため、課税の効果としては問題にならないというのである。しかし、租税は財産から払われなければならないため、実際の租税支払いにより財産を減少させることになる。そのため、GG14条1項との関係で問題が生じることになると考えられている（③段階）。

このように考えると、課税の負担効果（財産の用益）は自由権上、財産がGG2条1項「だけ」ではなく、GG14条1項によっても保護されることになることが指摘されている。つまり、行為の変更がない場合には、GG14条により財産が課税から保護されなければならないことが指摘されているのである。

これに対し、潜在的納税義務者が課税を理由として本来計画していた行為を変更する場合（段階①）については次のように述べられている[45]。すなわち、この場合、課税の負担効果だけでなく、形成効果についても考慮しなければならないと指摘されているのである。

例えば芸術活動による所得に対して課税される場合、租税介入は芸術活動と「結び付いて」いないため、芸術の自由への介入がないことは言うまでもない。しかし、国家が課税によって芸術内容への影響を与えるか自由な芸術

---

(45) A. a. O. (FN. 33), Wernsmann, S. 1172.

活動を実際に不可能にする場合、つまり課税がその効果において行為の自由への介入という、伝統的な基本権侵害を生じさせるような場合には問題となる。すなわち、基本権上保護された行為または法的立場と租税との「結び付き」は、課税によって行為に対して何らかの「威嚇効果」を生じさせる場合にはじめて、その具体的な基本権との関係において正当化を必要とすることになるというのである。

　しかしながら、このような形成効果は経済活動に対する侵害の問題であり、GG14 条との関係では問題にならないと考えられる。そのため、この点は大きく問題にならないと思われる。

　もう 1 つ、これとは関係なく、財産利用に対する侵害との関連において、GG2 条 1 項も考慮しなければならない場合が指摘されている。なぜなら、財産も原則として、GG2 条 1 項のみによって保護され、GG14 条 1 項によっては保護されないと考えられているからである。例えば、幹線道路の移設がなされる場合、近くにある小売業者は相当の売れ行きへの影響を受けることになる。さらに土地および当該事業の価値は下がる。しかし GG14 条 1 項はそのような価格保障を含まないと考えられている。このような所得稼得の機会の保護は、稼得物の現在高との関連とは異なるものだからである。しかし、そのような稼得の機会が、憲法上所有権保障によって保護されていないとは評価できない。そこで、GG2 条 1 項による保護がなされるのである。

　このような考え方に基づくと、GG14 条 1 項によって保護される財産は、負担効果によって納税義務者が影響を受けるものということになる。このように、この見解では、課税によって納税義務者に生じる効果に応じて、財産権保護の対象となる場合とならない場合とを区分しているといえる。

　それでは、そのような GG14 条 1 項によって保護される財産とはどのような範囲であろうか。

　この点について連邦憲法裁判所は、判例において一貫して、GG14 条 1 項はいわゆる没収的な（絞殺的な）課税から財産権を保護していると述べている。このときの基準となるのは、いわゆる比例原則であり、課税の「相当性」になるといわれている。

　これとの関係で、この見解では、財産の没収ということは、収入獲得とい

第3節　課税の上限　277

う目的との関係において考えられなければならないということが起点とされている。租税は通常、税収の稼得との関係で相当であると判断されている。例外的にそうではない場合がある。それが租税が納税義務者を「絞殺」するような場合である。そのような場合、誰も課税要件を実現しておらず、課税の権限を欠いているということになるのである。

　租税は、通常は収入獲得のために必要なものである。税収獲得という点に着目するならば、必要な税収を得られれば充分なのであるから、誰かが高い税負担を負う場合、ほかの者の納税義務を減少させてもらうことになる。このような場合、相当性に関連して、租税介入の限界を算定することが困難になる。なぜなら、個々人によって税負担が異なるためである。しかしながら、連邦憲法裁判所は2006年1月18日決定において正当にも次のことを指摘している。すなわち、絞殺的な限界に達する前に、適切に個々人に要求可能な課税という憲法上の限界に達し得るということである。このように考えると、比例原則は租税から生じる負担効果に対して必ずしも充分な限界を導くものではなく、平等原則の要請、応能負担原則が必要な役割を果たすことになると指摘されている。

　これに対して、形成効果を生じる場合の相当性の審査は特殊性があると指摘されている。通説によれば、誘導目的も有する法律は、その国庫目的に関しても、誘導目的に関しても適切で、必要で、相当なものでなければならない。これに反対する見解は、税法は目的に関してのみ相当である場合に憲法上、正当化される、つまり国庫目的との関係でのみ問題になることになる。

　例えば、租税が政策課税として構想されたが、国民の行為変更を起こさない場合、それは誘導目的という点からは不適切なものになる。しかし、行為変更が生じないということから生じる負担（負担効果）について、絞殺的課税が問題になることはない。なぜなら、そのような負担を自ら行為者が選択しているからである。

3　小　括

　以上のように、この見解においては課税の目的・効果という点に着目し、2つに区分している。そして、財産権保障との関係においては、そのうちの

278　第7章　課税の負担と上限

負担効果を考慮する必要があるということを指摘しているのである。たしかに、今回の憲法裁判所の決定により五公五民原則が放棄された。これは、課税の上限に関する明確な規準を放棄したと評価できなくもない。しかしながら、その基準は根拠が不充分なものであり、また実際には運用がきわめて困難であったといわれている。そのため、五公五民原則と訣別したという点で本判決は正当なものであると評価されている。しかしその結果、「所有権侵害としての課税」のあり方に関する問題を再び浮上させることとなった。そしてこの見解は、課税の上限について、課税の効果から負担効果と形成効果とを区分して考慮し、平等原則、つまり応能負担原則という観点から、課税による負担の相当性を考慮しなければならないと指摘していると考えられる[46]。

おわりに

　これまでみてきたように、ドイツにおいては課税の上限として、財産の現在高の「およそ半分」という基準、いわゆる五公五民原則が提示されてきた。そしてその半分という根拠はGG14条2項における「同時に」という文言にあったと考えられる。

　しかしながら、そのような解釈は合理性が乏しく、根拠としては不充分なものであると考えられてきた。そこで、2006年1月18日の連邦憲法裁判所決定において、その原則は財産税との関連においてのみ問題になるというかたちで限定された。つまり、実質的に五公五民原則は放棄されたといえる。この点で本決定は評価されている。

　しかしながら、その適用範囲を限定したことによる問題も生じてきた。そのため、再度課税の上限に関する問題が浮上してきた。この点について、本章で取り上げた見解によれば、課税の上限については、それぞれの租税の目的と財産に対する効果に着目し、負担については、そのうちの負担効果という観点から、形成効果とは厳格に区別して考慮しなければならないというこ

---

(46)　A. a. O., Wernsmann, S. 1174.

おわりに　279

とになる。

　たしかに、課税の上限について、それを数的に明確に示すことはきわめて困難であると思われる。だからといって、課税を所有権の内在的制約として無制限に認めることは財産権保障との関係で問題があるといわざるを得ない。この点について、それぞれの課税のよる効果をその起点として考慮するということは、課税の上限について応能負担原則という観点から検討する際に重要な要素になると考えられる。このような議論の方向性を探るためにも、本章で取り上げた見解をはじめとするドイツの議論は、わが国の議論においても重要な示唆を与えてくれるであると考える。

　　本稿は平成19年度科学研究費補助金研究課題：19730022課題番号「応能負担
　　原則における主観的担税力と所得概念の研究」に関する研究成果の一部であ
　　る。

＊　な　お、　校　正　段　階　に　お　い　て、Markus Klawonn, Die
　　Eigentumsgewährleistung als Grenze der Besteuerung, Berlin 2007 に触
　　れた。

第 8 章　損害賠償金と非課税「所得」

はじめに

　所得税の課税対象である「所得」については、包括的所得概念に基づいて理解されている[1]。それによれば、一定期間内の純資産の増加がすべて「所得」として把握されることになる。しかしながら、理論上は「所得」に含められるものであっても、実際には課税対象とされていないものがある。これらは立法上、非課税所得として規定されている（所得税法9条）。その多くは、それらの所得には担税力が少ない、または、ないことが理由として挙げられる[2]。その1つに「損害保険契約に基づき支払を受ける保険金及び損害賠償金（これらに類するものを含む。）で、心身に加えられた損害又は突発的な事故により資産に加えられた損害に基因して取得するものその他の政令で定めるもの」（同条1項17号）がある。これは、財産の流入があるが、損害の回復であって担税力がないと解されている[3]。

　他方で、この損害賠償金が損害の回復であるならば、そもそも「所得」といえるかが疑問になる。そういった観点からは次のようにもいえる。すなわち、所得税が課税対象とするのは、「所得」つまり利益や増加益であり、原資や元本は課税対象とはならない。損害賠償や損害保険の給付は、原資を回復するものであるから、もともと「所得」ではない[4]。「所得」でなければ、納税者の担税力は増加しないことになる。そうであれば、非課税所得の規定

（1）　金子宏『租税法〔第14版〕』（弘文堂、2009年）164頁。
（2）　水野忠恒『租税法〔第4版〕』（有斐閣、2009年）150頁。
（3）　水野・前掲注（2）167頁。玉國文敏「損害賠償金課税をめぐる法的一考察」租税研究580号（1998年）34頁では、アメリカ法がこの考え方であるとされている。
（4）　岡村忠生・渡辺徹也・高橋裕介『ベーシック税法〔第4版〕』（有斐閣、2009年）100頁〔岡村〕。

を待つまでもなく、課税対象にはならないといえる。

いずれの説明によっても、損害賠償金は損害・原資の回復であって課税対象とはならないことになる。現行法によれば、その範囲について政令では、損害賠償金（これらに類するものを含む。）として、心身に加えられた損害に対する慰謝料や損害賠償金も含めている（所得税法施行令 30 条）。これについては、原資の回復として単純には理解できないとも考えられる。

このように考えると、非課税となる損害賠償金については、「所得」に該当するかという問題と、その範囲に関する問題とがあるように思われる。そしてこの 2 つの問題は密接に関連しているように思われるのである。そして、これに関連すると考えられる判決が出されている[5]。そこで、本稿では、その事例をもとにこれらの問題について検討していくことにしよう。

第 1 節　事実の概要と判決の要旨

1　事実の概要

まずは事実の概要を確認しておこう。

原告は、訴外会社との間で商品先物取引の委託契約を締結し、平成 9 年 4 月 15 日から平成 10 年 10 月 9 日までの間、商品先物取引（以下「本件先物取引」という。）を繰り返し、同取引によって 6,144 万 5,348 円の損失を被った。

原告は、訴外会社やその従業員ら（以下「訴外会社ら」という。）がした商品先物取引の勧誘が不法行為に当たり、その不法行為により損害を受けたとして大分地方裁判所に損害賠償請求訴訟を提起したところ、平成 13 年 4 月 17 日、大分地裁は、訴外会社らの不法行為責任を認めてその損害額を算定し（本件先物取引の売買差損、取引所税、手数料、消費税に相当する額）過失相殺した上で、訴外会社らに損害賠償金 1,686 万 1,337 円およびそれに対する遅延損害金の支払いを命ずる判決を言い渡した。

しかし、訴外会社らおよび原告は、福岡高等裁判所に対し控訴および附帯

（5）　大分地裁平成 21 年 7 月 6 日判決（裁判所 Web サイト下級裁判所判例集）。本件については、末崎衛「商品先物取引に関して支払を受けた不法行為に基づく損害賠償金は非課税所得か」税務 QA90 号（2009 年）34 頁も参照。

控訴をした。そして、同年11月6日、訴外会社らが原告に対し1,900万円（以下「本件和解金」という。）を支払うことなどを内容とする訴訟上の和解が成立し、訴外会社らから原告に対して支払われた。

その後原告は、処分行政庁に対して平成13年分の所得税について、本件和解金を所得金額に含めず確定申告をした。また原告は、それについて修正申告をしたが、そこにも本件和解金は総所得金額には含まれていなかった。また処分行政庁も、その修正申告に対して、本件和解金については問題にせず、増額分の過少申告加算税を課する賦課決定処分をしたにとどまっていた。

しかしその後、処分行政庁は、本件和解金から必要経費（弁護士費用）を控除した金額を雑所得に計上して更正処分をするとともに、それに対する過少申告加算税を課する賦課決定処分をした。

ここで問題となってくるのは、本件和解金が「所得」として課税されるのか、非課税所得に該当するのか、という点である。

まず、本件和解金が所得税法7条の「所得」に該当するか、という点について被告は、所得税法は「所得」の範囲を包括的に構成しており、非永住者以外の居住者の担税力を増加させる経済的利得はすべて「所得」を構成し、別途非課税とする所得を列挙して課税対象から除外しているのであるから、本件和解金は「所得」に当たる、と主張している。

これに対して原告は、本件和解金は、実質的には、訴外会社に預けた委託証拠金が取り崩されてその返還を受けることができなくなったため、その分と同額の損害が発生したとして賠償を求めた結果として支払われたものであり、何ら純資産の増加を伴わないものであるから「所得」に当たらない、と主張している。

つまり、被告は本件和解金を納税者の担税力を増加させる「所得」であると捉えているのに対して、原告は損害・原資の回復であって課税対象である「所得」にはならないと考えている。原告の立場によれば、本件和解金によって原告の担税力は増加していないといえる。

第1節　事実の概要と判決の要旨　　283

2　判　　旨

　このようなそれぞれの主張に対して裁判所の判断はどのようなものであったのだろうか、次に確認しよう。

　まず、本件和解金が「所得」になるか、という点については次のように判断している。

　　所得税法上、「所得」について定義する規定はないが、同法9条ないし11条が多項目にわたって詳細に非課税所得を列挙していることなどからすれば、同法は、統一的、画一的な税務処理等の観点から、各人に発生した経済的利得は広く「所得」に当たるとした上で、非課税とすべきものは別途個別的に規定したものと解される。そして、ある収入が「所得」に該当するか否かについては、単にその支払名目から判断するのではなくその実質に着目して判断すべきである。

　　これを本件についてみると、本件和解金は、不法行為に基づく損害賠償請求及び遅延損害金請求を認容した大分地裁の判決を前提として、その控訴審で成立した訴訟上の和解により発生したものであるから、その実質は不法行為に基づく損害賠償金及び遅延損害金と認められ、原告は、本件和解金を取得したことにより経済的利得を得たといえるのであるから、本件和解金は所得税法7条の「所得」に該当する。

　　原告は、本件和解金の実質はもっぱら実損害を補てんした損害賠償金であり、何ら純資産の増加を伴わないものであるから「所得」に当たらないと主張する。

　　しかし、損害賠償金にも、本来課税されない実損害を補てんするものと本来課税されるべき得べかりし利益を補てんするものが存在するのであり、原告が指摘する点は、当該損害賠償金が非課税所得に該当するかの判断において実質的に考慮すべきものであるから、原告の上記主張を採用することはできない。

　このように裁判所は、損害賠償金を、損害・原資の回復として利益にならないものと、期待された利益の補てんのような利益となるものとに区分している。そして、実質的に判断して経済的利益といえるものを包括的に「所

得」として捉えようとしているといえる。そして本件和解金については、その実質が損害・原資の回復ではなく、期待された利益の補てんであるとして、それは経済的利益であるから「所得」を構成すると判断している。

このように、実損害の補てんでないものは利益に該当するため、「所得」であり、非課税にはならないと判断している。そして本件においては、損害が訴外会社の社員による不法行為に基因して原資に対して発生したもので、それを補てんするものであるから収益の補償ではなく、原資の回復であり、非課税であると判断している。

ただし、遅延損害金については、得べかりし利益に対する損害賠償（収益補償）であるから、という理由で非課税所得に該当しないと判断されている。

3 小 括

このように、本判決においては、基本的には実質的に判断し、損害賠償金を、損害・原資の回復として利益にならないものと、期待された利益の補てんのような利益となるものとに区分している。そして、経済的利益といえるものを包括的に「所得」として捉えているといえる。その上で、本件和解金については、その実質が損害・原資の回復ではなく、期待された利益の補てんであり、それは経済的利益であるから「所得」を構成すると判断しているのである。そして本件和解金を非課税としている。つまり、所得税法9条1項17号および所得税法施行令30条の非課税所得に該当するために、課税されないという判断をしていることになる。

このようにみると、本判決は妥当な結論を導き出しているように思われる。しかしながらいくつかの疑問が生じる。それは、本来課税されるべきではない実損害を補てんする性質を有する損害賠償金を「非課税」と捉えている点である。そして、本判決の結論からすれば、この「非課税」は「非課税所得」を意味すると考えられる。実際に、本件和解金＝損害賠償金が「所得」に該当すると判断した上で、「非課税」になるという結論に至っているのであるから、これは「非課税」「所得」といえると思われる。そして、この「非課税所得」に該当するものとして、「実損害を補てんするもの」つま

り原資の回復を捉えているといえる。

　この考え方は、包括的所得概念に基づいて、「実損害を補てんするもの」も理論上は「所得」に含められ、非課税所得として規定されているから課税しないということになる。しかし、損害賠償や損害保険の給付は原資を回復するものであると捉えるのであれば、それはもともと「所得」ではないはずである。そうであれば、非課税所得の規定を待つまでもなく、課税対象にはならないことになる。

　こうしてみると、本判決は、損害賠償金を「所得」として捉えているのか、捉えていないのかが不明確になる。仮に、「所得」として捉えていないのであれば、所得税法9条の存在意義は何なのであろうか。すなわち、所得税法9条1項17号の性格が問題になってくると考えられる。

　そこで、これらの問題について以下で考えていくことにしよう。

第2節　所得税法9条1項17号の性格

　所得税の課税対象が「所得」、すなわち経済的な利益であり、損害賠償が原資を回復するものであるという理解に立つならば、上述のように、損害賠償金はもともと「所得」ではなく、所得税の対象ではないということになる。そうであれば、所得税法9条のような非課税規定を待つまでもなく、当然に課税されないはずである[6]。では、所得税法9条はどのような意味をもっているのだろうか。

　この点について、「傷害保険契約または損害保険契約に基づき支払を受ける保険金、損害賠償により取得するもの、慰謝料その他これに類するものはもともと損失または損害の補てんたる性質を有するものであって、所得として課税するだけの担税力があるとは認められないから非課税になっている」という指摘がある。この考え方によれば、所得税法9条1項17号の非課税は、いわば損害賠償が非課税であることを確認するための、確認的規定ということになる[7]。

――――――――――――――――

（6）　岡村・渡辺・高橋・前掲注（4）100頁〔岡村〕。
（7）　酒井克彦「損害賠償金・慰謝料等の支払を受けた場合の非課税規定の適用問題（上）」税

286　第8章　損害賠償金と非課税「所得」

これに対して、この規定はそういった原資の回復を超える、または、原資の回復以外の損害賠償金などの支払いがあった場合について、本来はその支払いによる財産取得は「所得」になるが、政策的など何らかの理由で非課税にするということを規定しているという理解も可能である。いわば、本規定を創設的規定として捉えることになる[8]。

所得税法9条1項17号はどちらの性格をもっていると捉えるべきなのだろうか。この点について考えるために、この規定が制定された経緯をみていくことにしよう。

1　立法経緯[9]

損害賠償金の非課税所得規定が設けられたのは、昭和22年改正法である。その規定は次のようになっていた。

「第6条　左に掲げる所得については、所得税は課さない。

　　　五号　一時所得のうち、贈与、遺贈又は相続により取得したもの、生命保険契約に基づき死亡を原因として支払を受けた保険金、傷害保険契約又は損害保険契約に基づき支払を受けた保険金、損害賠償により取得したもの、慰謝料その他これらに類するもの」

これによれば、この当時は、損害賠償金は一時「所得」として捉えられていたことが分かる。しかし、原資の回復部分までも含めたすべての損害賠償金が「所得」として捉えられていたかは定かではない。

その後、昭和25年の改正にはこれに関する変更はなく、昭和37年に非課税所得規定の抜本的改正がなされ、現行法とほぼ同じような規定となり、現在に至っている。

そして現在の規定は、所得税法は9条で所得税を課さない「所得」を限定列挙している。その中に本件で問題になっている損害賠償金も挙げられている（同条1項17号）。そして、それを受けて所得税法施行令30条が、非課税

　　　　　務事例39巻9号（2007年）62頁。
（8）　酒井・前掲注（7）61頁。
（9）　立法の沿革については、岡正晶「非課税所得となる損害賠償金の範囲」税務事例研究5号（1989年）23頁以下、増井良啓「隣人訴訟」佐藤英明編著『租税法演習ノート〔第2版〕』（弘文堂、2008年）83頁参照。

所得となる損害賠償金の範囲を規定している。それは次の3つである。すなわち、①心身に加えられた損害に対する損害賠償金、②不法行為その他突発的な事故により資産に加えられた損害に対する損害賠償金、③心身又は資産に加えられた損害に対する相当の見舞金である。

これによれば、損害賠償金については、損害の対象が心身であるか資産であるかによって分けることができる。そして、心身に対する損害の賠償金については基本的に非課税という立場であると考えられる。これに対して、資産に対する損害の賠償金は、その原因を「不法行為その他突発的な事故」に限定し、不動産所得、事業所得、山林所得または雑所得を生ずべき業務の遂行により生ずべきこれらの所得に係る収入金額に代わる性質を有するものを、非課税所得から除外している（所得税法施行令94条）。

また、「相当の見舞金」も非課税所得とされている。これは、損害賠償金とは本来的にはいえないと思われる。むしろ贈与と評価できる。しかし、これも非課税になっている。

このような3つの分類での非課税所得はどのような考えに基づいて、非課税とされているのか、その点について確認する必要があると思われる。

そこで、昭和37年の改正時における考え方を確認してみると、これについては昭和36年12月の「税制調査会答申及びその審議の内容と経過の説明」に表れているといわれている[10]。

まず、心身に対する損害については、「現在給与所得者が業務上の災害に基づいて受ける休業補償費等を非課税とする考え方を拡張して、人的損害に基因して失われた利益の補償である限り、たとえそれが事業所得又はこれに準じるものの収入金額の補償であっても、非課税とすることが一般の常識にも合致し、適当であると認めた」と記述されている。つまり、事業所得に代わる性質をもつ収益の補償としての損害賠償金であっても非課税になるのである。そして、このような損害を非課税とする根拠については、「一般常識に合致」という点から、国民感情の考慮など抽象的な理念に求められたと評価されている[11]。つまり、国民感情を考慮して、心身への損害に対する賠

---

(10)　岡・前掲注（9）26頁。

(11)　岡・前掲注（9）27頁。

288　第8章　損害賠償金と非課税「所得」

償金は原則として非課税にされたと考えられているのである。

　これに対して、資産に対する損害への賠償金については、それが非課税に
なるための前提条件が付されている。すなわち、「不法行為その他突発的な
事故」による場合に限定されている。これについては、災害による損失の場
合や、契約、収容等のように当事者の合意に基づくか、あるいは、強制的な
要素があるにしても社会的に合意が要請されている場合が記述されている。
そして、強制的要素があり、当事者の意思に反するものを念頭に置いている
と評価されている[12]。ただし、収益用の資産に対する損害に関しては、「資
産損失に対する補償金は、たとえそれが事業用建物のようなものの損失に対
するものであっても、もしその損失がなかったならば、その評価益には課税
されなかったはずであるから、生活用資産と同様非課税とし、一方たな卸資
産に対する補償、休業補償等のような収益補償は、本来課税されるべき所得
にかわるべき性質のものであるから、課税所得とする」と記載されてい
る[13]。つまり、収益補償の場合には基本的には課税されるということにな
る[14]。

　また、「相当の見舞金」については、損害を被った人に同情心等からよせ
られるものに課税することは、国民感情を考慮して控える[15]のが相当であ
るという判断が窺われるといわれている[16]。

　こうしてみてみると、資産に対する物的損害への賠償金は、収益補償であ
れば原則課税されるということから、原資の回復のような場合にのみ非課税
となると考えられる。それに対して、心身への身体的損害に関しては、その
賠償金は原則非課税で、それに対する見舞金も非課税となっているといえ
る。

　このようにみると、立法趣旨は基本的には確認的規定の考え方に基づいて
いると考えられる。これに対して、実際の裁判例では非課税所得をどのよう

---

(12)　岡・前掲注（9）28頁。

(13)　岡・前掲注（9）29頁。

(14)　増井・前掲注（9）82頁では、「資産損害の賠償金は、受け取り金額が取得費を超える範
　　　囲で課税される」と明確にしている。

(15)　所得税基本通達9-23では、葬祭料、香典又は災害等の見舞金が挙げられている。

(16)　岡・前掲注（9）26頁。

第 2 節　所得税法 9 条 1 項 17 号の性格　　289

に捉えているのであろうか。次に、裁判例をみていくことにしよう。

2　裁判例の考え方

　この点について、最も代表的なものと思われるのが、大阪地裁昭和 54 年 5 月 31 日判決である[17]。本件は、近隣住民がマンション建設者から支払いを受けた金員が非課税所得に該当するかが争われた事例である。本判決で、旧所得税法 9 条 1 項 21 号（現 17 号）について次のように述べている。「所得税法 9 条 1 項 21 号、同法施行令 30 条が損害賠償金、見舞金及びこれに類するものを非課税としたわけは、これらの金員が受領者の心身、財産に受けた損害を補填する性格のものであつて、原則的には受領者である納税者に利益をもたらさないからである。

　そうすると、ここにいう損害賠償金、見舞金及びこれに類するものとは、損害を生ぜさせる原因行為が不法行為の成立に必要な故意過失の要件を厳密に充すものである必要はないが、納税者に損害が現実に生じ、または生じることが確実に見込まれ、かつその補填のために支払われるものに限られると解するのが相当である。

　そうすると、当事者間で損害賠償のためと明確に合意されて支払われた場合であつても、損害が客観的になければその支払金は非課税にならないし、また、損害が客観的にあつても非課税になる支払金の範囲は当事者が合意して支払つた金額の全額ではなく、客観的に発生し、または発生が見込まれる損害の限度に限られるとしなければならない」。

　このように、本判決では、損害賠償金については基本的に原資の回復であると捉えられている。つまり、所得税法 9 条 1 項 17 号を確認的規定として捉えているといえる。

　この考え方は、その後の裁判例でも踏襲されているように思われる。例えば最近では、株式会社に賃貸していた不動産について、賃貸借契約を合意解除した際に取得した和解金の一部が非課税所得となるかが争われた事例[18]

---

(17)　TAINS: Z105-4414、控訴審 Z110-4554、上告審 Z117-4784。上級審でも本判決が支持されている。

(18)　宇都宮地裁平成 17 年 3 月 30 日判決（税務訴訟資料 255 号-99（順号 9980））。

290 第8章 損害賠償金と非課税「所得」

において、裁判所は次のように述べている。「本件非課税規定が損害賠償金
等を非課税とした趣旨を検討するに、損害賠償金等は、受領者である納税者
の心身あるいは財産に加えられた損害を補償する性格を有する金銭であっ
て、実質的にこれらの金銭を取得したとしても受領者である納税者は失われ
た利益を回復するのみで、これによって利得するわけではないから、このよ
うな金銭に担税力を見出すことはできないとされたためであると解するのが
相当である」。つまり、損害を補償する部分は利得ではないから、担税力が
なく課税しないという立場が維持されているのである。

　このような考え方に基づくならば、本件で指摘されているような「得べか
りし利益」の補てんについては、「所得」であって課税されることになると
いえる。つまり、本判決も結論的にはこの流れに沿っているものと考えられ
る。

第3節　非課税「所得」の意義

1　損害賠償金の「所得」該当性

　しかし、ここにも問題があるように思われる。というのも、「所得」とい
うのは本来的には担税力の指標であって[19]、担税力がない「所得」という
ものがあるのかということが疑問に思われるからである。

　むしろ、損害賠償金は経済的価値の流入であって、「所得」というよりは
「収入」といえるように思われる[20]。つまり、収入から必要経費を控除した
金額を「所得」として捉えるのが所得税であることからすれば、収入を損害
賠償金に、必要経費は原資を減少させるものであるという点からすれば、不
法行為によって生じた損害と置き換えることができる。そうすると、その差
額としての所得は、損害賠償金については観念できないことになる。そのた
め課税されることはないのである。そして、損害を超える賠償金については
所得が発生することになるので課税されることになると考えられる。

---

(19)　金子・前掲注（1）148頁。
(20)　このような「収入」というべきものを「所得」とした議論は、帰属所得論にもみられる。
　　　三木義一『よくわかる税法入門〔第4版〕』（有斐閣、2008年）78頁参照。

第3節 非課税「所得」の意義 291

このように考えると、確認的規定として捉える立場は、「収入」と「所得」を同一視して捉えていると考えることができる。そうであれば、この点を明確に区別して考えるべきであると思われる。

そうすると、確認的規定として捉える立場からすれば、非課税「所得」は担税力のない「所得」、すなわち原資の回復ということになる。しかしながら、それはいわば「収入」であって、「所得」ではないといえる。そうであれば、この規定は確認的規定として捉えられないように思われる。つまり、非課税「所得」と規定されていることの意義は、この規定を創設的規定として捉えることと考えられるのである。

しかし、この創設的規定として捉える立場によれば、原資の回復を超える利得部分を非課税にするということになる。そこには「担税力が少ない」等の政策的理由が考えられる。しかし、そういった利得を非課税にすることが本規定の趣旨なのであろうか。その場合には、どういった利得が「担税力が少ない」と考えられるのだろうか。

2 損害賠償により補てんされる「損害」

上記のように、非課税所得を定めた所得税法9条1項17号は確認的規定として捉えられないように思われる。原資の回復は「所得」ではないから、それを確認することが観念できないからである。

しかしここで、「原資の回復」や損害の補てんが所得ではないということから、充分に説明できないものがあるように思われる。それは心身の損害への賠償である[21]。

一般に、民法上「損害」の意義については、所有権などの権利侵害という事実そのものではなく、そこから現実に生じた金銭的な被害を意味しているといわれる[22]。これは、財産的損害を指していると考えられる。しかし、心身の損害に対してこのような理解が当てはまるか、という疑問が生じる。

---

(21) 岡村・渡辺・髙橋・前掲注（4）100頁〔岡村〕では、心身損害についても物的損害と同様の説明ができると述べられている。

(22) 内田貴『民法Ⅱ〔第2版〕』（東京大学出版会、2007年）357頁。

(23) 最高裁昭和42年11月10日判決（最高裁判所民事判例集21巻9号2352頁）。

292 第8章 損害賠償金と非課税「所得」

実際に最高裁[23]は、「本件交通事故により左太腿複雑骨折の傷害をうけたが、その後従来どおり会社に勤務し、従来の作業に従事し、本件事故による労働能力の減少によつて格別の収入減を生じていないというのであるから、労働能力減少による損害賠償を認め」ていない。つまり、身体的損害については財産的損害を認めていない。また別の事例[24]でも、「かりに交通事故の被害者が事故に起因する後遺症のために身体的機能の一部を喪失したこと自体を損害と観念することができるとしても、その後遺症の程度が比較的軽微であつて、しかも被害者が従事する職業の性質からみて現在又は将来における収入の減少も認められないという場合においては、特段の事情のない限り、労働能力の一部喪失を理由とする財産上の損害を認める余地はない」と述べ、財産上の損害はないと判断している。

このような最高裁の理解によれば、心身への損害によって減少する財産はないことになる[25]。そうであれば、心身への損害に対する賠償金の支払いは、被害者の資産を増加させるものであって、「所得」として捉えられることになる。つまり、心身への損害に対する賠償金はまさに「所得」なのである。そして、それは上記の立法趣旨でも示されているように、国民感情を考慮して非課税にしている、ということになる。つまり、この点で本規定が創設的規定としての意味をもつと考えられるのである。

3 非課税となる損害賠償金の意義・範囲

以上のことから、非課税となる損害賠償金の範囲について考えると次のようなことがいえると思われる。

まず、損害賠償金についてはその対象となる損害を区分して検討する必要があると考える。

物的損害については、上述のように、原資の回復として捉え「所得」では

---

(24) 最高裁昭和56年12月22日判決（最高裁判所民事判例集35巻9号1350頁）。

(25) 内田・前掲注（22）360頁では、「死亡や負傷という事実の金銭的評価は、極めて政策的・裁量的な評価の問題であることが多く、損害と金銭的評価を区別する視点が有用である」と述べ、心身的な損害については、損害を財産的被害ではなく、権利の侵害という事実として捉えることが有効だと指摘している。また、岡村・渡辺・高橋・前掲注（4）100頁〔岡村〕でも、精神的損害の評価の困難性を指摘している。

ない。そのため、これについては非課税規定を設ける必要はないといえる。それに対して、身体的損害については、原資の損失はないため、それに対する賠償金は、本来は「所得」として考えられる。しかし、国民感情を考慮して非課税になっているのである。これは、まさに非課税「所得」ということになる。これが所得税法9条1項17号に定められていると考えることができる。

これらの損害の賠償とは別に、本件で問題になっているような「得べかりし利益」の補償については、原資の損失はないため「所得」として考えられる。そして、これについては、裁判例の考え方によれば課税されることになる。つまり、非課税規定の対象から除外されるのである。そして、このような考え方は所得税法施行令94条1項にもみられると考えられる。

すなわち、損害賠償金は、本来「所得」でないものと「所得」に該当するものとがある。前者が原資の回復や損害の補てんとなる財産的損害に対する賠償金である。後者は、心身への損害に対する賠償金であり、これについては財産的損害がないために、被害者の資産を増加させるために、「所得」として考えることができるのである。また、収益の補償についても、資産を増加させるものであるため「所得」として捉えることができる。そして、所得税法9条1項17号は本来「所得」であるものについて政策的に非課税とするという規定、すなわち創設的規定であると考えられる。しかし、収益の補償については、本来的には財産を増加させるはずであった「収入」に代わるものであることから、これを非課税にすることが適切でないと考えられる。そこで、裁判例で示されているように、課税することが妥当であると考えられるのである。

このように考えた場合、所得税法9条1項17号にある「突発的な事故により資産に加えられた損害に基因して取得するもの」については、次のように考えることができる。すなわち、賠償などにより資産への損害の補てんで原資を超えたものについて、「所得」を構成するが非課税とするという意義であると解することができる。例えば、交通事故により、車を破損した場合には、破損した車に替えて新車を得ることになる。このとき、それまで使用していた車の時価に対して賠償金が得られる。しかし、既に損壊した車の正

確な評価は事実上不可能であり、その時価を上回る賠償金が支払われるような場合が想定される。このような場合、わずかではあるが、資産価値は増加していることになる。そうであれば、その時価を超える部分は「所得」を構成するといえる。しかし、これに対しては、もともと評価が困難であることに基因することであろうし、そのようなものにまで課税することは国民感情からして理解を得られないと考えられる。そのため、課税すべきではないといえる。つまり、このような賠償により純資産の増加が観念される場合に、それを非課税にすると考えられるのである。

おわりに

　以上のことから、本判決について考えてみると、本判決は、これまでの裁判例と同様に、所得税法9条1項17号を確認的規定として捉えていると思われる。そして、原資の回復に当たるような場合を本規定の対象として捉え、収益補償に課税するという立場をとっている。このような結論については妥当なものであると思われる。しかしながら、本判決は、「収入」と「所得」を混乱し、本来原資の回復であるものを「所得」と認定していると考えられる。なぜなら、本件和解金を「非課税」と述べているからである。この点については問題があると考える。

　そこで、所得税法9条1項17号は創設的規定として捉えるべきであると考えることができる。すなわち、本規定において非課税となる損害賠償金の範囲は、本来的には「所得」となる、原資の損失のない損害賠償金や損失の補てんを超えた賠償金という限られた範囲になるのである。

　こういった理解によれば、現在の課税実務、裁判例の考え方についても、「収入」と「所得」を区別して説明できると思われる。

終　章

　ここまでみてきた内容を振り返りながら、本書において考える応能負担原則を実現するための所得の捉え方、そして、所得税のあり方についてまとめておこう。

　まず、第Ⅰ部「客観的純所得課税の意義」では、まず客観的純所得課税を実現する、すなわち客観的担税力を示すと考えられる「所得」の意義を明らかにすることを主たる目的としていた。そこで、第1章では、「所得」概念をめぐるこれまでの議論について、次のような点を指摘した。すなわち、もともと「所得」は経済活動説に基づき広く構成されていたものであるが、その実行可能性などの問題があった。そこで、制限的所得概念が台頭してきたが、それは過度に所得の範囲を限定的に解したことで課税の公平性の観点から問題を生じたのである。さらに、経済社会の発展や、税収における所得税の比重拡大などの社会的要因から、実務上の問題も表面化した。そこで、所得を広く捉える必要性が高まり、純資産増加説が登場したのである。そして、主として課税の公平性を根拠に、純資産増加説が支持されるに至った。

　しかし、純資産増加説では、「所得」の範囲が不明確になったり、実行可能性などの問題で課税標準の「浸食」といった問題がなお存在している。そこで、それらを解決すべく、実際の所得税法における所得分類の「最少分母」として「市場所得」概念が導かれた。これは、いわば所得税法という制定法の「構造概念」である。さらに、それについて課税の根拠などをも憲法と結び付けている。まさに法的観点からの「所得」概念の構築であるといえる。

　この市場所得説は、「所得」を「市場における経済的交易を通じて実現された経済的利得」として理解している。これによれば、所得源泉説で排除された、譲渡所得のような一時的・偶発的な利得が「所得」として課税対象に含まれることになる。つまり、所得源泉説における課税の公平という問題点

を克服することが可能となると考えられる。その一方で、「所得」の範囲を「市場」と「獲得（実現）」というかたちで制限することで、純資産増加説のような不明確さを生じさせないと思われる。これらの点が、市場所得説がドイツにおいて支持されている理由であると考えられる。そして、このような問題状況は日本においても類似性が認められることから、市場所得説の考え方が大きな示唆を与えてくれると思われる。

そこで、この市場所得説に基づいて「所得」を考えると、「市場における経済的交易」を通じて得た経済的価値の流入から「必要経費」を控除することで、「市場所得」が算出されることになる。このときに、控除される「必要経費」については、第2章でみたように、ドイツにおける判例の展開で認められるようになった基因原則に基づいて判断されるべきと思われる。というのも、ドイツの判例において示されたように、これは所得を得るために行った活動に基因する支出を広く「稼得支出」として控除を認めるという考え方だからである。これは、もともとは純資産増加説に対応する考え方である。これを所得源泉説に基づく所得分類にも適用するように至ったのは、すべての稼得支出を同じに扱うという平等原則に基づく考えによるものである。市場所得説においても、所得を課税の公平の観点から極力広く解してい

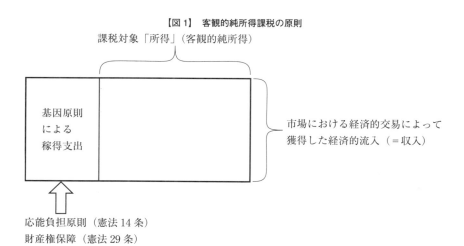

【図1】 客観的純所得課税の原則

ることからすれば、このように広く稼得支出を控除することが必要になると思われる。そして、第3章でも示したように、この必要経費を控除するということは、単に所得税法に根拠があるだけではなく、応能負担原則と財産権保障という2つの憲法上の要請に基づくものであると考えられる。そうであるからこそ、家事関連費についても、原則として控除を認める方向での解釈を行い、家事費との区分を行って控除を認めていくべきであると思われるのである（図1）。

　ところで、ここまでみてきた「所得」の中には、まだ「担税力」がないといわれる最低生活費部分やそのほかの担税力の減少についての考慮がなされていない。そこで、第Ⅱ部「主観的純所得課税の意義」では、人税としての所得税が納税義務者の個人的、主観的事情を考慮することで、客観的に算出される「所得」では考慮し得ない事情に基づく担税力の減少を課税対象から除外する所得控除制度のあり方についての検討を行った。

　たしかに、納税義務者の生存権を保障するための最低生活費部分には「担税力」がないといわれている。それにもかかわらず、客観的純所得課税の段階では、計算上その金額が含まれている。この点について、第4章でも示したように、「納税義務者が処分できる稼得所得部部分のみ」が所得税の課税対象であるということからすれば、所得税における「担税力」とは「租税の支払いのために処分可能な所得」部分に現れる「経済的負担能力」であると考えられる。そうすると、最低生活費を保障する基礎控除部分は、本来は「所得」に含まれないことになる。そして、それだけでなく、そもそもの市場に参加するための前提条件を整えるための支出についても、必要経費として控除される以前に所得から除外されていなければならないと考えられる。つまり、本来的には、まずこれらの支出があり、それを充たした上での余剰が課税対象としての「所得」になるのである。そして、そのことを所得税額の算出過程で具体化しようとすると、税額控除ではなく、所得控除が望ましいということになると思われる。

　さらに、納税義務者が親族を扶養するような場合には、その担税力が減少する。これは主観的純所得課税の観点から、考慮しなければならないと考えられる。これについては、第5章でも示したように、基礎控除と同様に、納

298　　終　章

税義務者にとっては「不可避的な支出」であるといえる。そこで、主観的担税力の減少として、やはり所得控除によって保障すべきであると考えられる。また、これを保障する際に、「二重の控除」といった問題が生じることからすれば、これを配偶者特別控除のように、控除対象となる扶養親族の「所得」に応じた消失控除方式にすることが必要であると思われる。さらに、その基準となる「所得」の判断においては、社会保険料のように法的に義務付けられた支出もいわば「不可避的な支出」として考慮されなければならないため、社会保険料の負担を控除した金額を用いるべきであると考えられる。このことを踏まえると、所得税法における社会保険料控除も担税力を減少させる要因として、所得控除が望ましいといえる。

　また、同様に担税力の減少を考慮する所得控除として、医療費控除がある。これについて、第6章でも示したように、医療費は憲法25条における国民の「健康で文化的な最低限度の生活」を支えるために必要な支出であるといえる。そうであれば、その部分も主観的な担税力の減少として所得控除によって考慮されなければならないことになる。そして、このような趣旨に応えて、通達で要件を緩和するのではなく、社会的実情に合わせた制度のあり方が必要になると思われる（図2）。

　さらに、第Ⅲ部「その他の担税力をめぐる問題」でみたように、応能負担原則との関係では明確に示されていないいくつかの問題がある。例えば、課税が財産権に対する侵害的効果を有することからすれば、応能負担原則は財産権との関係でも検討しなければならない[1]。

（1）　金子宏『租税法〔第22版〕』（弘文堂、2017年）3頁。また、租税法律主義との関係では、「憲法は、課税から国民の財産権を保障するために租税法律主義をもち出しておきながら、結果として課税により国民が自ら財産権を喪失することになれば、それは憲法自身による財産権の否定である」として、課税の限界があることを示す見解もある（片上孝洋『近代立憲主義による租税理論の再考—国民から国家への贈り物—』（成文堂、2014年）73頁）。この問題についてのアメリカ法との関連での研究として、渕圭吾「財産権保障と租税立法に関する考察：アメリカ法を素材として」神戸法学雑誌65巻2号55頁（2015年）がある。そこでは、憲法29条との関係で租税立法が問題になると安易にいうことはできないと指摘されている。それに対して、憲法との関係でこの問題を論じる、片上・前掲書「第4章課税権の保障と財産権の制約—憲法29条による課税権の限界画定力—」（87頁）では、租税の源泉である財産権を憲法典が保障する必要性を指摘している。

終　章　　299

【図2】　主観的純所得課税の原則

△（超過需要方式による）基礎控除
市場における経済的交易によって獲得した経済的価値（＝収入）
△（基因原則による）稼得支出
△　扶養控除
△（医療費控除等）各種所得控除
────────────────────

課税総「所得」（＝主観的純所得）

}市場所得

　これについては、第7章において示したように、ドイツの憲法裁判所の決定において、税負担の上限が財産権との関係で存在すると考えられる。このような上限を超えることは課税が財産権に対する侵害行為であるという位置付けからすれば、応能負担原則との関係において、担税力を超える課税になると考えられるためである[2]。

　これについて、ドイツでは「五公五民原則」が一度は示されたが、その基準の不明確さが指摘されている。たしかに、課税の上限を数値として明確に示すのはきわめて困難であるといえる。しかし、ドイツでも示されたように、税の負担という効果に着目しつつ、その制限を考えなければ応能負担原則が実現できないと考えられる（図3）。

　以上のような考え方をもとに、応能負担原則を実現すべく「所得」を捉え直して所得税を構築していくべきであると思われる。そのためにも、ドイツのように「担税力」および「純所得」を二元的構成によって理解し、「所得」を正確に把握していく必要があると考える。

　しかし、その前提として、第8章でも示したように、損害賠償金のような本来所得でないものを非課税「所得」と定めるような、「所得」の不明確さを排除していく必要があると考えられる。そのためにも、「所得」概念を明確に定めていくべきであると思われる。

　また、所得控除について、「担税力」がない部分にまで税額控除にすべきか、という議論が存在する。これについては、「担税力」がない部分や、減

────────────────────

（2）　新井隆一『税法からの問　税法からの答』（成文堂、2008年）20頁。

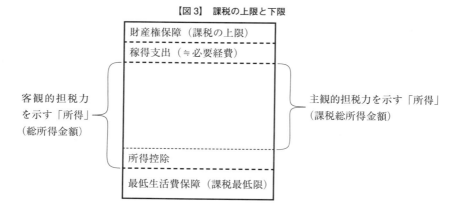

少させる部分のみを所得控除として、寄附金控除のような財政支出の代わりになるなどの趣旨から設けられている制度については税額控除にするなど、課税総「所得」段階において、主観的担税力を把握するようにすべきであると思われる[3]。

つまり、「所得」を法的に定義し、所得控除を主観的「担税力」を把握するためのものに限定するという簡素な所得税のあり方にすることが、応能負担原則との関係では重要なものであると考える。また、そのために市場所得説という考え方が、重要な示唆を与え得るものであるということを指摘しておきたい。

---

(3) 奥谷「寄附税制の現状と課題―個人所得税」税研157号(2011年)34頁(36頁)。

事項索引

あ

青木訴訟 ······························ 173, 208
医療費 ································· 226, 231
医療費控除 ······················ 3, 225, 298
営利目的 ····························· 35, 44, 47
応能負担原則 ···· 1, 6, 52, 130, 134, 157, 158,
　163, 174, 196, 205, 224, 225, 231, 277, 279,
　297, 300
大島訴訟 ·································· 134

か

確認的規定 ·············· 285, 288, 289, 291
家事関連費 ····················· 145, 151, 189
家事費 ····················· 145, 189, 230
過剰な課税の禁止 ··················· 53, 154
過剰負担の禁止 ························ 259
課税権力の制限 ························· 53
課税最低限 ············· 36, 164, 197, 208
課税総所得金額 ·························· 3
課税の上限 ············· 256, 257, 261, 267, 279
課税の下限 ···························· 164
課税要件法定主義 ······················ 13
課税要件明確主義 ······················ 13
稼得支出 ·························· 151, 296
稼得消費 ······························ 130
緩和通達 ···················· 231, 237, 245, 247
基因原則 ····· 85, 95, 110, 122, 125, 140, 155,
　159, 192, 296
基因理論 ································ 85
帰属収入 ··················· 26, 36, 40, 47, 73
帰属所得 ································· 5
帰属家賃 ························ 5, 27, 34
規則性 ·································· 21
規則的反復説 ··························· 21
基礎控除 ····· 2, 129, 163, 171, 197, 203, 297

基礎的人的控除 ···················· 181, 208
基本法（GG）14条 ········· 37, 55, 260, 272
客観的担税力 ·························· 295
客観的純所得課税 ····················· 295
客観的純額主義 ···· 3, 95, 122, 129, 130, 151,
　157, 185, 191
業務との直接的関連性 ·················· 136
居宅介護サービス ····················· 229
居宅サービス ····················· 238, 243
キルヒホフ（Kirchhof）······· 37, 50, 54, 71,
　260
グート ·································· 22
偶発的な利得 ···················· 21, 23, 24
経済活動説 ··················· 20, 32, 63, 65
形成効果 ······························ 274
継続的源泉説 ··························· 24
継続的収入源泉 ························· 24
経費
　一般対応の―― ·················· 127, 136
　個別対応の―― ·················· 127, 136
原因的概念 ····························· 87
原資の回復 ·············· 281, 284, 289, 291
源泉説 ······················· 19, 72, 87
絞殺的課税の禁止 ····················· 259
控除概念 ·········· 74, 83, 111, 121, 123, 126
国庫的所得概念 ···················· 25, 66
コーン ·································· 21
五公五民原則 ·········· 252, 256, 261, 278, 299

さ

財産権 ··············· 77, 125, 251, 267, 298
　――の内在的制約 ···················· 251
財産権保障 ·············· 58, 135, 158, 279, 297
財産税決定 ···························· 254
最低生活費 ···· 2, 6, 36, 40, 73, 163, 167, 168,
　171, 182, 196, 204, 297

302 事項索引

最低生活費非課税の原則 ······· 168, 175, 197
最低生活費保障 ····························· 163, 196
最低必要額 ························· 168, 171, 192
サイモンズ ······································· 17
自家消費 ··············· 21, 23, 24, 27, 36, 40
事業支出 ··································· 84, 191
市場所得 ······················· 43, 46, 82, 295
市場所得概念 ······························· 42, 82
市場所得説 ······· 15, 32, 42, 82, 121, 126, 188,
　191, 295
実現 ··· 44
実現原則 ································· 49, 69, 77
質的適格性（適格化）···················· 34
社会的義務性 ·························· 37, 38, 60
社会的結合 ······························· 38, 60
社会保険料控除 ·················· 221, 223, 298
シャンツ ··································· 17, 74
収益 ······························· 20, 30, 67
収入 ························· 5, 20, 67, 290, 293
収入を得るために支出した金額 ············ 119
主観的純額主義 ········· 3, 185, 186, 191, 194,
　218, 221
主観的純所得課税 ······················· 297
主観的担税力 ········· 186, 202, 210, 223, 231,
　298, 300
取得費 ······································· 116
趣味から生じた利得 ······················ 40
趣味からの収益 ····························· 34
趣味からの収入 ····························· 36
趣味からの利得 ······················· 21, 23, 24
シュモラー ··································· 18
純額課税の原則 ··························· 131
純額主義 ····································· 110
循環性 ··· 26
純資産増加説 ······· 15, 17, 66, 72, 74, 87, 124,
　125, 140, 188, 191, 295
純所得 ················· 2, 83, 95, 127, 129, 130
純所得課税 ··························· 157, 158
譲渡所得 ································· 21, 23, 24
譲渡費用 ····································· 116

消失控除 ··· 181, 205, 208, 221, 222, 223, 298
昭和38年税調答申 ···················· 123, 140
所得 ······· 2, 4, 20, 30, 67, 280, 284, 290, 292,
　295, 300
所得概念 ····································· 14
所得獲得意思 ·························· 44, 47, 62
所得源泉説 ················· 15, 188, 190, 295
所得控除 ······· 3, 175, 181, 182, 186, 206, 209,
　225, 297, 300
所得二元論 ··································· 86
人的帰属 ································· 32, 46
人的控除 ··································· 2, 196
税額控除 ················· 176, 181, 206, 208
制限的所得概念 ············ 4, 15, 188, 295
生存権 ········· 2, 163, 174, 182, 192, 196, 200
生存権の自由権的側面 ········· 164, 167, 173,
　174, 184, 187, 231
生存権保障 ··············· 129, 197, 202, 204
税負担の上限 ····························· 299
総所得金額 ··································· 2
創設の規定 ················· 286, 291, 292, 293
相続 ··············· 21, 23, 24, 33, 36, 40, 48
相続税決定 ··································· 256
総評サラリーマン訴訟 ········· 172, 180, 207
贈与 ··············· 21, 23, 24, 33, 36, 40, 48
租税法律主義 ·························· 13, 76, 79
損害賠償金 ········· 5, 280, 284, 287, 292

た

担税力 ········· 1, 2, 6, 13, 129, 165, 182, 187,
　192, 196, 204, 225, 280, 297
担税力の減殺 ················· 231, 242, 247
担税力の減少 ········· 185, 199, 200, 203, 217,
　224, 298
超過必要額 ··························· 170, 192
手取りの逆転現象 ···················· 210, 221
統一価格 ····································· 253

な

二重の控除 ····························· 201, 205, 298

事項索引　303

ノイマルク …………… 25, 43, 55, 65, 67, 71
ノイマン ……………………………………… 24

は

配偶者控除 ……………… 163, 197, 200, 203
配偶者特別控除 …………………… 199, 200
非課税所得 …………… 4, 280, 287, 293, 299
必要経費 …… 83, 84, 112, 127, 190, 290, 296
必要経費控除 ……………………………… 134
「103万円の壁」問題 ……………… 199, 200
評価益 ……………………………………… 28
評価法 ……………………………………… 254
平等原則 ……… 95, 169, 179, 215, 254
比例原則 ………………… 52, 268, 276
フォッケ ……………………………… 20, 67
不可避的支出 ……………………………… 186
負担効果 ………………… 273, 275, 278
負の所得税 ………………… 181, 208
扶養控除 ………………… 163, 197
ヘイグ ……………………………………… 17
ヘルマン …………………………………… 18
包括的所得概念 …… 4, 15, 17, 141, 188, 280, 285
補充性の原則 ………………… 182, 186, 205
没収的な（絞殺的な）課税 ……………… 276

ま

未実現のキャピタル・ゲイン …… 28, 49, 53
明確性の原則 ……………………………… 52
免税点方式 ………………………………… 199
目的的概念 ………………………………… 86

や

余剰性所得 ………………………… 86, 122

ら

ラング ………………………… 34, 44, 71
利得性所得 ………………………… 86, 122
量的適格性（定量化）………………… 34
療養上の世話 ………………… 237, 243

ルッペ ……………………… 32, 43, 63, 67, 71
連邦憲法裁判所 …… 130, 166, 168, 170, 176, 178, 211, 217, 252, 261, 262
ロッシャー ………… 20, 43, 55, 63, 65, 67, 71

わ

ワーグナー ………………………………… 22

著者略歴

奥谷　健（おくや　たけし）

広島修道大学法学部教授
2000年　立命館大学大学院法学研究科公法専攻博士前期課程修了　修士（法学）
2001年　島根大学法文学部講師
2003年　島根大学法文学部助教授（2007年より准教授）
2011年　広島修道大学法学部准教授
2014年　広島修道大学法学部教授　現在に至る

【広島修道大学学術選書 73】

市場所得と応能負担原則

──応能負担原則の二元的構成──

2018 年 7 月 27 日　　初　版第 1 刷発行

著　者　　奥　谷　　健

発行者　　阿　部　成　一

〒 162-0041　東京都新宿区早稲田鶴巻町514番地

発行所　　株式会社　成　文　堂

電話 03（3203）9201　FAX 03（3203）9206
http://www.seibundoh.co.jp

製版・印刷　シナノ印刷　　　　　　　　製本　弘伸製本

©2018　T. Okuya　　　　　　printed in Japan
☆乱丁・落丁本はおとりかえいたします☆

ISBN978-4-7923-0634-2 C3032　　　　　　検印省略

定価（本体5000円＋税）